PÜRCHER · ERLEBNIS ENNSTAL UND SCHLADMINGER TAUERN

Alois Pürcher
Erlebnis Ennstal und Schladminger Tauern
Die schönsten Wanderungen und Bergtouren
:STYRIA

Die Deutsche Bibliothek –
CIP-Einheitsaufnahme

Pürcher, Alois: Erlebnis Ennstal, Schladminger Tauern : die schönsten Wanderungen und Bergtouren / Alois Pürcher. – Graz ; Wien ; Köln : Verl. Styria, 2000

ISBN 3-222-12672-0

Alle Fotos: Alois Pürcher,
S. 36: Rembert Fahrleitner

Umschlagbilder: Alois Pürcher
Tony Stone Bilderwelten

Umschlaginnenseiten: Steiermarkkarte 1:200.000 - Ausschnitt. Mit freundlicher Genehmigung von © Freytag-Berndt u. Artaria, 1231 Wien

Kartenausschnitte im Buch: Vervielfältigt mit Genehmigung des Bundesamtes für Eich- und Vermessungswesen in Wien.

Umschlaggestaltung: Andrea Malek

Layout: Siegfried Jesch

Satz und Reproduktion:
Reprozentrum Klagenfurt

Gesamtherstellung:
Medienhaus Styria Graz

ISBN 3-222-12672-0

Inhalt

	Ein paar Gedanken am Anfang	8
	Wie wird's gemacht?	11
	Eine kurze Wanderung durch die Geschichte des Ennstals	17
	Erzherzog Johann und die Berge	26
	Brauchtum und Tradition	28
	Die Almen – Arbeit, Brot, Sehnsucht und Erholung	35
	Flora und Fauna	38
	Sagen und Mythen	42
	Tal der Schlösser, Tal der Burgen	45
	Einfach das Ennstal durchwandern	49
	Vom Essen und Trinken	55
	DACHSTEINGEBIRGE	58
1	Hoher Dachstein	66
2	Dachsteinwarte	68
3	Unter den Felsabstürzen des Dachsteins	70
4	Linzerweg – Linzersteig	72
5	Großer Donnerkogel	76
6	Rund um den Gosaukamm	78
7	Rötelstein	80
8	Austriahütte – Brandriedel	82
9	Die Gjaidsteine	84
10	Die Simonyhütte	86
11	Überquerung des Dachstein-Plateaus – Am Stoan	88
12	Scheichenspitz	90
13	Guttenberghaus	92
14	Einsamer Weg zum Hölltalsee	94
15	Kufstein	96
16	Grafenbergsee – Ahornsee	100
17	Notgasse	102
18	Stoderzinken	104

19	Viehbergalm	106
20	Kammspitze	108
21	Grimming	112
	NIEDERE TAUERN	116
22	Reiteralm – Gasselhöhe – Rippeteck – Schober – Gasselseen (Spiegelseen)	124
23	Die Steirische Kalkspitze	126
24	Sonntagskarhöhe – Ausflug ins Salzburgische	130
25	Wanderungen zu den Giglachseen	132
26	Vetternkar	136
27	Hochwurzen – Guschen	138
28	Duisitzsee	140
29	Keinprechthütte	142
30	Trockenbrotscharte – Landawirseehütte	144
31	Gollinghütte	146
32	Hochgolling	148
33	Krahbergzinken	150
34	Klafferkessel	152
35	Preintalerhütte und Sonntagskarseen	154
36	Waldhorn	156
37	Höchstein	158
38	Bodensee – Hüttensee – Obersee	162
39	Hochwildstelle	164
40	Pleschnitzzinken	166
41	Moaralmsee	168
42	Goldlacken	170
43	Kochofen	172
44	Putzentalalm	174
45	Tuchmoaralm	178

46	Strickeralm	180
47	Hohensee	182
48	Großer Knallstein	184
49	Deneck	186
50	Gumpeneck	188
51	Englitztal	190
52	Mörsbachhütte – Großes Bärneck	192
53	Karlspitze – Schoberspitze	194
54	Plannerknot – Plannereck	196
55	Mölbegg	200
56	Einsame Bergwanderung zum Glattjoch	202
	MITTLERES ENNSTAL	204
57	Pürgg – Kleinod der Steiermark	210
58	Durch die Wörschachklamm zum Spechtensee	212
59	Auf den Spuren derer von Wolkenstein	214
60	Stoiring – Bärenfeuchtenalm – Schneehitzalm	216
61	Hochmölbing – einsamer Gipfel zwischen Enns und Stodertal	218
62	Hochtausing – grandiose Felsen inmitten einer Almlandschaft	220
63	Brunnalm – romantische Alm im Schatten des Mölbinggebiets	222
64	Hintereggeralm – die Alm der Liezener	224
65	Warscheneck – ein besonderes Bergerlebnis	226
66	Ardningalm – Rohrauerhaus – Bosruckhütte	230
67	Bosruck – Einzelgänger zwischen Warscheneck und Haller Mauern	232

68 Großer Pyhrgas – der höchste Gipfel in den Haller Mauern 234
69 Scheiblingstein – stiller Nachbar des Großen Pyhrgas 236
70 Pleschberg – Aussichtsberg des Admonter Tales 238
71 Admonter Haus – Natterriegel – der klassische Weg in die Haller Mauern 240
72 Burg Gallenstein – ein kleiner kultureller Abstecher nördlich des Buchsteins 244
73 Großes Maiereck 246
74 Buchsteinhaus 248
75 Ennstaler Hütte – Tamischbachturm 250

GESÄUSE 252

76 Über die Heßhütte auf das Hochzinödl 260
77 Planspitze – der Berg mit den zwei Gesichtern 264
78 Hochtor – das „Höchste“ in den Gesäusebergen 266
79 Haindlkarhütte 268
80 Johnsbach 270
81 Mödlingerhütte 272
82 Admonter Kalbling – Sparafeld 274
83 Scheiblegger Hochalm 276
84 Dürrenschöberl 278

Register 281

Ein paar Gedanken am Anfang

Es gibt viele Gründe, warum Menschen über Almwiesen wandern, in die Berge gehen oder steile Felswände erklettern. Steckt dahinter einfach der Wunsch nach Bewegung, etwas für den Körper zu tun? Ist es die Sehnsucht nach Ruhe und Stille, die man in den Bergen meist noch finden kann? Oder das Bedürfnis, etwas zu erobern, Abenteuerlust? Ist es die Liebe zur Natur, zu den kleinen, wunderbaren Blumen oder den seltenen, geschützten Pflanzen? Manchmal ist es das Verlangen, durchatmen zu können, eine Art von Freiheit zu erleben, die den Alltag für ein paar Stunden vergessen läßt. Für viele ist es auch Selbstbestätigung, einfach um einige Minuten schneller da oben zu sein als die anderen, also ein sportliches Motiv. Andere wollen nur allein sein in dieser freien Natur, allein mit sich selbst oder auch allein mit anderen. Ist einer der Beweggründe vielleicht auch der kleine Plausch bei der Rast oder eine liebe Unterhaltung bei der Einkehr in einer Hütte mit Gleichgesinnten? Oder das seltene Erlebnis, daß die Wirtsleute beim Abschiednehmen dem Wanderer noch ein schönes Lied und einen Jodler mit auf den Weg geben? Man könnte fast endlos alle Motive durchdiskutieren, warum die Berge so große Anziehungskraft auf viele Menschen ausüben. Denken wir daran, daß es gerade am Anfang des menschlichen Lebens auf der Erde die Gewalt der Natur und der Elemente war, die die Berge so geformt hat, als die Gletscher mit der Kraft des Eises jenes Gebiet gestalteten, das wir heute „unsere" Berge nennen? Stellen wir uns vor, wieviel Angst früher die Menschen vor der Besteigung der Berge hatten, da ja die Götter darüber hätten

Am Weg zum Obersee (Hochwildstelle)

zürnen können? Erst in den vergangenen rund 200 Jahren übertrug sich der Fortschritt auch auf die Berge. Heute vergehen kaum einige Jahre, und schon gibt es neben den klassischen Fortbewegungsarten wie Wandern und Bergsteigen auch Canyoning, Schluchting und wie alles noch in Zukunft heißen wird. Bei all dieser Freude am Bergsport, als oberstes Gebot muß gelten: sich nicht selbst überschätzen, andere Menschen nicht mutwillig oder aus Eigensinn in Gefahr bringen (die mutigen Helfer des Bergrettungsdienstes können ein Lied davon singen), auf die Natur Rücksicht nehmen, die Welt der Blumen und der Tiere, ob groß oder klein, achten. Alle müssen wir dazu beitragen, daß wir unsere Almen und Berge mit ihrem vielfältigen Leben unseren Nachkommen so hinterlassen, wie wir sie von unseren Vorfahren übernommen haben.

Herbststimmung im Ennstal

Warum ich persönlich in die Berge gehe, ist schnell erzählt: Während des beruflichen Alltags ist die Terminfülle oft recht groß, alles muß schnell gehen, nicht der Gescheite schlägt den nicht so Gescheiten, sondern der Schnelle den Langsameren. Nach diesen Tagen der Arbeitswoche spüre ich, daß ich wieder neue Kraft brauche, und schon bin ich unterwegs in „meine" Berge. Nun kann ich einfach gehen, ob langsam oder schneller, kann eine Rast einlegen, wann ich will. Es läutet kein Telefon, ich genieße die Möglichkeit, mich nach mir zu richten. Ich sehe ein wunderbares Fotomotiv und bleibe so lange, bis alles paßt. Ich setze mich einfach nieder, beobachte die Natur um mich herum und erlebe die frische Luft, die Andersartigkeit und die grenzenlose Freiheit, die ich öfters brauche.

Manchmal gehe ich auch mit Freunden, aber da ist immer ein wenig Zwang für mich dabei, weil ich nicht der Schnellste bin, weil ich schauen und genießen will, weil ich mich mit der Natur befassen will. Das hat mir mein Vater mit auf meinen Lebensweg gegeben, der selbst 50 Jahre seines Lebens in seiner kargen Freizeit nur in den Bergen unterwegs war. Bei den leider wenigen Wanderungen, die ich mit ihm gemeinsam unternommen habe, sagte er immer: „Bua, du mußt dir für unsere wunderschöne Heimat Zeit nehmen!"

Diese Zeit nehme ich mir, damit ich Kraft für meine Aufgaben im Berufsleben schöpfen kann. So ist dieses Buch entstanden aus Liebe zur näheren Heimat. Die Auswahl der beschriebenen Wanderungen ist subjektiv und bietet nur einen Querschnitt. Das Buch ist nicht nur als Wanderführer gedacht, sondern soll anregen, das Ennstal kennenzulernen mit all seinen bekannten und weniger bekannten Schönheiten.

Wie wird's gemacht?

Hinweise, Tips und Empfehlungen für ein Erlebnis in den Ennstaler Bergen

Auf den ersten Seiten jedes Wander- und Bergbuches wird darauf hingewiesen, daß vom Spaziergang bis zur Bergtour mehrere Dinge zu beachten sind, natürlich der Schwierigkeit des jeweiligen Unternehmens angepaßt. Trotzdem muß man immer wieder erleben, daß diese Hinweise und die einfachsten Regeln für das Verhalten am Berg oft nicht berücksichtigt werden. So sieht man am Gipfel des Grimming einen Bergfex – mit Gummistiefeln ausgestattet; oder bei starkem Regen in den Niederen Tauern an einer sehr abschüssigen Stelle einen jungen Bergwanderer – mit Badesandalen, noch dazu am Rücken in einem Tragegestell ein Kind, kaum ein Jahr alt. Hinweise auf die mangelnde Ausrüstung bleiben ungehört, es ist ja bis jetzt nichts passiert!
Jeder erfahrene Bergsteiger hat seine eigenen Vorstellungen über Vorbereitung und Ausrüstung für eine Tour, an vorderster Stelle sollte jedoch immer gutes und entsprechendes Schuhwerk stehen. Daß auf einem Spaziergang ein guter Halbschuh genügt, ist selbstverständlich. Für höhere Lagen sollte es schon ein hoher Bergschuh sein,

Altes Bauernhaus in der Ramsau

Ennstaler Impressionen

wichtig dabei ist die gute Sohle und ein gutes Gehgefühl. Gleich wichtig ist die entsprechende Kondition. Grundsätzlich ist ja jeder für sich selbst verantwortlich, daher ist vor allem eine gesunde Selbsteinschätzung notwendig. Die Hinweise auf die Charakteristik der im Buch genannten Touren sind unbedingt zu beachten, besonders wenn Trittsicherheit und Schwindelfreiheit angeführt sind, handelt es sich um ernst zu nehmende Touren. Urlaub ist oft Mangelware, aber das Abschütteln des Alltags dauert oft eine Zeitlang. Dazu eine Anmerkung: Wie bei großen Besteigungen in den Bergen der Welt ist auch bei kleineren Touren manchmal eine gewisse Anpassungsphase notwendig. Der höchste Gipfel muß nicht unbedingt am ersten Urlaubstag versucht werden. Allzu viele Bergfreun-

de haben schon ihre Leistungsfähigkeit überschätzt – die jährlichen Statistiken über Rettungseinsätze in den Bergen sprechen Bände. Ein Tag oder eine Woche in den Bergen soll Freude bereiten und nicht zu einer Tortur ausarten.
Dazu gehört auch die exakte Planung, eine ordentliche Vorbereitung mit Kartenstudium und Wanderführer sollte schon zu Hause erfolgen. Ein bedeutender Faktor dabei ist die Zeitplanung. Für nicht vorhersehbare Ereignisse muß man immer eine gewisse Zeit einrechnen. Wichtig ist zudem noch der Hinweis, daß man sich in einer Gruppe immer nach dem schwächsten Glied zu richten hat, so daß auch hier Reserven einzuplanen sind. Aber auch sehr gewandte und konditionsstarke Wanderer können Probleme bekommen, niemand ist davor gefeit. Touren sollen früh genug begonnen werden, ein steiler Anstieg bei praller Mittagssonne ist äußerst kräfteraubend.
Wenn nun trotz guter Vorbereitung und Ausrüstung eine Fehleinschätzung passiert, wird jeder vernünftige Bergwanderer zeitgerecht die Umkehr überlegen. Jeder Tag ist nicht gleich – Biorhythmus und Biowetter können jedem einen Streich spielen. Dann sollte man nur mehr die altchinesische Wahrheit beherzigen: Der Weg ist das Ziel. Es kann gar nicht oft genug darauf hingewiesen werden, daß es absolut keinen Sinn hat, sich zu quälen, kein Bergerlebnis mehr zu fühlen und um jeden Preis den Gipfel zu bezwingen. Aus eigener Erfahrung: Es tut in den ersten Stunden schon ein wenig „weh“, das angestrebte Ziel nicht erreicht zu haben, aber es gibt noch viele Tage, um dies nachzuholen …

Für viele Bergfreunde ist der Abstieg schwieriger als der Aufstieg. Auch diesem Umstand ist Rechnung zu tragen.
Die Beobachtung des Wetters sollte immer im Vordergrund stehen. Die Wettervorhersagen sind zwar nicht immer hundertprozentig, aber oft doch eine gute Richtschnur für die nächsten Stunden. Der Rat der Einheimischen und der HüttenwirtInnen ist zumeist Goldes wert. Je höher die Wege und Steige liegen, umso leichter kann das Wetter umschlagen. Im Dachsteingebiet scheint oft noch die Sonne, wenn es dann eine Stunde später Sturm und Schneefall gibt. Im Zweifel ist von höheren Touren bei nicht sicherem Wetter abzuraten. Besonders der Nebel hat seine Tücken, auch ist es nicht sinnvoll, im Nebel herumzustolpern – das Naturerlebnis wird

Morgenstimmung im Ennstal

gleich Null. Wenn wirklich der Nebel einfällt, soll man auf keinen Fall weitergehen, höchstens wieder zurück, wenn mindestens die nächsten zwei Markierungen zu erkennen sind. In der Gruppe muß man unbedingt zusammenbleiben, Einzelgänge lohnen sich nicht, selbst Ortskundige können sich im Nebel nicht orientieren. Abwarten ist meistens das beste, notfalls muß man ein Biwak einrichten!
Besonders im Hochsommer kann es plötzlich zu Gewittern kommen. Bitte keine Panik, man sollte nur einfache Regeln befolgen: Sofort von Graten absteigen, sich nicht in die Nähe von Wasser (Bach, Bächlein, See) begeben und alleinstehende Bäume meiden. Die oft gehörte Redensart „Eichen sollst du weichen, Buchen sollst du suchen" ist Unsinn!
Selbst bei schönstem Wetter muß eine Grundausrüstung im Rucksack Platz finden: Erste-Hilfe-Paket, guter Regenschutz, Biwaksack, Alu-Decke, Taschenlampe (Achtung: Batterien immer erst bei Bedarf einlegen, die Lampe könnte sich während des Wanderns von selbst einschalten!), warme Kleidung, Handschuhe, Kopfbedeckung, Reepschnur, Messer, notwendige Medikamente, Karte. Diese Aufstellung ist nicht vollständig (haben Sie schon einmal das Klopapier vergessen?).
Gute Ausrüstung ist unbedingt zu empfehlen, möge sie auch vorerst ein wenig teuer erscheinen, es lohnt sich, Qualität zu kaufen. Spätestens wenn Körper und Füße durchnäßt sind, werden Sie sich dieses Hinweises entsinnen. Gute Ausrüstung hält auch länger, man sollte hier wirklich zwischen billig und preiswert unterscheiden. Vor allem muß die Kleidung größte Bewegungsfreiheit bieten, es mag sein, daß modische Kleidung im Gebirge recht reizvoll ist, sie muß aber den Umständen angepaßt sein. Bei starker Sonneneinstrahlung ist auch an entsprechenden Sonnenschutz zu denken (Kopfbedeckung, Sonnencreme). Wenn Sie leicht schwitzen, sollte mindestens eine zweite Garnitur Unterwäsche im Rucksack verstaut sein.
Oder man macht es sich einfacher und richtet sich nach den Empfehlungen des Ostalpenpioniers Belsazar de la Motte Hacquet (1739/40–1815), der da in seinem Buch über die Tauern schreibt: Um gut gerüstet zu sein, brauche das Haupt zu seiner Bedeckung nichts anderes als eine lederne Mütze, die vorne und hinten wie ein Schirm herabgelassen werden könne. Die Haare müß-

Holz hat in der Wirtschaft des Ennstals eine große Bedeutung

ten rund geschnitten oder in einen kurzen Zopf gebracht werden. Da man nur an heißen Tagen ins Gebirg gehen könne, sei es auch zweckmäßig, ein weißes Tuch um den Kopf zu binden. Es müsse aber so gebunden sein, daß die beiden Zipfel durch den Wind leicht bewegt werden könnten, damit sie Kühlung verschaffen. Nach einer genauen Beschreibung der Beinkleider und des Rockes meint Hacquet, daß es auch zweckmäßig sei, Papier zum Zeichnen mitzuführen. Die Stiefel müßten aus gutem Leder sein, auch lederne Handschuhe dürften nicht fehlen. Unbedingt notwendig sei ein kurzer Mantel von gutem Tuch. Zur Anreise sei auch ein siebenjähriges Pferd vonnöten, das weiß oder grau sein müsse. Man sehe es bei der Rückkehr dann leichter! Wäsche, Bettuch und Arzneimittel seien immer mitzunehmen und viele andere notwendige Utensilien wie ein Leibchen aus Flanell, Löschpapier für die Pflanzen, ein Buch, ein Taschenlaboratorium und, ganz wichtig, ein Bergstock. Eigentlich gibt es da zu unseren heutigen Vorschlägen nicht sehr viel Unterschied, oder? Nicht vergessen darf man Speis und Trank!
Hier gibt aber doch sehr viele unterschiedliche Meinungen, jeder Bergfex hat so seine Zaubermittel. Der eine nimmt Malventee, gesüßt mit Honig, mit in die Berge, der andere wiederum das modernste Kraftmittel aus der TV-Werbung. Grundsätzlich soll viel zum Trinken mitgenommen werden; Elektrolyt-Getränke sind sehr zweckmäßig, Magnesium schützt vor den gefürchteten Krämpfen. Man soll viel trinken, auch dann, wenn man keinen Durst hat: Etwa alle 90 Minuten verlangt der Körper eine Flüssigkeitszufuhr. Das Gipfelschnapserl sei jenen gegönnt, die darauf schwören, prinzipiell soll Alkohol während der Tour jedoch gemieden werden. Erst am Ende des Bergtages ist ein Getränk aus Hopfen und Malz sehr zu empfehlen! (Achtung Autofahrer!)
Viele können sich eine Wanderung ohne Teleskop-Stöcke nicht mehr vorstellen. Diese Stöcke haben natürlich ihre Vorteile, besonders beim Abstieg wirken sie knieschonend und zeigen ihre Stärke bei der Gewichtsverteilung. Auch im Frühjahr beim Überqueren von Altschnee bieten sie Sicherheit. Im Fels selber sind Stöcke eher störend, der Stockeinsatz muß äußerst präzise sein, da ansonsten sogar ein negativer Aspekt auftreten kann: der Stock kann abrutschen oder „eingehen“, sprich kürzer werden! Auch auf Almboden, wenn es flach dahingeht, kann auf die Stöcke verzichtet werden, der Boden wird es Ihnen danken! Aber wie immer im Leben – jeder hat seine eigene Meinung und Philosophie!
Wenn nun einmal wirklich etwas schiefgehen sollte: Das alpine Notsignal muß man kennen:

Schloß Trautenfels mit Grimming

pro Minute sechsmal Lichtzeichen geben oder das gleiche auf akustische Art, z. B. mit einem Pfeiferl. Wenn man zu Hause oder im Quartier vor dem Abmarsch angegeben hat, wohin genau die Wanderung geht, ist vieles schon gewonnen. Auch bei einer Übernachtung in einer Hütte sollte man im Hüttenbuch das nächste Ziel vermerken. Auch sehr wichtig: Wenn dieses Ziel einmal angegeben ist, darf man unter keinen Umständen davon abweichen, auch wenn man noch so gern woanders hinginge!
Ein zur Zeit oft diskutiertes Thema ist das vielgeliebte und auch vielgeschmähte Handy. Zum Zeitpunkt des Schreibens dieses Textes ist die Technik noch nicht so perfekt, daß man aus den tiefsten Waldgräben heraus telefonieren könnte. Von Gipfeln und Punkten, wo man im Tal einen Ort erkennen kann, ist das Handy jedoch ein wirklich gutes Hilfsmittel. Erkundigen Sie sich beim Kauf über die aktuellen Möglichkeiten!

Sollten Sie auf einer Hütte übernachten, nehmen Sie einen einfachen Hüttenschlafsack mit. Meistens ist es auch von Vorteil, sich vorher telefonisch mit den Hüttenleuten in Verbindung zu setzen, da exponierte Hütten an schönen Wochenenden oft sehr überlaufen sind. Im Ennstal gibt es eine Fülle von durchwegs ausgezeichneten Berghütten, und normalerweise kann man hier auch überall Unterkunft finden. Sie sind zumeist gut ausgestattet, und so mancher Hüttenabend kann hier ein größeres Erlebnis werden als die Tour selbst. Über Öffnungs- und Schließungszeiten kann an dieser Stelle keine Auskunft gegeben werden, da diese von der Witterung, der Schneelage, den Jagdzeiten und vielen anderen Faktoren abhängig sind.
Dazu ein Appell: Die HüttenwirtInnen haben es wirklich nicht leicht, sind aber immer sehr um die Versorgung und die Unterkunft der Bergfreunde bemüht. Lassen wir diese tüchtigen Leute auch etwas verdienen! Zu oft ist zu sehen, daß ganze Gruppen ihre mitgebrachte Jause verzehren, nur einzelne Getränke kaufen und noch zusätzlich ihren Abfall hinterlassen.
Am Ende dieser Tips oder „Belehrungen" bleiben noch einige Punkte übrig: Bitte ver-

gessen Sie nicht, daß noch andere Bergfreunde unterwegs sind, und beachten Sie dabei bei höheren Touren, daß keine Steine – unabsichtlich bis mutwillig – abgetreten werden, die weiter unten Gehende verletzen könnten. Rücksichtnahme und vor allem Hilfe in allen Situationen sind eigentlich mehr als selbstverständlich. Man merkt in letzter Zeit verstärkt, daß der Umweltgedanke großgeschrieben wird, besonders dort, wo von Parkplätzen und Seilbahnstationen nichts mehr zu sehen ist. Trotzdem: Wenn man Alu-Dosen schon vollgefüllt hinaufschleppen konnte und das Plastiksackerl nicht mehr als ein Gramm wiegt, dann kann man es auch ganz leicht wieder zu Tal tragen. Besonders störend sind Zigarettenreste, wenn sie auch noch so klein sind, sie verrotten nämlich nur sehr langsam. (Könnte man sich nicht vielleicht für einige Stunden an das Motto „Ohne Rauch geht's auch" halten?)
Es ist diese Liste an Hinweisen nicht vollständig und wird es sicherlich auch nie sein; Wanderer sollten aus eigener Erfahrung immer wieder daran denken, was ihnen „damals" gefehlt hat, als sie es dringend gebraucht hätten. Trotzdem sollte man alles beherzigen, was man schon öfters gelesen hat, und niemand sollte die Kräfte der Natur unterschätzen. Ein gewisses Maß an Hausverstand ist jedem gegeben, und mögen auch so manche über den etwas schwereren Rucksack des anderen lächeln, lieber öfter ein wenig zuviel als einmal zuwenig mittragen! Denken wir aber auch an unsere – noch – heile Umwelt, die wir nicht belasten oder gar zerstören wollen. Auch das kleinste Tier oder Blümlein hat nicht nur in unseren Bergen ein Recht auf Leben!

Alte Ansicht aus dem Ennstal (um 1870, aus: Lerchhaus: Obersteirischer Bilderbogen).

Eine kurze Wanderung durch die Geschichte des Ennstals

Wenn man Geschichtsbücher in die Hand nimmt und darin schmökert, fällt einem auf, daß es am Anfang unerheblich ist, ob hier Jahrtausende oder Jahrhunderte beschrieben werden. Je weiter man aber zur Jetztzeit kommt, desto umfangreicher werden Texte und Fakten. So ist es auch beim Ennstal.

Bei einer Wanderung durch die Geschichte dieses Landstrichs überfällt einen der Wunsch, zu erkunden, wann und wo der erste Mensch dieses Gebiet betreten hat. So wie es in einem Buch über die Sintflut nachzulesen ist: Um 3 Uhr früh mitteleuropäischer Zeit zu Beginn des Nordherbstes an einem 23. September, vor 9545 +/– wenigen Jahren bei Neumond traf ein gewaltiger Komet die Erde (Alexander und Edith Tollmann, Und die Sintflut gab es doch). Leider läßt sich die Geschichte des Ennstals nicht so exakt beginnen. Gewesen sein könnte es so: Die Gletscher der Eiszeit hat-

ten das gesamte Ennstal mit Eis überzogen und verhinderten damit jegliches Leben. Doch beinahe unmerklich ziehen sie sich zurück, und eine Vision taucht auf: Langsam schiebt sich aus dem Eis die Spitze des Dachsteins hervor, das Gestein kommt ans Tageslicht und formt sich unter den gewaltigen Naturgegebenheiten dieser Zeit. Nur im Traum kann man sich vorstellen, daß dieses Eis ständig schmilzt, die Felsen immer mehr Gestalt annehmen und ein Wanderer über dem Eis eine Landschaft vorfindet, die, geprägt von Eismassen und bizarren Felsgestalten, fast ein Hollywood-Szenario darstellt.
Dann geht es weiter: In der Mittleren Altsteinzeit (ca. 400.000 bis 40.000 vor unserer Zeitrechnung) sind dann wirklich die ersten Menschen in die – im weitesten Sinne – Steiermark gekommen. Erste Spuren einer Besiedelung findet man in der Salzofenhöhle und im Lieglloch im benachbarten Toten Gebirge. Es waren Jäger und Sammler, von denen die Funde erzählen, jedenfalls scheint es wissenschaftlich erwiesen, daß das Ennstal schon sehr früh besiedelt wurde. Auf eine gewisse Mobilität dieser Menschen weisen die Felsbilder in der Notgasse und im Mausbendlloch (auf dem Dachsteinplateau) hin.

Irgendwann am Beginn der Jungsteinzeit, immer noch rund 4000 Jahre vor Christi, werden die Menschen immer öfter seßhaft, die Landschaft wird lebenswerter, ein gewisser Fortschritt ist zu spüren, aus den Jägern werden Bauern, die von Ackerbau und Viehzucht leben. Und das Ennstal wird langsam, aber stetig immer dichter besiedelt.
Die Fundorte im Bereich des Mittleren Ennstals lassen auch die Vermutung zu, daß die im wesentlichen breiteste Stelle des Tals um das heutige Schloß Trautenfels für damalige Begriffe lebenswerter erschien als die Bergtäler der Tauern und der anderen Gebirgswelt.
Die Epoche der Kupferzeit, etwa zwischen 4000 und 2000 vor Christi Geburt, bricht an, und aus etlichen Funden gewinnt man die Einsicht, daß immer mehr Menschen das Ennstal als Heimstätte wählen. Sie kommen möglicherweise aus dem Westen, der Enns entlang und aus dem Voralpenland. Auch Bergbau wird in dieser Zeit bereits eifrig betrieben, so erzählt zum Beispiel die Geschichte von Johnsbach, daß hier um ca. 2000 vor Christi Geburt Kupfer geschürft wurde. In dieser Phase wird auch auf die Bedeutung des Holzes hingewiesen: Es wird für die Sicherung der Stollen verwendet, und Kohle ist notwendig, um die entsprechende Hitze für die Schmelzöfen zu erzeugen. Man sieht: Hier wurde Bergbau neuerer Prägung betrieben.
Auch das Handwerk gewinnt immer mehr an Bedeutung, daraus entsteht zwangsläufig die Notwendigkeit, neue Handelsverbindungen zu suchen, neue Verkehrswege und Gebirgsübergänge zu erschließen.
Damals kommen die Illyrer ins Ennstal, die durch neue Errungenschaften eine gewisse Belebung in die Talschaft bringen.
An der Nordseite des Dachsteinmassivs entsteht dann eine Lebensart, die weltweit unter dem Namen Hallstattkultur einen fixen Platz in der Ge-

schichte einnimmt. Diese Periode erlebt in den Jahren von 700 bis 500 ihre Hochblüte und ist in ihrer besonderen Bedeutung durch die Salzgewinnung geprägt. Hallstatt übt aber auch einen starken Einfluß auf die weitere Entwicklung des Ennstals aus. Obwohl hier noch größtenteils Sümpfe das Tal beherrschen, läßt sich eine dichte Besiedelung nachweisen, und langsam wird der Lebensraum durch eine Ausdehnung der Landwirtschaft auf die Südhänge erweitert. Nach heutigen Begriffen gibt es auch schon kleinere Zentren, wie zum Beispiel in der Umgebung von Wörschach.
Es ist kaum zu glauben, aber ein Tatsache: Es gab Rom noch nicht, als Hallstatt seine Hochblüte erlebte (die legendäre Gründung Roms erfolgte 753 v. Chr., und die Römische Republik wurde 509 gegründet)!
Es scheint auch, daß das Ennstal bereits damals einen gewissen Bekanntheitsgrad über die weiteren Grenzen hinaus hatte: Im 8. vorchristlichen Jahrhundert sollen sogar russische Reiter ins Ennstal eingedrungen sein. Ebenso wird erzählt, daß zwischen Irdning und Gröbming eine versunkene Stadt ihrer Entdeckung harre. Diese Ereignisse dürften zwar aus dem Reich der Legende stammen, aber auch Atlantis wird von vielen als Legende betrachtet!

Fresko in der Johannes-Kapelle in Pürgg

Die Hallstattkultur legt erstmals richtiges Zeugnis für die Lebensart der Menschen ab. Bestimmt war diese Epoche, wie schon erwähnt, von der Salzgewinnung, und so hinterließen die illyrischen Bergleute in erster Linie Werkzeug, Holzschaufeln, Fackeln, aber auch Nahrungs- und Bekleidungsreste. Diese Kleidung bestand überwiegend aus Leder und Schafwolle, sogar farbige Muster verschönerten das Gewand, wie uns die Wissenschaft lehrt. Die Menschen lebten in einer Art Holz- oder Blockhaus, das unserer Almhütte ähnelt. Besonders ergiebig waren die Gräberfunde, viele der Grabbeigaben sind aus Bronze gefertigt,

Schmuckstücke jeglicher Art lassen darauf schließen, daß Pretiosen auch damals wesentliche Bestandteile des Lebens waren.
Die Kelten waren es nun, die die Illyrer aus unserer Gegend vertrieben: Das Ennstal wurde Teil des Königreichs Noricum. Großflächig breiteten sich die Kelten mit ihrer Religion und Kultur aus: Fast ganz Europa bekam die Stärke dieses Volkes zu spüren.
Im Ennstal gibt es eindeutige Hinweise, daß um etwa 500 vor unserer Zeitrechnung am Kulm bei Aigen eine mächtige Befestigungsanlage stand, was die Theorie bestätigt, daß das Mittlere Ennstal damals von enormer strategischer Bedeutung war. Viele Orts- und Flurnamen stammen noch aus dieser Zeit.
Eine wechselvolle Geschichte prägt die Zeit zwischen 400 und 15 vor Christi. Ein wahrhaft babylonisches Stimmengewirr muß geherrscht haben, waren doch beinahe gleichzeitig oder in einem relativ kurzen Zeitraum Kelten, Taurisker, Noriker, Kimbern, Teutonen und noch andere Völker mehr oder minder im Ennstal ansässig. Die Handelsbeziehungen wurden ausgeweitet, heute würde man sagen „globalisiert".
Damit eng verbunden war der Stellenwert der Verkehrswege und Bergübergänge.

Hatte der Sölkpaß schon früher große Bedeutung, so kamen nun viele neue Übergänge wie Pyhrn, Glattjoch und Triebener Tauern dazu, die Einmündungen vom Pötschenpaß und vom Schoberpaß erleichterten die sicherlich extremen und beschwerlichen Transportprobleme für Mensch und Tier.
Das Römische Reich dehnte sich mittlerweile schon weit nach Norden aus, und die Römer kamen auch in die Nähe des Ennstals. Nun nützten die starken Befestigungsanlagen nicht mehr viel, der Vormarsch der Römer war nicht zu stoppen. Letztendlich war es dann 15 Jahre vor Christi Geburt soweit: Das Königreich Noricum (und damit das Ennstal) wird dem Römischen Reich friedlich und unblutig eingegliedert. Im Jahr 50 nach Christi wird Noricum eine eigene römische Provinz und erhält eine selbständige Verwaltung. Mehr als fünf Jahrhunderte dauerte diese Herrschaft in unserem Gebiet an.
Die Römer nutzten das Ennstal als eine Art Drehscheibe für ihre Verkehrsverbindungen zu all ihren Besitzungen und Provinzen in Europa und brachten neue Lebensart und neuen Schwung in unser Gebiet. Eine der guten Taten

Rohrmoos mit Dachstein-Panorama

der Römer ist die Entdeckung einer heißen Quelle im Bereich des heutigen Paß Stein, und ungefähr im Jahr 312 wird die Heilkraft des Wassers zwischen Grimming und Kamm (heute Bad Heilbrunn in der Nähe von Bad Mitterndorf) bestätigt: Kaiser Maxentius Severus gilt mit seinem Gefolge als Entdecker und auch Benützer dieser Thermalquelle.
Um das Jahr 500 dringen mehrere Stämme aus dem Norden in die Provinz Noricum ein, die Macht des Weströmischen Reichs beginnt abzubröckeln, und schließlich geht auch dieses Reich unter. Durch das umfassende Wege- und Straßennetz fällt es den Slawen recht leicht, ins Ennstal einzufallen; dies geschah ungefähr in der Zeit zwischen 560 und 600.
Aber auch Awaren (kriegerisches Reitervolk der Mongolen) und Bayern (Bajuwaren) stoßen bis ins Ennstal vor, das jetzt, nach dem Abzug der Römer, eher dünn besiedelt ist. Verstärkt werden nun wieder Ackerbau und Viehzucht betrieben. Die Scheu, in höheren Lagen zu siedeln, bringen aber auch diese Menschen mit, und so ist es wieder der Talboden, der die dichteste Besiedelung aufweisen kann. Der gesamte slawische Lebensraum wird nun als Karantanien bezeichnet, nachdem sich um 620 die Slawen von den Awaren trennen konnten. Mehr als 100 Jahre später kommen die Awaren allerdings wieder ins Land zurück und wollen ihre Machtansprüche erneuern. Die Karantanerslawen verbünden sich sofort mit den Bayern, und gemeinsam wird der Feind verjagt. Die christlichen Bayern wollen nun die Slawen zum „richtigen“ Glauben bekehren, doch diese weigern sich. Daraufhin übernehmen die Bayern die alleinige Herrschaft, und nur wenig später findet die Eingliederung des ehemaligen Karantanien in das Fränkische Reich statt. Auch aus dieser Zeit gibt es viele Gräberfunde (Krungl/Bad Mitterndorf, Hohenberg/Aigen), und viele noch heute geläufige Namen sind slawischen Ursprungs.
Dann aber folgt die Zeit des großen Kaisers: Karl der Große übernimmt die Macht und verändert die politische Landschaft in ganz Europa. Damit beginnt auch im Ennstal eine neue Ära. So wird ab ca. 830 der Aufbau einer Grafschaft Ennstal vorangetrieben, der heutige Bezirk Liezen nimmt erste Formen an. Unter der bayerisch-fränkischen Herrschaft ist ein stetiger Aufstieg der Talschaft zu verzeich-

Einer der zahlreichen Bildstöcke im Ennstal

nen. Viele Städte, Märkte und Dörfer werden erstmals urkundlich genannt, besonders die Bedeutung von Admont wird immer größer, das seinen Einfluß auf das Geschehen im ganzen Unteren Ennstal ausdehnen kann. Admont wird im Jahr 859 urkundlich erwähnt, durch die Gründung des Stiftes 1074 erfährt dieser Landstrich auch einen enormen wirtschaftlichen Aufschwung.

Schon seit 927 kennt man Rottenmann, das Stadtrecht wurde diesem Ort im Jahr 1279 verliehen.
Knapp vor der Jahrtausendwende war das Ennstal Teil der Karantanischen Mark, dem späteren Herzogtum Kärnten. Als sogenannte „Hauptstadt" jener Zeit wird oft Niederhofen genannt, aber auch Pürgg und Wolkenstein. In diese Epoche fällt auch die Namensgebung der großen Talschaft: Im Jahr 1005 wird von König Heinrich II. in einer Urkunde der Name „Ensitala" erwähnt. Spätere Urkunden geben ebenfalls Zeugnis von dieser fast 1000 Jahre alten Bezeichnung des Gebiets, nämlich des Ennstals.
Die Traungauer übernehmen dann die Herrschaft über das Ennstal, und damit beginnt ein Aufbruch zur weiteren Erschließung des Tals.
Außerhalb der damals bestehenden Ansiedlungen war der Boden durchwegs sumpfig und unwegsam. Wald beherrschte die Landschaft, an den Berghängen gab es wegen der Unwirtlichkeit keine Bewirtschaftung. Jedoch unbändiger Wille und Fleiß, wie man es auch heute noch von den Ennstalern kennt, ließen das Tal immer freundlicher werden. Die Sümpfe wurden trockengelegt, mit großer Mühsal wurden der Natur Meter um Meter Ackerboden und Wiese abgerungen. Riesige Gebiete wurden unter für heutige Begriffe unvorstellbaren Strapazen gerodet. Auch sollen damals einige Seen trockengelegt worden sein. Die Ausdehnung der Besiedelung auf die Berghänge ging zügig vonstatten, und bald wurde bis in mittlere Lagen Almwirtschaft betrieben. Kurz, es herrschte ein frischer Wind!
Im Jahr 1180 wurde die Steiermark Herzogtum, allerdings waren die Grenzen nicht so eindeutig definiert, wie wir das heute kennen; das Herzogtum dehnte sich bis hinter Bad Ischl und weit ins Niederösterreichische hinein aus. Aber: Das Ennstal war steirisch!

Am 8. Mai 1192 stirbt Otakar, der letzte der Traungauer, und damit vollzieht sich für die Steiermark der Zusammenschluß mit Österreich. Schon 54 Jahre später endet auch die Herrschaft der Babenberger, und die Steiermark gerät in den Strudel der kaiserlosen Zeit. Unzählige Kämpfe mit Ungarn und Böhmen prägen die folgenden Jahre. Wie speziell das Ennstal diese Epoche miterlebte, ist leider nicht überliefert. Die Menschen jener Zeit hatten wirklich andere Sorgen, als ihre Geschichte aufzuzeichnen: Mehrere Heuschreckenplagen machten die mühevolle Arbeit zunichte, Viehseuchen erschwerten zusätzlich das Fortkommen der Bauern, und durch Klimaveränderungen war das Wachstum auf den Feldern sehr beeinträchtigt. Sogar von Erdbeben wird berichtet! Dazu kamen noch die Kämpfe zwischen den steirischen Landesherren und den Erzbischöfen von Salzburg (um 1290).
Dann wütete mehrmals die Pest im Ennstal, viele Menschen mußten einen qualvollen Tod durch diese verheerende Seuche sterben. Als ob dies alles noch nicht genug wäre, kamen auch noch die Türken in die Nähe der Talschaft; eine Botschaft, die die Bevölkerung in große Angst versetzte, eilte doch diesen Horden ein schrecklicher Ruf voraus. Wie die Historie vermerkt, war jedoch im Gebiet von Rottenmann das Ende der türkischen Offensive erreicht: Der schwer befestigten Burg Strechau können es die Ennstaler verdanken, daß die Türken ihr Tal nicht erblickten.
Um nun aber kurz von den unliebsamen Ereignissen abzulenken, sei erwähnt, daß von 1455 bis 1458 Pfarrer Enea Silvio Piccolomini als Pfarrherr in Irdning tätig war – er wurde später als Papst Pius II. Oberhirte der katholischen Kirche.
Während sich in Westeuropa beherzte Seeleute und Abenteurer auf Entdeckungsreisen und Weltumsegelungen vorbereiten, steht der Bevölkerung des Ennstals großes Unheil bevor: Wieder bedrohen Hungersnot, Mißernten, Seuchen und unzumutbare Arbeits- und Abgabenleistungen die Menschen in ihrer Existenz. Dazu kommen noch politische Wirren und religiöse Mißstände, die die Menschen zum Äußersten treiben. Vom Westen ausgehend brechen Unruhen

aus, die Bauernkriege überschwemmen das Tal, besonders betroffen ist diesmal Schladming. Vorerst können hier wohl die Bauern die Herrschaft an sich reißen und die Landbesitzer gefangennehmen, doch bald wendet sich das Blatt, und die Stadt wird beinahe dem Erdboden gleichgemacht. Die Anführer des Bauernaufstands werden hart bestraft, Schladming wird das Stadtrecht entzogen. Erst 400 Jahre später (1925) wird der einst so stolzen Stadt dieses Recht wieder verliehen.
Doch nicht nur die Sorgen der Bauern waren damals erdrückend, durch Überbevölkerung herrschte hohe Arbeitslosigkeit: Bergbau, Holzwirtschaft und Fuhrwesen konnten die Menschen nicht mehr zur Gänze beschäftigen.
Dazu kam der Druck der Kirche, der den Unwillen der Bevölkerung immer stärker anschwellen ließ. Fiel es doch gerade in jene Zeit, daß Martin Luther seine Thesen veröffentlichte und bald Gehör bei den unterdrückten Menschen fand, so daß gerade in der Gegend um Ramsau und Schladming der Samen des Reformators aufgehen konnte. Ein Großteil der Bevölkerung trat zum neuen Glauben über, in Admont soll es sogar einen evangelischen Abt gegeben haben. Um 1580 begannen die Katholiken mit der Gegenreformation, die tiefe Spuren hinterließ. Militante Vorgangsweisen wie Standrecht, Niederwalzung von evangelischen Kirchen und persönliche Konsequenzen für die führenden Köpfe waren die Folge. Glücklicherweise gab es kein Blutvergießen, aber es dauerte noch lange, bis das Toleranzpatent (1781) endlich Ruhe schaffte.
Während dieser ganzen Zeit rinnt das Wasser der Enns unablässig durch sein selbstgewähltes Flußbett. Viele Ereignisse können hier angeführt werden, die sich rechts und links davon ereigneten: Der Dreißigjährige Krieg geht vorbei, die Zeit Maria Theresias und ihres Sohnes Joseph II. beeinflußt das Leben im Ennstal. Zahlreiche Verordnungen regeln nun das Leben; Zins, Steuern und Robotleistungen bestimmen zunehmend die Wirtschaft, es folgen Gesetzesänderungen und so manches mehr.
Die Zeit der Franzosenkriege geht auch hier nicht spurlos vorüber. Ab 1797 kommen immer wieder französische Besetzer ins Tal, ohne Rücksicht wird geplündert, geraubt, gestohlen und vergewaltigt, die Bevölkerung ist geschockt und verzweifelt. Die „hohen Herren" erlassen wohl Befehle, die das alles unterbinden sollen, aber was nützt es? Einen kleinen Einblick in das Bild dieser Epoche gibt die Chronik des benachbarten Ausseerlandes: Im Jahr 1800 werden hier französische Mannschaften mit folgendem Anhang verzeichnet: 35 Marschälle, 40 Generale, 70 Priester, 1400 Weiber und Kinder, 2000 Hunde. Über 13 Jahre mußten die Menschen des Ennstals diese Einquartierungen ertragen!
Doch dann bricht eine verhältnismäßig gute, stabile Periode an, und sie ist geprägt von einem einzigen Menschen: Erzherzog Johann. Man ist sich bis heute nicht ganz bewußt, welch großartige Leistungen dieser Mann allein für das Ennstal erbracht hat. Fast jeder Bauer zog Nutzen aus den Erkenntnissen des Erzherzogs. Noch heute

Bei Irdning, im Herzen des Ennstals

weiß man, daß die Kartoffel von ihm in die Gegend gebracht wurde. Eine Fülle von wichtigen Institutionen, die allerdings nicht nur das Ennstal betrafen, wurde in jenen Jahren gegründet: von der Kammer über die Bank und die Versicherung, die bis zum heutigen Tag erfolgreich für alle tätig sind.
In diese Zeit fällt auch die Revolution von 1848, die für die Bauern die Aufhebung des grundherrschaftlichen Untertanenverbandes brachte, die Besitzer wurden damit frei von Robot und Zehent, ein Meilenstein in der Geschichte der Talschaft.
Irgendwann um 1870 ist der Beginn des Fremdenverkehrs feststellbar. Von der kaiserlichen Sommerfrische Bad Ischl ausgehend, bringt dieser neue Wirtschaftszweig eine weitere Facette ins Leben der Ennstaler.
Die Technik beginnt ihren Siegeslauf, auch der Lauf der Enns wird reguliert, neue landwirtschaftliche Flächen werden gewonnen (1860 bis 1875). Dann wird das Ennstal durch das neue Verkehrsmittel, die Eisenbahn, erschlossen. Bald brennen die ersten elektrischen Glühlampen, Wasser rinnt aus den Brunnen in den Häusern, Wasserversorgungsgemeinschaften werden gegründet.

Viele Initiativen werden in die Wege geleitet, bis diese Entwicklung durch die Schüsse in Sarajevo abrupt gestoppt wird. Die Zwischenkriegszeit läßt nur wenig Zeit für Wiederaufbau und Erholung, die nächste große Katastrophe, der Zweite Weltkrieg, beginnt.
Es war das alles wahrscheinlich genau in dieser Form notwendig, um zum heutigen Wohlstand zu kommen. Unermüdlich wie in all den vergangenen Zeiten hat der Mensch es immer wieder geschafft, selbst die schwierigen Zeiten zu überwinden. Die Geschichte des Ennstals ist geprägt vom Willen aller, die hier einst lebten; der Blick in die Zukunft läßt hoffen.

Erzherzog Johann und die Berge

Der vielleicht größte Pionier der Steiermark in den vergangenen Jahrhunderten war Erzherzog Johann (1782–1859). Alles aufzuzählen, was dieser Mann für die Steiermark, und nicht nur für diese, geleistet hat, würde den Rahmen dieser kleinen Beschreibung sprengen. Die zahlreichen Bücher und Veröffentlichungen des steirischen Prinzen geben Zeugnis über seine Leistungen. Mag sein, daß er durch seine Liebe zur Postmeisterstochter Anna Plochl aus Bad Aussee, die er erst nach langen Kämpfen mit dem kaiserlichen Bruder und dem Hof zu Wien heiraten konnte, unserer Heimat so verbunden war. Die Kraft und die Energie für die Durchsetzung seiner oft revolutionären und radikalen Ideen konnte er häufig auch in den Ennstaler Bergen tanken.

Man braucht nicht viel Phantasie, um ermessen zu können, wie beschwerlich der Gang auf Almen und Berge Anfang des 19. Jahrhunderts gewesen sein muß, überhaupt wenn man sich der Dreitausender-Grenze näherte. Heutzutage schlägt man die bunten Kataloge der zahlreichen Sportartikelhersteller auf, man schaut in die Geldbörse und überlegt, was man sich noch leisten kann. Und schon geht's los mit Fleece und Goretex – ja, ein bißchen Kondition muß man schon mitbringen. Allein schon die Schuhe! Wenn sie überhaupt aus Leder waren, konnte man glücklich sein. Sonst wurden sogenannte Schuhfetzen angefertigt, aus schwerem, selbstgemachtem Leinen. Der genagelte Schuh lehrte den Wanderer eher das Fürchten: Die Gefahr, auf felsigem Grund aus- oder abzurutschen, war enorm. Die Kleidung war meist aus schwerem Loden – was beim kleinsten Regenguß passierte, kann man sich lebhaft vorstellen. Trotz all dieser Beschwernisse hielt sich Erzherzog Johann mit seinem Gefolge liebend gern im Dachsteinmassiv und in den Niederen Tauern auf. Er war ein Mann mit großer Ausdauer, seine Begleiter konnten dem schnellen Schritt des Prinzen oft nicht folgen, und immer wieder unternahm er noch allein Extratouren. Allerdings ging er nicht nur zur Erholung in die Berge. Sein großes wissenschaftliches Interesse ließ ihn alles erkunden, was ihm in den Blick kam, egal, ob es die Lebensverhältnisse der Almleute, die Anbaumethoden der Bauern oder die Steine, Blumen und Tiere waren. Er war offen und zugänglich für alles, was ihm auf seinen Wegen begegnete.

Natürlich gab es damals auch keine Steige, keine Markierungen, von Wanderbeschreibungen oder Routenvorschlägen ganz zu schweigen. Den Erzherzog zeichneten sein gutes Gespür für den richtigen Weg, für die richtige Aufstiegsstelle und seine Umsicht aus, so daß für seine Leute die Bergfahrten meist unfallfrei endeten.

Er nahm sogar seine Kammermaler mit in die Berge, um für die Nachwelt festhalten zu lassen, welch großes Erlebnis diese Wanderungen sein können. Hier soll stellvertretend Jakob Gauermann genannt werden: Mit seinem Gemälde von Erzherzog Johann auf der Hochwildstelle hat er sich unter die bekanntesten Bergmaler Europas eingereiht. Bereits im Sommer 1810 kam Erzherzog Johann nach vielen Bergtouren in der

So gingen die Menschen vor fast 200 Jahren in die Berge

Schweiz und in Italien ins Salzkammergut und ins Ennstal, also nicht mehr als Bergneuling. Mit seinem Gefolge bestieg er die Almen des Toten Gebirges, der Niederen Tauern und des Dachsteins, nächtigte auf Almhütten, setzte sich mit den einfachen Leuten zusammen und lernte dabei die Sorgen, aber auch die Freuden dieser Menschen kennen. Bei einfacher Kost und einheimischen Getränken wurde auch des öfteren zum Tanz aufgespielt, und so manche Sennerin konnte sich über ein Tänzchen mit dem Erzherzog freuen. Wenn die Leute vom Hof ihn jemals so gesehen hätten – das Riechfläschchen der Damen hätte sie sicher nicht vor einer Ohnmacht bewahrt. Besonders die Unterhaltungen mit den Jägern hatten es ihm angetan, er war ja selbst ein begeisterter Weidmann. So war er, der steirische Prinz!

Die Überquerung des Dachsteinmassivs hatte in ihm den Wunsch entfacht, den Dachstein selbst zu besteigen. Leider ist dieser Traum weder für ihn noch für jemanden aus seinem Gefolge je in Erfüllung gegangen. Doch stand der Erzherzog auf vielen anderen Gipfeln des Dachsteingebiets und der Niederen Tauern. Im Sommer 1814 erstieg er unter schwierigsten Umständen die Hochwildstelle, drei Jahre später erklomm er den Gipfel des Hochgolling, des höchsten Bergs der Niederen Tauern (2863 m). Es gilt dies als die erste Besteigung dieses Bergs von der steirischen Seite und war eine alpinistische Großtat. Bei allem Erfolg des Prinzen – man darf auf seine Helfer nicht vergessen. Vor allem der Schladminger Waldmeister Paul Grill und der kaiserliche Jäger Jackl Buchsteiner unterstützten ihn bei seinen alpinen Unternehmungen. Und dann war da noch die ganze Gefolgschaft, die ihn begleitete, um für die Verpflegung zu sorgen, die die notwendigen Utensilien mittrug und einfach bemüht war, dem Erzherzog die Reise durch die Berge so bequem und angenehm wie möglich zu gestalten. 1818 erwarb Erzherzog Johann den Brandhof am Seeberg und erwählte ihn als sein ständiges Domizil, aber solange es ihm seine Zeit und die Gesundheit erlaubten, unternahm er seine Wanderungen im obersteirischen Gebirge. Immer wieder zog es ihn dorthin. Der steirische Prinz war schon zu Lebzeiten eine Legende, hat vielen Leuten damals und indirekt bis in die heutige Zeit hinein geholfen. Seine Naturverbundenheit, seine Nähe zur Landbevölkerung und seine Taten werden seinen Namen nie vergessen lassen. Als einer der ersten hat er erkannt, daß das Ersteigen von Almen und Bergen einmal für viele Menschen Freude und Erholung bringen würde. Schon damals ließ er eine Art Wanderführer schreiben, und seine Tagebücher und Reiseaufzeichnungen geben uns heute noch wertvolle Hinweise. Auch das macht ihn für uns so wichtig!

Brauchtum und Tradition

Das Leben von gestern, heute noch ein Bestandteil unseres Seins

Es ist üblich, dem Jahreslauf zu folgen, wenn man über Brauchtum schreibt. Brauchtum hat aber keinen Anfang und kein Ende, es ist Altüberliefertes, das keine Grenzen kennt. Meist weiß man nur im Ansatz, woher es kommt, es wurde einfach von Generation zu Generation weitergegeben. Neue Strukturen haben Änderungen in unser Dasein gebracht, die Wurzel ist aber die gleiche geblieben. Das Brauchtum erweist sich einfach über Jahrhunderte hinweg als Spiegel der Menschen, die auch neben der härtesten Arbeit eine Art von Ausgleich schaffen wollten. Tiefe Religiosität bestimmte die Existenz unserer Ahnen, sie kannten auch nicht die Annehmlichkeiten der sogenannten Zivilisation wie Strom, TV und ähnliche Dinge. Die hierarchischen Strukturen auf dem Bauernhof mit seinem Machtgefüge vom Herrn bis zum Knecht und zur Magd beeinflußten in hohem Maß auch das Alltagsleben. Doch immer gab es neben dem harten Existenzkampf Stunden, in denen man, im heutigen Sinne gesprochen, ein wenig ausspannen konnte. Daraus entstand eine Art von Freizeitverhalten, das teilweise zu Brauchtum wurde. Bräuche ändern sich vielfach von Talschaft zu Talschaft, oft schon unterscheidet der Dialekt die Menschen, Verhaltensmuster sind verschieden ausgeprägt. Besonders in den Alpentälern ist Brauchtum und Tradition schon immer verstärkt hochgehalten worden, Überlieferung und Pflege dieses alten Gutes ist gerade im Ennstal wie kaum woanders zu finden.

Wir wollen uns nun ein wenig auf den Weg in diese wunderbare Welt der Ennstaler Bräuche begeben, wobei es nie eintreten wird, daß diese Schilderungen vollständig sein können.

Die Nacht von Silvester auf Neujahr ist eine der Rauhnächte und birgt in sich viel Geheimnisvolles: Wäsche darf über Nacht nicht hängenbleiben, die Zukunft wird sichtbar, Orakel können befragt werden. Schon in der ersten Rauhnacht vor Weihnachten wird im Herd Glut vorbereitet, die dann vom Bauern in einer kleinen Pfanne durch Haus und Stall getragen wird. Die Räume sind erfüllt vom Duft des Weihrauchs, Weihwasser soll für das nächste Jahr Gutes bringen, Haus und Hof mögen vor Blitz und Unwetter verschont bleiben.

Die Perchten kommen! Vielfältig sind die Ereignisse um den 5. Jänner, in dieser Rauhnacht geschieht oft Wundersames. Tief vermummte Gestalten mit verhangenen Gesichtern begehren Einlaß und „kontrollieren", ob die Bäuerin wohl ordentlich zusammengeräumt hat. Wehe, die Ordnung findet nicht den Gefallen der Perchten, dann wird das Aschenladl ausgeräumt und die Asche in der ganzen Küche verteilt. Meist sind die Perchten oder Perchtl Frauen, die die halbe Nacht unterwegs sind und ihr Unwesen treiben. Schon während des Tages sind die Glöckler unterwegs, die besonders im benachbarten Ausseerland von Tür zu Tür ziehen und um eine kleine Gabe bitten. Es ist dies nicht eine Art von Bettelei, ganz im Gegenteil: Die Hausbewohner freuen sich, wenn möglichst viele Glöckler kommen. In der Regel sind dies Kinder, die oft schon im Morgengrauen aufbrechen, um ja viele

Glöcklerlauf in Stainach

von den Glöcklkrapfen zu ergattern. Heute sind es meist Süßigkeiten, die die Kinder bekommen, in dieser Beziehung hat sich der alte Brauch im Zeichen der Zeit gewandelt.
Ein besonderes Ereignis stellen die im Ennstal in mehreren Ortschaften heimischen Glöcklerläufe dar. Bei Einbruch der Dunkelheit sieht man die Glöckler mit ihren wunderschönen Kappen dem Zentrum des Ortes zustreben. Es ist ein beeindruckendes Bild, wenn sich von den Hängen herunter die einzelnen Gruppen langsam formieren. Mit großem Fleiß und in unzähligen Stunden werden diese Kappen hergestellt, und noch mehr Arbeit bedeutet dann die Instandhaltung der Wunderwerke. Jede Gruppe hat in irgendeiner Form ein Motto, jeder noch so kleine Ortsteil seine eigene „Paß", wie die Bezeichnung dafür landläufig heißt. Letztendlich kommt es dann zum Zusammentreffen aller Gruppen, sozusagen zum Finale im Ortszentrum. Hier ist nun durch die große Anzahl der Glöckler, durch ihre wunderschönen Kappen und durch das besondere Zusammengehörigkeitsgefühl der Teilnehmer ein Abschluß zu sehen, der in Worten nicht recht zu beschreiben ist – wie man Brauchtum immer ausüben oder sehen und sich nicht mit Beschreibungen begnügen sollte. Ursprünglich dürfte dieser Brauch aus dem Salzkammergut gekommen sein. Ebensee gilt als die Wiege der Glöckler.
Die Heiligen Drei Könige ziehen am nächsten Tag durch die Ortschaften, es freut sich jeder Hausbesitzer, wenn die Aufschrift C + M + B + und die entsprechende Jahreszahl über der Haustür wieder erneuert werden.
Hier sei eine Aussage zitiert, die ein Urlauber einem Einheimischen gegenüber gemacht hat: „Die Ennstaler sind normalerweise tüchtige Leute, aber daß die Heiligen Drei Könige mißbraucht werden, verstehe ich nicht!" Auf die Frage nach dem Grund seines Un-

Ebensee gilt als Wiege der Glöckler

muts meinte der Gast: „Das heißt doch Käse (C) + Milch + Butter, was da über der Türe steht!" Trotzdem: Im Ennstal sind die Namen der Könige noch hinlänglich bekannt: Caspar, Melchior und Balthasar.
Das nächste Ereignis ist der 2. Februar, es wissen aber fast nur mehr die Älteren um die Bedeutung von Mariä Lichtmeß: Der Tag nimmt bereits um einen Hirschensprung zu, der folgende Tag mit dem Blasiussegen ist leider schon in Vergessenheit geraten.
Dann kommt eine der wichtigsten Zeiten des Jahres, der Fasching. In fast allen Orten des Ennstals wird Fasching gefeiert; Faschingsprinzen und -prinzessinnen werden gekürt, und überall wird gehämmert und gemalt, gilt es doch rechtzeitig für den Faschingszug gerüstet zu sein. Bald ist jedoch der Aschermittwoch gekommen, im Ausseerland mit seinen so traditionsreichen Faschingsbräuchen sind die Flinserln heimgekehrt, und der Faschinghiasl ist bereits begraben. Sie war wieder schön, die tolle Zeit, aber die heiligen Faschingstage sind vorbei.
Die Fastenzeit dient der Ernüchterung, der Erneuerung, so manche Sünde wird bereut, und für viele ist nun wirklich die Gelegenheit gekommen, nach den närrischen Tagen ein wenig zurückhaltender zu sein, zumindest was Speis und Trank betrifft!
Ostern steht vor der Tür, die Natur erwacht, Palmzweige werden gepflückt, und es ist fast schon ein kleiner Wettbewerb, wer am Palmsonntag den schönsten Palmbuschen hat. Die jungen Burschen kommen mit ihren Buschen in die Kirche, aufgekränzt mit Schleifen, Brezeln und vielen anderen Dingen. Für die Bauern ist es ganz wichtig, daß wieder frische Palmzweige im Haus sind, da sie doch für eine gute Ernte verantwortlich sind.
Vielfältig sind die Osterbräuche, die in den Tagen von Gründonnerstag bis zum Ostermontag gefeiert werden. Am Karfreitag schweigen die Glocken, sie sind angeblich nach Rom geflogen, kommen am Karsamstag aber wieder zurück. Zur Fleischweihe ziehen viele Menschen in die Kirche, ist es doch auch noch heute Brauch, daß vor dem eigentlichen Essen das „Gweichte" verspeist wird. Nach der großen Karsamstagfeier in der Kirche geht es meist hinaus in die Natur. Fleißige Hände haben bereits seit Tagen Holz und Gestrüpp kunstvoll aufgebaut, um für ein ordentliches Osterfeuer zu sorgen. Auf vielen Hängen zeugen die Feuer davon, daß der Frühling nun endgültig Einzug hält. In einigen Orten des Ennstals ziehen die jungen Burschen dann durch den Ort, um Ostereier zu sammeln, zu

Fronleichnamsprozession in Irdning

„fechten", wie landläufig die Rede geht. Vorwiegend werden Häuser auserkoren, in denen junge Mädchen wohnen, die meist schon ziemlich sehnsüchtig warten. Es wäre doch schade, wenn zu viele rote Ostereier übrigblieben!
Fronleichnam, Pfingsten und Christi Himmelfahrt bestimmen den weiteren Jahreslauf. Nicht nur freut man sich über willkommene Urlaubstage, auch die Fronleichnamsprozession wird sehnsüchtig erwartet. Fast der ganze Ort ist auf den Beinen, und emsig werden die Birkenzweige gesammelt, die die erwachende Natur symbolisieren. Besonders reizend sind die kleinen „Dirndln", die weiß gekleidet und mit Blumenkörben am Arm den Anfang der Prozession bilden. Hoch erhobenen Hauptes stehen diese Damen zum ersten Mal im Mittelpunkt der Öffentlichkeit.
Zu den Frühlingsfesten gehört natürlich eine gehörige Feier beim Maibaumaufstellen am 1. Mai, wobei meist größere Vorkehrungen zu treffen sind, damit nicht böse Geister noch während der Nacht den mühsam aufgestellten Baum einfach umschneiden.
Langsam zieht der Sommer ins Land, das Vieh wird auf die Alm getrieben, und zur Sommersonnenwende werden Sonnwendfeuer auf Hängen und Berggipfeln entzündet. Es ist schon eine sehr eindrucksvolle Stimmung, wenn man auf einem Gipfel steht und sieht, wie rundherum bei Einbruch der Dunkelheit die Feuer entfacht werden. Ein Gefühl von Zusammengehörigkeit verbindet all jene Menschen, die in der ersten Nacht des Sommers mit Freude auf das Feuer blicken. Eine Sehnsucht nach Freiheit kommt auf, und so mancher düstere Gedanke verschwindet unter dem Eindruck des Geschehens.
Im Sommer haben die Bewohner des Ennstals nicht viel Zeit zum Feiern, die Arbeit auf dem Feld oder in den Betrieben nimmt jedermann in Anspruch, auch ist Urlaubszeit. Es gibt aber zwischendurch immer wieder Gelegenheiten, auf diesem oder jenem Fest zu tanzen, zu plaudern oder Neu-

Rund um den Almabtrieb

igkeiten auszutauschen. Der Dialog verstummt hier nicht. Traditionell wird der Annatag oder der Jakobitag (der 26. und 27. Juli) zu einem „Almgeher" herangezogen. Es ist dies die Zeit zwischen den beiden Heuernten, wo die Arbeit gerade ein wenig ruhen kann.
Dann beginnt die Sonne allmählich ihre Kraft zu verlieren. Schon im September ist die Zeit für den Almabtrieb gekommen, es kann oben schon der erste Schnee fallen, und das Vieh muß rechtzeitig zu Tal gebracht werden. Ein Ereignis, das natürlich wieder entsprechend zelebriert wird: Zur Feier des Tages wird das Vieh geschmückt und im Tal schon sehnsüchtig erwartet. Im Donnersbachtal wird der Almabtrieb auf besondere Art und Weise begangen. Der Stiertreiber treibt seinen Unfug und schwärzelt besonders die jungen Mädchen mit Ruß. Die nicht so Angefochtenen freuen sich schon auf die Almraunkerln, eine Süßspeise, die ursprünglich nur für dieses Ereignis zubereitet wurde. Heute kann man die Raunkerln allerdings auch bei anderen Anlässen verkosten.
Jetzt muß die Ernte eingebracht werden, viel Arbeit in Haus und Hof ist im Herbst zu bewältigen. Früher gab es noch die Abende, an denen die Bauern beim Dreschen zusammengekommen sind; beim heutigen Stand der Technik sind diese Bräuche leider fast verschwunden.
Dafür läßt Allerheiligen oft ganze Familien, die weit verstreut auseinander wohnen, zum Totengedenken zusammenfinden. Das Patenkind bekommt vom „Göd" oder „Godn" den Allerheiligenstriezel.
Nun kommt für die Kinder eine recht schwierige Zeit, werden doch Anfang Dezember Krampus und Nikolaus erwartet, die die Spreu vom Wei-

Sonnwendfeuer werden alljährlich auf den Berggipfeln angezündet

zen trennen. Die Guten und Braven sollen belohnt, die Schlimmen und Unfolgsamen aber bestraft werden. Da die Grenzen oft leicht verschwimmen, herrscht meist große Unsicherheit bei den Kindern.
Jedenfalls werden in einigen Orten des Ennstals und besonders im benachbarten steirischen Salzkammergut Krampusspiele aufgeführt. Die Ursprünge dieser Spiele gehen bis ins 16. Jahrhundert zurück, sie sind wirklich altes Volksgut. Es ist kein touristisches Ereignis, das hier stattfindet, die Wurzeln sind in der Vergangenheit dieser Talschaft zu suchen. Uralte Masken tauchen auf, alte Texte, teilweise auf irgendeine Art modernisiert, aber noch mit der damaligen Ausdruckskraft, werden vorgetragen. Die wilden Masken der Krampusse, entweder aus Stoff, Fell oder aus Holz geschnitzt, beleben das Spiel. Früher wurden die Stücke in den Bauernstuben aufgeführt, heute zieht man die Gasthöfe und Hauptplätze der Ortschaften vor. Vieles ließe sich dazu erzählen, aber es ist wie beim Fasching, auch das muß man einmal selbst erleben. Von Wildalpen bis Schladming und hinein ins Salzkammergut treiben diese wilden Gesellen ihr Unwesen.

Einige Kilometer vom Ennstal entfernt wird in Bad Mitterndorf das vielleicht älteste und bekannteste Krampusspiel aufgeführt. Stellvertretend für alle sei in Kurzform die Abfolge des Auftretens der schaurigen Gestalten angeführt: Mächtige Strohschab (Strohmänner mit bis zu fünf Meter langen Hörnern) ziehen dem Zug voran, der Quartiermacher in seiner alten Uniform fragt den Besitzer des Hofes, ob er seine Gesellen hereinlassen könne, der Schimmelreiter macht mit einem mächtigen Satz Platz für die Akteure, und der Nachtwächter weist auf die Macht des Feuers hin. Jetzt kommt Bischof Nikolaus mit seinem Gefolge, er mahnt alle Anwesenden, anständig zu leben, und der Pfarrer befragt die Kinder, was sie alles in Religion gelernt hätten. Danach gibt es Geschenke für die Braven, wobei auch der Bartel bei der Verteilung mithilft, eine eigenartige Gestalt mit einer Maske, die zugleich schön und häßlich ist. Die Beichte des Bettelmanns als kleiner Höhepunkt zeigt einen verstockten Sünder, der wohl seine Sünden beichtet, aber glaubt, noch lange leben zu können. Da irrt er aber. Nun bricht wahrlich die Hölle los, vom Eheteufel, der Ehesünden anprangert, bis zum Herrn der Hölle, dem Luzifer, und seinen wilden Gesellen, alles tanzt beim wilden Reigen mit. Sogar hartgesottenen Erwachsenen wird ganz angst und bang

Almabtrieb im Ennstal: Ein Festtag für Bevölkerung

Eine über 100 Jahre alte Hauskrippe

dabei. Aber bald verschwindet der Spuk, und der Alltag kehrt wieder ein.
Der Advent und die Vorbereitungen für das schönste Fest des Jahres beginnen. Kaum ist die erste Kerze verlöscht, brennen auch schon die anderen drei, die Zeit verrinnt. Die Hektik der Vorweihnachtszeit nimmt alle – leider – gefangen. Eigentlich sollte ja wirklich ein wenig Zeit bleiben, im Advent mit einer Laterne mit brennender Kerze ein paar Schritte zu gehen, um zumindest einen Funken der vorweihnachtlichen Stimmung zu genießen. Es könnte eine Art kleiner Wanderung sein, die zwar kein Gipfelglück verheißt, jedoch für den Wanderer und seine Begleitung den Weihnachtsfrieden einkehren läßt – wenn auch nur für kurze Zeit.
Das Christkind kommt. Vor lauter Aufregung bleibt kaum Zeit, die alte Krippe unter dem Christbaum zu bewundern. Turmblasen und Christmette sind bald vorbei, am nächsten Tag müssen die neuen Brettln ausprobiert werden. Am 28. Dezember wird in einigen Orten der Unschuldige-Kinder-Tag gefeiert, mit einer kleinen Rute sind die Kinder unterwegs, um allen Passanten zu wünschen: „Frisch und gsund, frisch und gsund, lang leben und gsund bleiben!"
Das wünschen wir uns alle zum Beginn des neuen Jahres, denn das alte neigt sich dem Ende zu. Wir sind wieder zurückgekehrt zum Anfang des Brauchtumsreigens im Ennstal.
Und wieder liegt ein Jahr voller Erwartungen und Vorstellungen vor uns!

Die Almen – Arbeit, Brot, Sehnsucht und Erholung

Ein Wanderer, der über grüne Almen geht, die herrliche Blumenwelt genießt, die gute Luft in sich hineinatmet und seinen Gedanken freien Lauf läßt, denkt nur sehr wenig daran, was sich hinter dem Begriff Alm eigentlich verbirgt. Die Ursprünge der Almen scheinen mehr als drei Jahrtausende zurückzuliegen. Die Menschen dieser fernen Zeit hatten andere Bedürfnisse als die heutigen. Zuerst waren es Jäger und Sammler, die die Hochebenen auf der Suche nach Nahrung überquerten, später wurden sie dann seßhaft. Beherzte Wissenschaftler erforschen und untersuchen die Anfänge dieser Art von Leben. Aus den vielen Fundgegenständen kann man herauslesen, daß schon in dieser Vorzeit Almwirtschaft betrieben wurde. Schlüssig läßt sich Almwirtschaft ab dem 6. Jahrhundert nach Christi durch die Slawen beweisen, die zu dieser Zeit Viehwirtschaft betrieben. Die freien Flächen der Almen wurden bewußt genützt, hatten sie doch einen großen Vorteil: Die schwere Arbeit der Waldrodung war nicht oder nicht in jenem Ausmaß wie im Tal erforderlich.
Um die Jahrtausendwende existierten bereits die beiden wesentlichsten Formen der Almnutzung: Entweder wurde ein Gebiet von den Bauern des Tals gemeinsam genützt, oder es befand sich im Besitz hoher Herrschaften. Dann konnte man sich Almnutzungsrechte erkaufen. Privatbesitz in unserem Sinn gab es damals kaum.
Einen wesentlichen Aspekt in der Erforschung der Almen nehmen die Unterkünfte ein, in denen Menschen und Tiere hausten. Dabei stellt sich heraus, daß es ausgesprochen viele verschiedene Arten von Almhütten und Viehunterständen gab. Es war sogar so, daß fast jede Alm ihre eigene Bauform hatte, von den regionalen Unterschieden ganz zu schweigen. Anfangs waren es ganz kleine Unterstände in primitiver Bauweise, in denen Mensch und Tier gemeinsam unter einem Dach hausten. Später kam es dann zu einer

Ein gutes Stamperl gehört einfach dazu

Trennung zwischen Stall und Wohnbereich, wobei der Stall zumeist unterhalb des Wohnbereichs lag.
Die Lebensumstände für die Menschen, die den Sommer auf der Alm verbrachten, waren nicht die besten. Die Arbeit war hart, gefährlich und heute kaum noch vorstellbar. Es ging ja nicht nur um die Betreuung des Viehs, sondern auch um zahlreiche andere Dinge: Die Hütten mußten erhalten werden, Zäune mußten gebaut oder erneuert werden, für die Steinwälle, die es auf einigen Almen gibt, mußten geeignete Steine gesucht werden. Oft verlief sich das Vieh und konnte nur unter lebensgefährlichen Umständen gefunden und geborgen werden. Krankheiten

bedrohten Menschen und Tiere, und oft war es so, daß sich der Winter schon Anfang September mit reichem Schneefall meldete. Die Almböden mußten gepflegt und erhalten werden, und im Frühjahr waren nach Lawinenabgängen zum Teil große Aufräumarbeiten notwendig, obwohl die Hütten immer an den sichersten Stellen gebaut wurden.

Während des Almsommers mußte die Milch verarbeitet werden. Es war mühsam, sie entweder sofort zu Tal zu bringen, oder sie umgehend zu Butter und Käse zu verarbeiten, eine Lagerung war ja nicht möglich.

Und doch ist viel zu lesen und zu hören, vom Mythos der Sennerin oder Brendlerin oder Almdirn, wie sie auch genannt wurde. Sie war die eigentliche Beherrscherin der Alm. Die karge Freizeit, wenn überhaupt vorhanden, wurde von der Sennerin gut genützt. Gern erhielt sie den Besuch vom Jäger oder sonst einem flotten Burschen, man saß vor der Hütte, es wurden Geschichten erzählt. Lieder wurden gesungen und so mancher Jodler schallte wehmütig über den Almboden hinaus. Gerade diese Art von Gesel-

Gruppenbild auf der Alm

ligkeit hatte es dem steirischen Prinzen angetan. Das war mit ein Grund, warum Erzherzog Johann soviel seiner Zeit auf den Almen und Bergen verbrachte, wo er die Kraft schöpfen konnte, um seine revolutionären neuen Ideen vorzubereiten und dann zu verwirklichen.
Der Almabtrieb wurde dann trotz oder wegen der Mühen des Sommers als große Festlichkeit begangen. Die geschmückten Tiere lockten zahlreiche Zuschauer an, und es war für die Almleute ein Erlebnis, nach so vielen Monaten der Einsamkeit wieder bekannte Gesichter und neue Menschen zu sehen. Da war sogar die Mühsal der Vorbereitungen vergessen, denn es bedeutete viel Arbeit, das Vieh herauszuputzen und besonders schön zu striegeln. Der kostbare Viehschmuck mußte entweder neu gefertigt oder restauriert und geputzt werden – er ist der Stolz der Sennerin und des Bauern. Wenn im Sommer aber auf der Alm ein Unglück geschehen war, so gab es einen Trauerschmuck.
Im Ennstal gibt es laut Statistik fast 700 Almen, viele sind heute jedoch nicht mehr bewirtschaftet. Die Arbeit dort oben ist für heutige Begriffe zu schwer und bringt zu wenig Ertrag. Auf denjenigen Almen aber, wo vermehrt Touristen und Wanderer hinkommen, dort werden die Almhütten fast zu Gaststätten ausgebaut. Die Speisekarte kann sich zumeist mit jener des Gasthauses im Tal messen, und doch ist noch ein Hauch von Almromantik zu verspüren, wenn auch nicht mehr in der Ursprünglichkeit der vergangenen Jahre. Der Fortschritt hat auch auf den Almen seine Spuren hinterlassen.
Noch aber werden die Almen des Ennstals von ihren Besitzern in bewundernswerter Art und Weise gepflegt, die Hütten bleiben meist in ihrer ursprünglichen Form erhalten, und die Liebenswürdigkeit der Almleute ist noch immer ungebrochen. Es gibt kaum etwas Schöneres, als nach einer Tour in einer Hütte einzukehren und sich dort mit den Einheimischen oder mit anderen Wanderern zu unterhalten. Oder die andere Variante: Heutzutage sagt man, Kommunikation sei alles. Auf der Alm laufen die Uhren anders: Losgelöst von Streß und Alltag soll man auf einer Hütte verharren, die Seele baumeln lassen und Kraft für den Alltag sammeln. Wenn die Almen sterben, stirbt auch ein Teil der Menschheit!

Blick von Öblarn Richtung Westen

Flora und Fauna

Allein diese beiden Begriffe würden in der Folge leicht ein ganzes Buch füllen. Was gibt es da nicht alles an Blumen, Bäumen, Sträuchern, Insekten, Vögeln und anderen Tieren! Doch viele Bestimmungs- und Naturbücher geben Auskunft über alles und jedes, was mit der Pflanzen- und Tierwelt zusammenhängt, egal, ob man sich dem Thema als Amateur oder als Spezialist nähert.
Der aufmerksame Wanderer wird immer wieder, je nach Jahreszeit, kleine Kostbarkeiten und Raritäten aus allen Bereichen entdecken. Er muß nur eines beachten: Er darf nicht gegen die Uhr wandern, es sollte eigentlich die Zeit bleiben, das kleine Blümlein am Wegesrand zu würdigen. Besonders bemerkenswert sind diese kleinen Lebewesen, wenn sie sich gegen Sturm und Wind und Fels wehren, den Unbilden der Natur trotzen und aus einer Felsritze mitten im Gestein hervorblinzeln.
Es sollen hier nicht schulmeisterlich alle Blumen aufgezählt werden, wann, wie und wo sie zu sehen sind, kommt es doch darauf an, wann der letzte Schnee verschwunden ist, wie oft die Sonne gescheint hat, und es kann schon vorkommen, daß der Almrausch in seiner ganzen Pracht einen Monat später oder früher als im Vorjahr zu sehen ist. Auf den Wegen durch die Ennstaler Berge sei jedoch auf den Unterschied zwischen Urgestein und Kalkgestein hingewiesen, der die Blumenwelt wesentlich beeinflußt. In den Tauern gibt es Wasser im Überfluß, im Kalk des Dachsteins ist es ein rares Gut. Und das spiegelt sich in der Pflanzenpracht wieder.
Die „Stars" unter den Alpenblumen wie Enzian, Alpenrose, Kohlröserl, Petergstamm, Frauenschuh und Türkenbund sind mit Ausnahme der beiden Erstgenannten schon recht selten geworden, man muß ihre Plätze kennen oder durch Zufall finden.
An dieser Stelle ist es angebracht, auf den Naturschutz hinzuweisen und darauf, daß der größte Teil der Alpenblumen ganz oder teilweise geschützt ist. Wir wollen doch versuchen, diese prachtvolle Blumenwelt auch unseren Kindern und Enkeln noch zu zeigen. Wer die Natur liebt, schont sie, genießt mit Auge und Fotoapparat. Versuchen Sie einmal folgendes: Machen Sie ein Dia vom Enzian und projizieren Sie es auf die Leinwand, es ist weitaus schöner als die in wenigen Tagen vertrocknete Blume im banalen Wasserglas auf dem Küchentisch.

Der Frauenschuh

Dem Bergfreund, der mit offenen Augen wandert, eröffnen sich aber auch andere Welten, fernab vom Klischee der schönen Alpenblumen. In den Tauern sieht man öfters Disteln, übermannshoch – eine Pracht! Auf dem Weg zum Dürrenschöberl (wenn man sich einmal vergangen hat) taucht plötzlich ein Meer von großblütigem Fingerhut auf. In den Büchern kennt man ihn meist nur mit gelber Farbe, jedoch hier, auf dieser Blumeninsel im Angesicht der Gesäuseberge, sind diese Blumen fast einen Meter hoch und zeigen sich in einer Mischung aus Violett und Lila. Der Weg östlich des Hochmölbing ist fast immer blumenübersät, entweder mit Enzian, so daß der Almboden statt grün fast blau erscheint, oder später im Sommer mit einfachen Alpenblumen in unterschiedlichster Farbenpracht – ein Erlebnis, das mit Worten kaum zu beschreiben ist.
Zweifellos die Königin der Blumenwelt ist die Orchidee. Man vermutet sie eigentlich nur in tropischen Gefilden oder an anderen ausgesuchten Plätzen des Erdballs. Daß im Ennstal eine Fülle von Orchideen zu finden ist – nicht im Glashaus, sondern wirklich direkt in freier Natur –, wissen nur wenige. Natürlich ist es so, daß nur gewisse Stellen dazu auserkoren sind, diese Blumen wachsen zu lassen. Kundige Einheimische verraten diese Plätze meistens nicht – damit ihre Pracht erhalten bleiben kann. Der Frauenschuh soll hier stellvertretend genannt werden, eine wunderschöne Blume, die meist versteckt und verborgen wächst und gedeiht. Dort, wo nur wenige Menschen hinkommen, wo Buchenwälder, bebuschte Waldlichtungen zu finden sind, oder unter Latschen, dort hält er sich verborgen.

Ein großer Teil der Alpenblumen steht unter Naturschutz

Die Feuerlilie

Wenn man großes Glück hat, läßt sich noch eine kleine Wiese finden, wo sich Frauenschuh an Frauenschuh reiht.
Das Fuchs-Knabenkraut ist häufiger anzutreffen. Die Besonderheit dieser Orchideenart ist ihre Farbenvielfältigkeit. Die Palette reicht von lila bis weiß, entweder gefleckt oder gleichfarbig.
Das Kohlröserl in seinen verschiedenen Erscheinungsformen ist durch seine Kleinheit – glücklicherweise – oft zu übersehen. Der Wanderer mit dem Blick für die Blumenwelt erspäht dieses wunderbare winzige Blümchen aber ziemlich leicht, allerdings auch nur mehr an ausgesuchten Flecken.
Empfehlenswert für den Blumenfreund: Packen Sie einen Alpenblumenführer ein, so daß Sie gleich an Ort und Stelle bestimmen können, welche Blume da vor Ihnen steht!
Besonders imposant und immer ein gutes Motiv für den Fotoapparat sind Bäume, die an ausgesetzten Stellen Wind, Sturm, Schnee und allem Unbill trotzen. Sie mahnen ein wenig daran, daß selbst der größte Widerstand zu brechen ist, wenn man es nur will – ein kleiner Vergleich, der oft weiterhelfen kann, besonders wenn man von Krankheiten geplagt wird! Wandern Sie einmal im Herbst über einen Almboden, der von Lärchen gesäumt ist – eine Herrlichkeit, die nicht zu übersehen ist.

Die Tierwelt im und über dem Ennstal ist außergewöhnlich vielfältig. Wenn auch das Wild dem Lärm des Tourismus ein wenig weichen mußte, kann man mit ein bißchen Glück Gemsen beobachten, wie sie meisterhaft jede Steilwand in Windeseile überwinden, besonders wenn ihnen (vermeintlich) Gefahr droht.
Äußerst rar macht sich dagegen das Murmeltier, da es einfach von Natur aus scheu ist. Aber seine Warnpfiffe sind manchmal schon noch zu hören!
Bergwanderer, die nicht so oft unterwegs sind, lassen manchmal eine gewisse Scheu vor den Tieren auf der Alm erkennen, und schnell wird übermütiges Jungvieh zum feurigen Stier hochstilisiert. Es ist aber kaum Gefahr vorhanden: Ruhe bewahren und den Weg fortsetzen, es kann normalerweise nichts passieren.
Viel wird über die giftige Kreuzotter gesprochen. Obwohl sich sogar Ärzte in Widersprüche über die Folgen eines Kreuzotternbisses verwickeln, kann man guten Gewissens behaupten, daß für gesunde Menschen keine große Gefahr besteht. Es ist eher der Schock, der gefährlich werden kann, wenn es überhaupt zu einem Biß kommt. Erfahrene Bergwanderer berichten nur

Die Tierwelt im Ennstal ist vielfältig und bietet auch für den Fotografen zahlreiche Motive

selten von Kreuzottern. Sie flüchten, sobald sie eine Erschütterung des Bodens verspüren. Wo viele Menschen gehen, wird kaum eine Kreuzotter gesehen. Wenn Sie jedoch einmal einer Kreuzotter begegnen, so schauen Sie sich dieses Tier – mit einem Respektabstand – genau an: Die Zeichnung auf dem Rücken ist ein Wunderwerk der Natur, kein noch so guter Maler kann diese in ihrer Präzision nachzeichnen.

Wenn hier die Aufzählung der Tier- und Pflanzenarten auch oberflächlich erscheinen mag, so steckt doch eine gewisse Absicht dahinter: Der Wanderer soll zur Beobachtung animiert werden, er soll sich selbst für die Natur interessieren lernen, damit die Zuneigung zu den kleinen Dingen in unseren Bergen größer wird. Ein alter Bergwanderer hat einmal gesagt: „Bub, schau nicht in die Luft und auf die Uhr und auf deine Jause, schau auf den Boden, du wirst wundersame Dinge finden!"

Sagen und Mythen

Gerade in Zeiten des Wohlstands läßt sich feststellen, daß die Menschen mehr Interesse für Übersinnliches zeigen, und auch den Sagen und Märchen wird ein größerer Stellenwert beigemessen. Sogenannte Kultstätten tauchen plötzlich überall auf, besondere Bäume gewinnen an Bedeutung, Mystisches bestimmt das Leben der Menschen, und man erinnert sich an uralte Weisheiten, Aussprüche, Heilmethoden und ähnliches. Der Einfluß des Mondkults hat in den letzten Jahren ein beträchtliches Ausmaß erreicht, fast in jedem Haus hängt ein Mondkalender, Mondbücher werden für alltägliche Verrichtungen zu Rate gezogen. Kurz, die Welt der Ahnen gewinnt zusehends an Bedeutung. Und letztlich weiß man, daß in den mündlich überlieferten Erzählungen immer ein Fünkchen Wahrheit steckt! Die Sagen- und Mythenwelt des Ennstals ist mehrfach dokumentiert und bringt auch viel Nachdenkliches für den interessierten Leser. Hier nur einige wenige Kostproben aus dem reichen Sagenschatz des Tals. Oft ist die Rede von den Kasmandeln, die erst dann ihr Unwesen treiben, wenn es auf der Alm ruhig geworden ist, ab dem Martinitag (11. November) wird das Regiment auf der Alm ganz von diesen kleinen Mandeln übernommen.

Wehe dem Besucher, der es zu dieser Zeit wagt, auf die Alm zu kommen, denn ihm wird – der Sage nach – so mancher Streich gespielt! Erst Ende April verschwinden die kleinen Gestalten wieder und lassen sich den ganzen Sommer über nicht mehr blicken.
Einmal habe ein Bauer aus dem Obertal das Glück gehabt, einen Schatz zu heben. Er war in der Nacht unterwegs, als ihm ein kleiner Hund entgegensprang, der in seinem Maul einen leuchtenden Schlüssel hatte. Trotz heftiger Bemühungen des Bauern, den Hund einzufangen, gelang ihm dies nicht. Der Bauer verlor bald die Geduld, und siehe da! Plötzlich erlosch der Schlüssel und mit ihm das seltsame Leuchten in der Nacht, der Schatz aber war auf ewige Zeiten verschwunden.
Besonders die Gegend um Ursprungalm und Giglachsee ist als sagenumwoben und geheimnisvoll verrufen. Ob es die Wildfrauen sind, deren Wäsche angeblich noch heutzutage zu sehen ist, wenn sie Waschtag haben, oder der hohe Stein am Weg zum Giglachsee: Allem wird ein Sinn zugeschrieben, und hinter vielen Dingen verbergen sich rätselhafte Inhalte. Bei dem vorher genannten hohen Stein soll ebenfalls einst ein Hund gesessen sein, als ein alter Bauer des Weges kam. Dieser Hund führte nun den Bauern zu einer Höhle, in der es vor lauter Gold und Edelsteinen nur so glitzerte. Der Abstieg in die Höhle erwies sich als nicht leicht, und so ging der Bauer wie-

Abendstimmung über dem Ennstal

der ins Tal zurück, um Seil und Leiter zu holen. Als er endlich zurückkam, waren aber Höhle und Schatz für immer verschwunden. Rund um die Giglachseen wurde schon seit alters her Bergbau betrieben, und so ist die Entstehung solcher Sagen eigentlich leicht nachzuvollziehen, und die Überlieferung über Jahrhunderte ist den Bergknappen dieses Gebiets zu verdanken.
Auch von den Wildfrauen bei Gröbming ließe sich viel erzählen, vom Lindwurm, der einst in der Gegend des Schwarzensees sein Unwesen trieb, und die Almgespenster von Donnersbachwald sind keineswegs zu verachten.
Sogar die Gründung des Stiftes Admont geht auf eine mystische Begebenheit zurück. Als ein Taubstummer sah, wo der Grundstein für das Stift gelegt werden sollte, fand er plötzlich seine Stimme wieder und meinte, daß dies nicht die richtige Stelle sei. Das Kloster wurde an jener Stelle erbaut, die der ehemals Taubstumme als die geeignetste bezeichnet hatte. Es gibt aber auch noch zahlreiche andere Legenden rund um Stift Admont. Der Sage nach wüteten Drachen und Lindwürmer besonders arg im Bereich der Haller Mauern. Ein Lindwurm gebärdete sich jedoch so wild, daß er mit seinem großen Umfang im Gesäuse steckenblieb. Dadurch staute sich das Wasser der Enns auf, und das ganze Tal wurde überschwemmt. Der grausige Lindwurm wurde sich aber selbst zum Verhängnis, er ertrank in den unendlichen Wassermassen. Es gibt im Ennstal aber nicht nur diese mündlichen – später erst aufgeschriebenen – Überlieferungen des alten Sagenschatzes, es gibt auch direkte Zeugnisse von Ereignissen, denen eine mythische Bedeutung anhaftet. Gerade der Wanderer ist am ehesten in der Lage, solche Plätze und Orte zu finden.
Da wären einmal die Felszeichnungen in der Notgasse oder in versteckten Winkeln am Dachsteinplateau. Was mag diese Menschen einst bewogen haben, Symbole, die manchmal leicht, manchmal aber nur schwer oder überhaupt nicht zu deuten sind, in den Fels zu ritzen? Sollen es Hinweise für Nachkommende sein, sind es Zeichen einen mystischen Kults, ist es der Ausdruck einer besonderen Stimmung, sei es für Glücksgefühle oder für Notlagen? Oft sind auch einzelne Hügel und Berge von besonderer Bedeutung, so der Frauenberg bei Admont. Die weithin sichtbare Wallfahrtskirche ist ein Bollwerk des Unteren Ennstals, der Platz, der auf viele Menschen eine nahezu magische Anziehungskraft ausübt. Viele Mythen ranken sich um diesen Ort, natürlich auch religiöser Natur; so sollen etliche Menschen dort von ihren schweren Leiden befreit worden sein.

Ein besonders mythischer Punkt im Ennstal ist die Johannes-Kapelle in Pürgg. Ursprünglich befand sich auf diesem Platz eine heidnische Kultstätte, man ist sich allerdings nicht sicher, ob Germanen oder Kelten sie für ihre Riten benützten. Die fast 1000 Jahre alten Fresken konnten auch von der Forschung nicht eindeutig erklärt werden, der Sinngehalt der Abbildungen von Heiligen und Teufeln, von Katzen und Mäusen bleibt für uns ein Rätsel.
Das alles beherrschende Gegenüber von Pürgg, der Grimming, sei als weiteres Beispiel mit mythischer Ausstrahlung genannt. Wenn der Grimming bei schönstem Wetter seine „Haube" aufgesetzt hat, ist dies nicht nur ein einfacher Wolkenstau um den 2351 Meter hohen Gipfel. Es scheint, als wolle der Berg verkünden, daß es auch noch andere Mächte gibt. Nicht umsonst wird er manchmal mit dem heiligsten Berg der Erde, dem Kailash in Tibet, verglichen!
Viel gäbe es noch zu erzählen, von besonderen Felsgestalten, den unendlich vielfachen Erscheinungsformen der Bäume und den blauen Untiefen so mancher Gebirgsseen. Es sei aber jedem selbst überlassen, auf Wanderungen im und um das Ennstal seine Phantasie zu gebrauchen und sich mit altüberlieferten Ereignissen zu beschäftigen. Ein wachsames, offenes Auge findet oft Dinge, die anderen Betrachtern verschlossen bleiben. Und auch hinter den Dingen muß man oft nur an etwas glauben, muß sich dafür interessieren, wenngleich solche Leute auch oft belächelt werden. Schon allein eine einsame Wanderung über eine Almwiese, die nicht nach den Zeigern der Uhr gestaltet wird, sondern auch ein wenig den Weg ins eigene Ich zeigt, ist ein Weg ins Mystische. Einige Stunden auf einsamen Wegen führen zu Erkenntnissen, die im Kampf des Alltags oft übersehen werden. So gesehen sind die Sagen- und Märchenwelt und die Suche nach mystischen Dingen weitere Facetten des Wanderns.

Herrenhaus in Donnersbach

Tal der Schlösser, Tal der Burgen

Auch wenn das Ennstal nicht als eines der Zentren für Burgen oder Schlösser in der Steiermark bezeichnet werden kann, so gibt es hier doch viele Zeugen der Vergangenheit, die aus steinernen Mauern bestehen. Was wäre das Ennstal zum Beispiel ohne sein Wahrzeichen, Schloß Trautenfels? Mitten im Tal thront dieses mächtige Schloß auf einem kleinen Hügel, von allen Seiten sichtbar und einfach nicht mehr wegzudenken. Trautenfels hat eine wechselvolle Geschichte hinter sich, es diente schon vielen Herren und vielen Zwecken. Seine heutige Bestimmung als Außenstelle des Landesmuseums Joanneum bringt dem Besucher die Volkskultur des Ennstals näher – was wäre eine bessere Aufgabe für die Nutzung des Schlosses? Zudem bereichern immer wieder Sonderausstellungen die alten Räume und Säle und ziehen zahlreiche Besucher an.

Die Anfänge von Trautenfels verlieren sich im Dunkel der Geschichte, dürften aber in die Zeit der Babenberger fallen. Die erste Erwähnung von Neuhaus, so der alte Name, fällt in die Zeit um 1260. Die strategisch äußerst gute Lage an der Salzstraße und der Rundumblick über das ganze Tal bedingten, daß Neuhaus zu einer mächtigen Wehranlage ausgebaut wurde. Kein Wunder, daß vielerlei Machthaber Interesse an der Burg hatten. Besonders die Erzbischöfe von Salzburg richteten ihre Aufmerksamkeit darauf und konnten die Festung schließlich auch erwerben. Von hier aus begannen sie 1289 den Krieg im Ennstal und verwüsteten die landesfürstlichen und die Stift Admontischen Besitzungen. Letztendlich konnte sich aber der Landesfürst, Herzog Albrecht, durchsetzen, und Neuhaus wurde landesfürstlicher Besitz. Dann begann eine wechselvolle Zeit, mit vielen verschiedenen Eigentümern, Zerstörungen, Verwüstungen, Um- und Zubauten. Eine wichtige Rolle spielte Neuhaus dann wieder in den Bauernkriegen um 1525. Im Jahr 1664 erwarb das Geschlecht der Trautmannsdorfer die Burg. Ihnen ist der heutige Name, das Aussehen und die prunk-

Ein doppelter Regenbogen – ein seltenes Naturschauspiel

volle Innengestaltung des barocken Baus zu verdanken. Erst 1815 mußte die schwer verschuldete Herrschaft der Trautmannsdorfer versteigert werden. Wenn das Wetter einmal nicht zu ausgedehnteren Wanderungen einlädt, ist ein Besuch des Museums und der Ausstellungen dringend zu empfehlen. Die reizvolle Lage des Schlosses – mit Pürgg im Hintergrund – ist Ziel für viele Fotografen, aber auch nur für den Betrachter, der hier mitten im Ennstal Ruhe und Erholung, aber auch Kultur und Geschichte findet.

Blickt man von Trautenfels nach Südosten, so ist Schloß Pichlarn nicht zu übersehen. Im Vergleich zu den umliegenden Häusern des Marktes Irdning ist Pichlarn ein wuchtiger Prachtbau, der heute als Nobelhotel geführt wird. Vom Golfplatz bis zum Luxusrestaurant ist alles vorhanden, was sich der verwöhnte Gast nur wünschen kann. Die Anfänge dieses Anwesens führen ins 12. Jahrhundert zurück, um 1140 wird ein Reginhard von Pichlarn als Herr auf dem wehrhaften Gutshof genannt. Danach weist die Chronik zahlreiche Besitzer auf, darunter das Erzbistum Salzburg und Wolf von Stainach, der das „Stöckl" und die beiden großen Rundtürme, die bis heute erhalten sind, kurz vor seinem Tod 1592 erbauen ließ. Ständig war der Besitz hoch verschuldet, unter den Erben kam es immer wieder zu Streitigkeiten und Teilungen. Letztendlich wurde das Schloß anno 1760 als baufällig eingeschätzt, mit einem Wert von nur 100 Gulden. In den Jahren darauf kam es vor allem unter den Grafen Lamberg zu Umbauten und Sanierungsarbeiten, so daß dieses wertvolle, kulturhistorisch interessante Schloß auch heute noch ein Teil von Irdning ist.

Nur mehr spärliche Reste dagegen existieren von der einst so mächtigen Burg Oberstainach. Als erster Burgherr taucht 1135 Pernhart von Grauscharn auf, ein Dienstmann des Landesfürsten. Dieses Geschlecht bezeichnete sich dann in späteren Jahren als die Herren von Stainach. Wie wir schon bei Trautenfels gesehen haben, so kam es auch um die Burg Stainach immer wieder zu Zwistigkeiten zwischen dem Landesherrn, dem Erzbistum Salzburg und Stift Admont. Zusätzlich bestimmten Erbschaftsstreitigkeiten die Geschichte der Burg – sogar Mord und Totschlag sind in den Annalen verzeichnet. In den Bauernkriegen bekam Oberstainach den Zorn der Bau-

ern zu spüren: Es wurde geplündert und zum Teil zerstört. Auch die Gegenreformation hinterließ ihre Spuren, aus dem benachbarten Hinterberger Tal drangen rebellische Glaubensanhänger über Pürgg nach Stainach ein, erst nach langwierigen Verhandlungen kehrte wieder Ruhe ein. 1633 kam das einigermaßen wieder instandgesetzte Schloß an den Grafen Saurau, der es völlig verfallen ließ. Knapp 50 Jahre später wird es als unbewohnbar bezeichnet – so die traurige Geschichte von Oberstainach.
Das Schloß, das heute noch in Stainach zu sehen ist, wurde einst Unterstainach genannt. Seine Geschichte ist eng mit Oberstainach verbunden, gehörte es doch einem Zweig derselben Familie. Der heutige Bau stammt aus dem 18. und 19. Jahrhundert und befindet sich in Privatbesitz.
Schauplatz zahlreicher Fehden war die mächtige Anlage von Wolkenstein, einst eine der größten Wehrburgen der Steiermark. Stolze Namen finden sich in der Chronik: Die Traungauer saßen im 12. Jahrhundert auf der Burg, bis zur Neuzeit blieb sie im Besitz der Landesherren, die sie von ihren Dienstmannen, den Wolkensteinern, verwalten ließen. Später folgten Herren aus dem Geschlecht der Lautherpeckh und der Stubenberg als Burggrafen und Landrichter. Von 1630 bis ins 19. Jahrhundert befand sich Wolkenstein im Eigentum der Grafen Saurau. Der Verfall setzte jedoch schon früher ein, und doch liegt noch heute über den Ruinen der Atem ihrer wechselvollen Geschichte.
Viele Schlösser und Burgen, erhaltene oder nur mehr die Reste davon, wären noch zu nennen: Donnersbach, die Falkenburg, Schloß Gstatt bei Öblarn, das schon im 12. Jahrhundert von den Admontern erbaut wurde, Gumpenstein, das Puttererschloß mit seiner schönen Kapelle, Röthelstein, die ehemalige Sommerresidenz der Admonter Bischöfe, die Pfarr-

kirche von Großsölk, umgeben von einer noch erhaltenen Ringmauer, da sie ursprünglich eine Burganlage war, Moosheim mit den zwei erhaltenen Flügeln aus dem 16. Jahrhundert und andere. Man müßte schon ein Experte sein, um alle zu beschreiben; zu erkunden gäbe es genug. Doch eine Burg ist noch unbedingt zu erwähnen: Gallenstein, die mächtige Wehranlage mit ihren fünf Burgtoren, den wuchtigen Türmen und den vielen Bastionen. Anno 1278 bewilligte König Rudolf I. dem Abt von Admont den Bau einer Burg, die die Admonter Mönche schon kurz darauf als Schutzburg benötigten. Sie flüchteten mit all ihren Schätzen vor den salzburgisch-bayerischen Kriegsleuten in die eben fertiggestellte Burg Gallenstein. Diese Bestimmung als Zufluchtsort sollte Gallenstein auch in den folgenden Jahren und Jahrhunderten noch öfter erfüllen, deshalb wurde auch ständig zu- und umgebaut: hohe Türme, neue Wehrmauern, Bastionen wurden errichtet. Viele historische Ereignisse haben die Mauern dieser Trutzburg gesehen, viele Burggrafen bestimmten das Leben der Untertanen in der Umgebung. Mord, Totschlag, Veruntreuung von Stiftsgeldern, eine Wolfsplage, die Türkengefahr, Bücherverbrennungen, Blitzschläge und Feuersbrünste und die Franzosen: Das sind nur einige Ereignisse, über die in der Geschichte von Gallenstein nachzulesen ist. Heute ist die Burg Zentrum des kulturellen Lebens von St. Gallen. Der Ruf des Festivals, das jeden Sommer auf der Burg stattfindet, geht längst über die Grenzen der Steiermark hinaus, kann man doch Musiker aus der ganzen Welt in dem alten Gemäuer hören. Unverändert ist aber über die Jahrhunderte hinweg die einmalige Aussicht auf die Berge des Gesäuses geblieben. So verbinden sich hier, wie auch an anderen Orten des Ennstals, Geschichte, Kultur und Natur zu einer einzigartigen Symbiose.

Einfach das Ennstal durchwandern

Eindrücke über Kirchen, Kunst und Kultur auf einfachen Wegen

Es fällt schwer, sich zu entscheiden, wo man diese Wanderung beginnen soll. Eigentlich trifft man bei jedem Schritt auf Kultur. So können die nächsten Zeilen auch nur eine willkürliche, emotionale Zusammenstellung sein. Der Vorteil dieser kulturellen Ausflüge liegt darin, daß sie auch jene Menschen erleben können, die nicht mehr so gut bei Fuß sind.

Doch Ehre, wem Ehre gebührt: Die berühmteste Stätte des Ennstals dürfte Admont sein. Der hl. Benedikt von Nursia gründete im Jahr 529 den Benediktinerorden. Schon über 900 Jahre sind diese Benediktiner auch in Admont ansässig, es ist somit das älteste Männerkloster der Steiermark. Die Arbeit und Mühen, die die Mönche über diese Jahrhunderte hinweg gehabt haben müssen, um Admont zu dem zu machen, was es heute ist, lassen sich nur durch die Ordensregel erklären: Ora et labora – Bete und arbeite! Das Kloster wurde 1074 gegründet, aber schon um 859 wurde dieser Teil des Ennstals als Ademundi urkundlich erwähnt.

Blick auf Schladming

Nach und nach wurde die Klosteranlage ausgebaut, nimmermüde Hände schufen fast Unglaubliches. Weltruhm genießt das Stift durch seine Bibliothek, es ist die größte Klosterbibliothek der Welt. Wahrscheinlich hat wirklich die Hand Gottes eingegriffen, als bei dem verheerenden Brand von 1865 diese einzigartige Sammlung vom Feuer verschont blieb. Im Bibliothekssaal hat sich auch der größte steirische Barockplastiker, Josef Stammel (1695–1765), mit seinem Meisterwerk verewigt: Seine allegorischen Figuren, genannt die „Vier letzten Dinge", nämlich Tod, Gericht, Hölle und Himmel, muß man einfach gesehen haben!

Was den Katholiken Admont bedeutet, das ist für die evangelische Glaubensgemeinde Ramsau. Um das Jahr 1120 wird Ramsau erstmals urkundlich erwähnt, und zwar in Zusammenhang mit einem Zerwürfnis mit Abt Wolvod von Admont. Die Zwistigkeiten führten so weit, daß sogar der Papst im fernen Rom eingreifen mußte, um die Streitereien zu schlichten. Auch später liefen in Ramsau die Uhren anders: Der Einfluß der Protestanten setzte sich hier und in Schladming am deutlichsten durch – was auch heute noch so ist, allerdings beschwört es nun keine Probleme mehr herauf. Die katholische Pfarrkirche am Kulm geht auf das 12. Jahrhundert zurück, romanische und gotische Fresken schmücken das gewaltige Kirchenschiff. Nur wenige Monate nach dem Toleranzpatent von Kaiser Joseph II. im Jahr 1781 erbauten dann die Evangelischen ihr kleines Bethaus. Erst über hundert Jahre später, 1889, wurde die evangelische Kirche nach den Plänen von Hans Kieser eingeweiht.

Eng verbunden mit der Geschichte dieser kleinen Ortschaft am Fuße des Dachsteins ist die Geschichte von Schladming. Auch hier gibt es zwei wunderbare Kirchen, für jede Glaubensrichtung eine. Aus dem Jahr 1299 datiert die erste Erwähnung der Pfarrkirche mit dem spätromanischen Turm. Die dreischiffige Hallenkirche stammt aus den Jahren 1522 bis 1532, von der großteils barocken Einrichtung ist vor allem der herrliche

Hochaltar sehenswert. Die evangelische Kirche wurde Mitte des 19. Jahrhunderts erbaut, eine Besonderheit sind die Teile eines evangelischen Flügelaltars aus den Jahren um 1570.
Die alte Stadtmauer ist nur noch bruchstückhaft zu erkennen, leider hat der Fortschritt auch vor diesen Dingen nicht haltgemacht. Aber direkt im Zentrum der Stadt kann der Besucher noch viele Zeugen der Vergangenheit finden: Grabplatten auf dem katholischen Friedhof, ein Pestkreuz, das Bruderladenhaus und die Knappenhäuser führen in eine alte, längst vergangene Zeit.
Eine der mythischen Stellen des Ennstals ist Pürgg mit der berühmten Johannes-Kapelle. Um das Jahr 1160 soll diese Gottesstätte erbaut worden sein, die ziemlich gut erhaltenen Fresken stammen aus derselben Epoche und zeigen ein schwer zu deutendes Abbild der Gedankenwelt dieser für uns verlorenen Zeit.

Aber nicht nur die Johannes-Kapelle, auch die Pfarrkirche hl. Georg ist kulturgeschichtlich äußerst interessant. Die romanische Basilika geht auf die erste Hälfte des 12. Jahrhunderts zurück, der Chor wurde 1324 erbaut, und beeindruckend sind die gotischen Fenster und Statuen. Ein Schüler Josef Stammels, Johann Fortschegger, hat 1793 den Hochaltar geschaffen.
Der Pfarrhof ist von einer Wehrmauer umgeben, wie überhaupt der ganze Ort mit seinen hübschen Häusern etwas Besonderes ausstrahlt. Und so ist es nicht verwunderlich, daß

das „Kripperl der Steiermark" viele Besucher anzieht.
Eine der wunderbarsten Kirchen der Steiermark steht in Gröbming. Schon um 1170 wird in den Urkunden eine Kirche erwähnt, die heutige Pfarrkirche Mariä Himmelfahrt wurde um 1500 errichtet. Im mächtigen einschiffigen Kirchenraum überrascht der beeindruckende Hochaltar aus dem Jahr 1725. Älter ist der spätgotische Flügelaltar aus der Werkstatt von Lienhart Astl um 1520, der in drei Geschoße unterteilt ist.
Von Schladming kommend, fällt einem besonders die schöne Lage der Kirche von Haus auf. Sie thront über dem hübschen Ort und lädt direkt zu einem Besuch ein. Diese Pfarrkirche ist die älteste des Oberen Ennstals, sie läßt sich bis 1074 nachweisen, allerdings wurde sie nach einem Brand 1750 von Cassian Singer neu erbaut. Genauso beachtenswert ist ihre spätgotische Filialkirche in Oberhaus. Diese beiden Kirchen ziehen viele Gläubige an, der Zusammenhang zwischen Glauben und Schönheit der Architektur und der Ausstattung lassen ein Zusammenspiel erahnen, das dem Menschen Beschaulichkeit gibt und ihn wenigstens für kurze Augenblicke den Trubel des Alltags vergessen läßt.

Abseits des großen Verkehrsstroms liegt Irdning – ein Hort der Ruhe. Schon immer war die besondere Lage dieser Gegend Anziehungspunkt für fremde Völker, wie die Gräberfunde in Hohenberg beweisen. Auch eine Siedlung aus der Hallstattzeit konnte entdeckt werden, und die Römer hinterließen ebenfalls ihre Spuren rund um Irdning. Bei Stainach wurden karolingische Gräber gefunden, weitere Funde gehen bis zur Bronze- und Eiszeit zurück, ein Grab in der Nähe von Wörschach kann dies belegen.
Irdning wurde erstmals 1140 in den Urkunden mit dem Namen „Idenich" erwähnt, als Kreuzungspunkt der wichtigsten Handelswege aus allen Himmelsrichtungen ist die historische Bedeutsamkeit dieses Ortes nur allzu verständlich.
Öblarn wurde nicht erst durch Paula Grogger – die große österreichische Heimatdichterin – bekannt. Vom 15. bis zum 19. Jahrhundert wurde hier Kupfer und Silber abgebaut, der historische Marktplatz versetzt den Besucher in diese Zeiten zurück. Das Wohnhaus der Dichterin beherbergt

Eine Besonderheit des Ennstals: Iriswiesen und Laubwälder

heute das „Paula-Grogger-Museum". Vor allem ihr Roman „Das Grimmingtor" wurde weit über Österreichs Grenzen hinaus bekannt. Das alte Schloß Gstatt spielt ebenfalls in einem ihrer Bücher eine tragende Rolle: „Die Hochzeit zu Gstatt" wird in Öblarn öfters als Freilufttheater mit Laienbesetzung aufgeführt – ein einmaliges Erlebnis.

Doch wir müssen noch einmal zurück Richtung Admont: Von Ardning aus kann man eines der außergewöhnlichsten Bilder genießen: die Wallfahrtskirche Frauenberg vor den senkrechten Wänden des Gesäuses. Kein Wunder, daß kaum ein Buch über die Steiermark ohne eine Abbildung dieses grandiosen Panoramas auskommt. Die Verbindung von Religiosität, Besinnlichkeit und Gewalt und Schönheit der Natur ließ ein steirisches Denkmal entstehen. Beinahe gäbe es die Kirche nicht, denn als um 1420 der Legende nach in der Enns eine Marienstatue gefunden wurde, brachte man sie nach Admont. Doch kurz darauf erhielt sie ihr eigenes Zuhause in Form einer kleinen hölzernen Kapelle, wohin bald Scharen von Pilgern zogen. Die heutige Kirche stammt aus der Zeit vor 1700 und wurde von dem großartigen Baumeister Carlo Carlone errichtet, auch Statuen von Josef Stammel sind zu sehen. Bis heute noch ist dieser heilige Ort Zufluchtsstätte für zahlreiche Gläubige und Wallfahrer.

Es ließen sich noch unzählige Zeilen schreiben, über Kultur, Orte, Menschen, Ereignisse, Zufälligkeiten und Gegebenheiten. Doch einmal muß Schluß sein. Sogar die Bezirkshauptstadt Liezen blieb unerwähnt. Hier ist eine allgemeine Entschuldigung angebracht, denn einfach jeder Ort des Ennstals ist einen Besuch wert. Der Wanderer soll sein Auto am Ortsanfang abstellen und offenen Auges durch das Dorf, den Markt, die Stadt gehen, die Bildstöcke am Wegrand beachten, auf Tore und Türen schauen. Alte Gasthöfe, kleine Kapellen und ein wenig versteckte Häuser und Höfe bergen oft Kostbarkeiten, die in keinem Reiseführer verzeichnet sind. Nicht alle Eindrücke, die wir von Schladming bis zum Gesäuse erlebt haben, konnten beschrieben werden, aber wir haben uns Zeit dafür genommen, und genau das sollten Sie auch tun! Vielleicht entdecken Sie etwas, was uns entgangen ist!

Vom Essen und Trinken

„Essn und Trinkn halt Leib und Seel zsamm." Dieses oft gebrauchte Sprichwort hat gerade in den Bergen und auf den Almen eine besondere Bedeutung. Ein kräfteraubender Aufstieg und darauf folgend ein anstrengender Abstieg erfordern einfach die nötige Zufuhr von Speis und Trank.
Gott sei Dank hat man für diese Zufuhr die Almhütten, die fast überall im Ennstal die heimische Kost anbieten. Vielfältig ist das Angebot dieser Almküche, und oft ist man sogar erstaunt, welche Leckerbissen da zum Vorschein kommen. Oft sind es die Bäuerinnen selbst, die neben der anderen harten Arbeit noch die Zeit finden, dem Wanderer besondere Spezialitäten anzubieten.

Links: Pürgg, das Kripperl der Steiermark, mit Grimming
Unten: Eine hungrige Runde bei der Leni auf der Viehbergalm

Natürlich fällt es nicht leicht, alles aufzuzählen, was die Almen so zu bieten haben, aber so richtige Kasnocken oder -nockerln, in der großen Pfanne zubereitet, dürften – wenn es überhaupt einer Reihung bedarf – an der Spitze stehen.
Dann ist natürlich die große Spezialität des Ennstals zu erwähnen, der Steirerkas! Zugegeben, nicht jeder kann sich sofort mit dem etwas bitteren Geschmack anfreunden, aber auf einem selbstgebackenen Bauernbrot mit selbstgemachter Butter ist er schon eine rechte Gaumenfreude. Es ist noch nicht so lange her, daß

Ein wunderschönes Beispiel dafür, daß auch ältere Häuser ihren Reiz haben

man sich in den Tälern der Niederen Tauern zuerst mit der Sennerin anfreunden mußte, um überhaupt ein kleines Stück vom Steirerkas zu erhaschen. Und auch im nächsten Jahr mußten einige Bittgänge eingelegt werden, bevor man wieder an die Köstlichkeit herankam. Ein einmaliger Tip: Steirerkas, eingerollt in einen „roggenen" Krapfen!

Einzigartig ist das „Müasl" – so schwierig die richtige Schreibweise zu ergründen ist, so einfach ist seine Zubereitung: Das richtige Verhältnis zwischen Schmalz, Mehl und Wasser, verbunden mit der nötigen Erfahrung der Köchin und der erforderlichen Ofenhitze, bringt diese echte Spezialität des Ennstals hervor, und es kann schon vorkommen, daß nach vollendetem Mahl nicht nur der Magen voll ist, sondern auch die Wangen – vor lauter „Schmier" (Schmalz, Fett).

Krapfen der besonderen Art gibt es in großer Vielfalt, ob der „woazane" (aus Weizenmehl) oder mit Fleisch gefüllt oder auch mit Honig. Einmal im Jahr, beim Almabtrieb, werden die Raunkerln angeboten, Fleischvögel oder „Flanschgaleng" erweitern die Palette. Die Phantasie und der Ideenreichtum kennen hier keine Grenzen! Aber was ganz wichtig ist: Fast alle Zutaten kommen direkt von den Bauernhöfen, wo fleißige Menschen sich das ganze Jahr über bemühen, echt einheimische Waren anzubieten.

Für den heutigen Bergwanderer ist schon so viel Alternativkost auf dem Markt, daß man längst den Überblick vor lauter „energy" verloren hat, das Schlagwort „Bio" taucht auch immer wieder auf, aber Tatsache bleibt: Die Ennstaler Küche ist einfach unschlagbar!

Aufs Trinken darf nicht vergessen werden! Oft sieht man am Berg den einen oder anderen Gipfelstürmer, wie er in den Rucksack greift und mit großer Begeisterung ein Fläschchen Selbstgebrannten herausholt. Es ist mittlerweile fast eine Wissenschaft geworden, aus Äpfeln, Vogelbeeren und hunderterlei anderen Früchten Schnaps herzustellen. Früher gab es für die Bauern noch die Möglichkeit, für den Hausgebrauch

Schnäpse zu brennen, ohne dafür Steuern zahlen zu müssen. Heute ist der Bedarf an derartigen geistigen Getränken zu groß geworden, da man längst erkannt hat, daß edle Bauernschnäpse fast als Medizin zu werten sind. Aber Vorsicht vor Überdosierungen!
Milch ist eine Spezialität, die auf den Hütten immer angeboten wird. Vielleicht geht gerade die Erzeugerin Kuh an der Hütte vorbei, wenn man den Geschmack der frischen Milch, der sich wesentlich von dem der Milch aus dem Packerl unterscheidet, genießt.
Auf den meisten Hütten wird eine Vielfalt an Essen und Trinken angeboten, und auch wenn man es gewohnt ist, in Haubenlokalen zu speisen, auf der Alm schmeckt es immer besonders gut: Heimische Kost wird hier frisch zubereitet, ist gesund und kräftigt den müden Wanderer. Allerdings sind die Voraussetzungen nicht immer die leichtesten, muß man doch bedenken, daß viele Zutaten auf entlegene Hütten nur unter schwierigen Umständen hinaufbefördert werden können.
Doch sollte jeder Bergwanderer bedenken, daß für eine lange Wanderung entsprechende Vorsorge zu treffen ist, es könnte ja etwas Unvorhergesehenes eintreten. Also: Die nötige Ration an Jause gehört in jeden Rucksack!

Einen guten Appetit und Prost!

Dachsteingebirge

Das Dachsteingebirge

Der Dachstein gehört zu den bekanntesten Berggruppen in Österreich. Wenn es auch höhere Berge in den Hohen Tauern und westlich davon gibt, an Schönheit – von welcher Seite auch betrachtet – wird der Dachstein wohl kaum von einem anderen Berg überboten: die Nordseite mit dem Gletscherfeld des Hallstätter Gletschers oder im Süden die mächtigen Felswände mit der Südwand, dem Mitterspitz und dem Torstein. Wie ein Trabant liegt im Westen der Gosaukamm mit den wild zerklüfteten Wänden, mit bizarren Felsspitzen, und der Blick vom Vorderen Gosausee ist weltbekannt. Ein wenig kleiner zeigt sich der Dachstein von der Ostseite, steigt man jedoch auf die höheren Gipfel des Toten Gebirges, fällt der erste Blick auf den Dachstein.

Über die Flächenausdehnung ist man sich nicht ganz im klaren: Von 600 bis 1000 Quadratkilometern ist die Rede, die Berge lassen sich nicht wie Staatsgrenzen bestimmen. Neben kühnen Felsgestalten wird der Dachstein von mehreren Gletschern beherrscht, die aber von der Ennstaler Seite nicht zu sehen sind. Spricht man mit einem „Salzkammergutler“, so ist natürlich die Nordseite die schönere, das gleiche wird auch von den Ennstalern behauptet.

Tatsache ist, wem immer die „schönere“ Seite zugesprochen wird: Das Dachsteingebiet ist ein wahres Eldorado für alle Bergsportarten, die von der einfachen Wanderung unterhalb der Wände bis zum Schwierigkeitsgrad VI ausgeübt werden können. Man geht sogar in die Luft – ob Paragleiter oder Drachenflieger –, aber vor allem das Gletscherschigebiet mit den Langläufern aus aller Herren Länder und den unentwegten Schiläufern, die auch im Sommer ihrer Leidenschaft frönen, übt eine große Anziehungskraft aus.
Durch die Höhe und die exponierte Lage ist das Dachsteinmassiv auch wegen der Wetterverhältnisse eine Besonderheit. Die extremen Wetterumschwünge müssen unbedingt beachtet werden, innerhalb von Minuten kann das Wetter total umschlagen. Jede Tour muß sorgfältig geplant werden. Auch die Menschen, ob die Einheimischen oder die Gäste, sind „da oben“ von der Gebirgslandschaft geprägt. Da sind die Wirte (Wirtinnen) und die heimischen „Berg-

Prächtige Abendstimmung über dem Dachsteingebirge
Vorherige Doppelseite: Der Hohe Dachstein

fexe“, die ihre Urtümlichkeit – Gott sei Dank – noch nicht verloren haben. Je weiter man sich von den lärmenden Seilbahnstationen entfernt, desto abgeklärter werden die Menschen, die Kameradschaft nimmt mit der Entfernung zu. Man kann wenig begangene Gebiete finden wie die Überquerung Am Stein oder den Hölltalsee; noch ruhiger wird es, wenn man Richtung Hirzberg wandert (davon sollte eigentlich abgeraten werden, da es keine Markierung gibt und selbst Einheimische Mühe haben, den richtigen Weg zu finden).
Eine Besonderheit ist auf der Nordseite des Dachsteinmassivs zu finden: die Rieseneishöhle und die Mammuthöhle. Wenn auch Hallstatt von der Ennstaler Seite über den Dachstein nur mühsam erreicht werden kann, muß trotzdem auf die Bedeutung des Salzes und seiner Gewinnung hingewiesen werden. Eine ganze Epoche wurde nach dem Ort am Fuß des Dachsteins benannt. Der Tourismus ist in den vergangenen 100 Jahren auch am Dachstein nicht spurlos vorübergegangen und hat diese Landschaft mit geprägt. Die Menschen waren es von jeher gewohnt, sich den Gegebenheiten dieser rauhen Gebirgsgegend anzupassen.
Der Dachstein mit seinen Gletschern und Felsen, seinen Almmatten und Seen, seinen Bergwäldern und Latschenfeldern braucht sich nicht anzupassen. Wie hat doch Peter Rosegger gemeint:
„Was soll ich schreiben in den Bergen voll Sonnenschein,
ich kann nur in Andacht schweigen und selig sein!“

KARTEN

freytag & berndt Nr. 281 Dachstein, Ausseerland, Filzmoos, Ramsau
freytag & berndt Nr. 201 Schladminger Tauern, Radstadt – Dachstein
Kompass Nr. 20 Dachstein – Südliches Salzkammergut
Kompass Dachstein-Tauern-Region
Kompass Nr. 68 Ausseerland
Kompass Nr. 31 Radstadt – Schladming
Österr. Alpenverein Dachstein
Österr. Alpenverein Gosaukamm
Bundesamt für Eich- und Vermessungswesen Nr. 96 Bad Ischl, Nr. 127 Schladming
Wanderkarten, Regionskarten und Sonderausgaben der Tourismusbüros der jeweiligen Ausgangsorte

Ein kurzer Streifzug durch die Geschichte des Dachsteingebirges

Der Anfang der Geschichte des Dachsteins ist eher auf seiner Nordseite zu suchen; das Salz und sein Abbau, Lebensgrundlage für die Menschen seit frühesten Zeiten, beweisen dies. Einige Funde geben jedoch Zeugnis davon, daß schon vor mehr als 3000 Jahren Jäger, Sammler und Hirten über die Hochfläche Am Stein gezogen sind. Die ältesten Funde in dieser Gegend stammen aus der Bronzezeit. Viele Jahre später kamen nach anderen Völkern die Römer in das Dachsteingebiet, die ebenfalls ihre Spuren hinterlassen haben. Um 300 n. Chr. wurde heißes Wasser gefunden, das noch dazu Heilkraft besaß.

In Schladming, besonders im Gebiet der Zinkwand und der Giglachseen, gab es im 16. Jahrhundert eine Hochblüte des Bergbaus, verbunden mit einer regen Handelstätigkeit. Damals begann der regelmäßige Güterverkehr über den Dachstein. Dazu kam noch die Almwirtschaft in einem heute kaum mehr vorstellbaren Ausmaß – bis zu 2000 Almhütten waren bewirtschaftet. Ebenfalls im 16. Jahrhundert hielt der Protestantismus Einzug im Ennstal.

Schladming und Ramsau wurden die Zentren, und dabei mag es wohl auch passiert sein, daß Verfolgte im Zuge der Gegenreformation am Dachstein Zuflucht fanden und sich dort versteckten. Aber es sollte noch einige Zeit bis zur Erstbesteigung des Dachsteins dauern. Das größte Hindernis dürften die Gletscher gewesen sein. Erzherzog Karl, der Bruder Erzherzog Johanns, wagte sich bis an den Rand des Gletschers, der damals noch weit größere Ausmaße als heute hatte. Seitdem gibt es das Karls-Eisfeld. Peter Gappmayer, ein Bauer aus Filzmoos, war der Glückliche, der den ersten Schritt auf den Dachsteingipfel setzte: Er tat es im Jahr 1832.

1840 kam dann jener Mann zum Dachstein, dessen Name mit der Erschließung des Dachsteinmassivs untrennbar verbunden ist und der 40 Jahre seines Lebens diesem Berg widmete: Friedrich Simony, geboren 1813 in Böhmen, Gymnasium und Apothekerlehre in Znaim, danach Studium der Geographie und Botanik. Er konnte einfach alles, war ein Universalgelehrter

Auf dem Weg nach oben: Links der Gipfel des Dachsteins

– Geograph, Naturforscher, Maler, Vermesser, Bergsteiger und vieles mehr. 1842 stand er zum ersten Mal auf dem Gipfel und 1885, mit mehr als 70 Jahren, zum letzten Mal. Seine Verbindung zu Adalbert Stifter animierte den Dichter zu seiner Novelle „Bergkristall". Als Wissenschaftler hinterließ Simony ein unschätzbares Erbe. 1896 starb der große Pionier und wurde in St. Gallen begraben.

Johann Schrempf vulgo Auhäusler führte 1875 die ersten Touristen über den Hunerkogel auf den Dachstein. Er sicherte die schwierigen Stellen mit Seilen, und dieser Steig wurde in den folgenden Jahren rasch ausgebaut. 1886 erschien der erste Dachsteinführer, der u. a. folgende Zeilen aufwies: „Weite ebene Spaziergänge mit herrlicher Alpenaussicht und überdies bequeme nahe Ausflüge in die Alpenregion, welche hier am Fuße der Riesenmauer des Dachsteins das Füllhorn ihrer Reize ausgeschüttet hat, würden heilbedürftigen Curgästen den Aufenthalt angenehm gestalten, wenn einmal der Anfang gemacht würde, durch Verbesserung der Verkehrs- und Unterkunftsverhältnisse die Ansiedlung einer ständigen Sommer-Colonie ermöglichen …"

Eine Erstbesteigung war noch zu erledigen, nämlich die der Dachstein-Südwand. Es waren die legendären Steinerbuam, Franz und Georg Steiner. Am 22. September 1909 glückte die Durchquerung der Wand mit einfachsten Mitteln: genagelten Schuhen, schlichtem Gewand und einem Bergstock. Besonders Georg Steiner, der Irg, wurde zur Legende. Sein bewegtes Leben kennt beinahe jeder in dieser Gegend. Zahlreiche Anekdoten werden über ihn erzählt. Der Irg lebt mit dem Dachstein weiter.

Letztendlich kamen die modernen Bergsteiger wie Paul Preuß, der Vater des Freikletterns, der im Gosaukamm zahlreiche Erstbesteigungen unternahm, jedoch allzu früh in „seinem" Gosaukamm sein Leben lassen mußte. Viele schwere Erstbegehungen wurden bis in die heutige Zeit durchgeführt, immer neue Führen wurden entdeckt, neue Namen tauchten auf, wobei Leo Schlömmer stellvertretend für alle seine Bergkameraden genannt werden soll.

Rußbachsaag
Rußbach-
a. Paß Gschütt
Paß Gschütt
Schattau
Gosau
Seetratten
Gseng
Zwölferkg.
Gosauzwang
H. Sarstein
Sarsteinhtt.
Koppenbrüllerhöhle
Plassen
Salzbg.
Hallstatt
(532)
Obertraun
Ghf. Rudolfsturm
Waldbachstrub
Lahn
Winkl
Salfelden
Zwieselalm
Gosauschmied
G. Schwarzkg.
Mortonhöhle
Mammuthöhle
Hirlatzwand
Gablonzer Htt.
Gosausee
Tiergartenhtt.
Mt. Hirlatz
G. Donnerkg.
Wiesbergh.
Schilcherh.
H. Krippenstein
Steuer
Mandlkg.
Oberfeld
Stuhl A.
Theodor-Körner-Htt.
Großwand
Ht. Gosausee
H. Ochsenkg.
Taubenkg.
Hohe Holzmeister A.
Simonyhtt.
G. Bischofsmütze
Adamekhtt.
Eissee
Moderstein
Mahdalmhtt.
Gosaustein
Hohes Kreuz
Hallstätter Gletscher
Hoher Gjaidstein
Neubach
Hochkesselk.
Hoher Dachstein
Hofpürglhtt.
Auf dem Stein
Torstein
Dirndln
Arzberg A.
Wallehenhtt.
Landfriedstein
Bögrein A.
Dachsteinsüdwandhtt.
Gerzkopf
Lackner Miesb.
Rötelstein
Scheichensp.
Guttenbergh.
Fritzb.
Hot. Türlwandhtt.
Glösalm
Austriahtt.
Nößler A.
Filzmoos
Schild-
lehen
Ramsau-
a. Dachstein
Schattbach
Reitsteg
Übermoos
Hachau
Warme Mandling
Kalte Mandling
Auwirt
Radstädter-Htt.
Vorberg
Kulm
Ramsaub.
Birnberg
Roßbrand
Tannkoppen
Mandling
Halserbg.
Mauterndf.
Mandlingpaß
Schwemmberg
Pichl
Obere Klaus
Gleiming
Predigtstuhl
Rohrmoos
SCHLADMING
RADSTADT
(858)
Altenmarkt i. P.
Löbenau
Forstau
(923)
Preunegg
Schladminger H.
Reiteralmhtt.
Obertal
Untertal
Höd A.
Vordere-Fager A.
Hochwurzenhtt.
Ghf. Tetter
Vd. Fager
Schober
Bärnhoferwirt
Brand A.
Trinker A.
Guschen
Steinkarzinken
Vd. Labeneck
Forstaub.
Farmau A.
Labeneck A.
Schrotter A.
Mayr A.
Lenz A.
Ht. Fager
Unt. Schupfer A.
Melchersp.
Obertalb.
Farmkarhtt.
Strimskg.
Unt. Weitgaß A.
Geißstein
Schiedeck
Vordere-Strimshtt.
Untertauern
Ursprung A.
Zauchensee
Zauchenb.
Taurachb.
Duisitzkarsee
Schladm

Rötelstein
1614
H. Radling
Kampl
Lawinenstein
Hollhaus
Großsee
Linzer Tauplitzhaus
Steirersee
Grimming
Hechlstein
1814
Krahstein
1571
Pichl
Obersdf
Rödschitz
145
Mühlreith
Ödensee
Sill A.
Bad Mitterndorf
(809)
Thörl
Zauchen
Furt
Tauplitz
(896)
Zlem
Krungl
Neuhfn.
Klachau
Gräben
Kulm
1508
Brandangerkg
Pürgg
Wandlkogel
1313
Finitzalm
Salzastausee
Mullereck
2176
Grimming
2351
Untergrimming
Trautenfels
2146
Zwölfer
Grimminghtt.
E 651
1731
Hochmühleck
1364
Lackenberg
Mitteregg
1695
Hocheck
1543
Hochknall
St. Martin a. Grimming
Diemlern
146
Altirdning
Viehberg A.
1586
Miesbodensee
Planken A.
Brand A.
1390
1154
Rahnstube
Kammspitz
2139
Tipschern
Gritschenberg
Niederöblarn
Straßerberg
Kemetgebirge
Ober-tengdorf
Unter
Steinitzen
Öblarn
Sonnbg.
Brünnerhtt.
Stoderzinken
2048
Weyern
Hatzling
Schl. Gstatt
Stubeggsattel
Ahornsee
Steinerh.
806
Gersdf
Gröbming
Winkl
Bach
747
Schattenbg
Walchen
1353
Ratting
Hocheck
1663
Assachbg.
Stein a. d. Enns
Sonnberg
Aich (694)
Assach
(755)
ENNS
Gatschberg
1715
Jaureck
877
681
Moosheim
Tunzendf
Pruggern
Reith
Schönmelterhtt
1853
Enns
Ruperting
Haus
Michaelerbg.
Gössenberg
Gössenbg.
Michaelerbergh
Vordermald
Großsölk
Gumpeneck
2226
Petersberg
1916
Kochofen
Kleinsölk
Mörsbachspitz
2020
1760
Pleschnitzzinken
2112
1256
Pleschnitzalm
Bodensee
Kaibling
Hans-Wödl-Htt
Schladmingeralm
948
Gaßeneck
2111
Sattentalalm
Strickeralm
Hüttensee
Spaleck
2256
Hochstein
Obersee
Gamskarspitz
Sauleck
2359
Sagschneider
2212
Knallalm
Mößna
2543
Hochwildstelle
2747
Jh. Kleinalm
Riesachsee
Hohes Scharecke
2575
1152
Großer Knallstein
2599
Schaufelsp.
2375
Breitlahnhtt
Weißensee
St. Nikolai im Sölktal
Placken
2434
Preintalerhtt.
Ahornsee
Sonntagskarsee
Rettingscharte
Jackerstageck
2409
Tuchmaaralm
Steinrinneck
2247
Waldhorn
2326
Schladminger Tauern

1 Hoher Dachstein 2995 Meter

Das Dach des Ennstals

TOUR AUF EINEN BLICK

Wegverlauf:
Auffahrt mit der Seilbahn von Türlwandhütte/Ramsau auf den Hunerkogel oder Aufstieg über Dachstein-Südwandhütte (1871 m) – Hunerscharte – Hunerkogel, Überquerung des Hallstätter Gletschers zur Randkluft, über Kletterstellen zum Gipfel.

Charakteristik:
Schwierige Bergtour mit Kletterstellen und Eisensicherungen, Gletscherbegehung, Vorsicht bei Randkluft. Bei Schönwetter kein Problem, bei unsicherem oder schlechtem Wetter ist von dieser Tour unbedingt abzuraten.

Orientierung: Gute Markierung.

Gehzeit:
Seilbahn ca.10 Min., Aufstieg zur Hunerscharte 3,5 Std., vom Hallstätter Gletscher zum Gipfel 1,5 bis 2 Std. Ca. 1000 Hm, Hunerkogel – Dachsteingipfel 400 Hm (Gipfelaufbau ca. 250 Hm Fels).

Anfahrt:
Ennstal-Bundesstraße B 146 – Schladming – Ramsau – Mautstraße Türlwandhütte bzw. Talstation Dachstein-Seilbahn.

Einkehr:
Türlwandhütte (1750 m), weitere Hotels, Dachstein-Südwandhütte (1871 m), Bergstation Hunerkogel (2687 m, Restaurant), Dachsteinwartehütte (2741 m, Seethalerhütte).

Gipfelmöglichkeiten:
Nur Klettergipfel.

Varianten: Aufstieg über Nordseite von der Simonyhütte, Aufstieg über Linzerweg – Adamekhütte – Westgrat.

Es ist sicherlich ein wenig vermessen, den Himalaya – das Dach der Welt – mit dem Dachstein zu vergleichen, aber auf alle Fälle gehört der Dachstein zu den schönsten Gipfeln der Ostalpen. Immer wieder wird darüber diskutiert, ob der Gipfel 2995 Meter oder, wie früher behauptet, 3004 Meter hoch ist – man sollte nicht die fehlenden Meter suchen, er ist einfach ein Dreitausender und damit ein Wunschtraum vieler Bergwanderer und Bergsteiger.

Der Zustieg ist von mehreren Seiten möglich, für den Gipfelaufstieg gibt es aber für den Bergwanderer nur zwei Möglichkeiten:
von der Seilbahnstation Hunerkogel über die Nordostflanke oder über den Gosaugletscher und weiter über den Westgrat. Für den Bergsteiger sind die anderen Aufstiege – die bekannteste Route führt durch die Südwand.

Grundsätzlich muß aber gesagt werden, daß der Gipfel kein Wandergipfel ist, sondern Bergsteigern und erfahrenen Bergwanderern vorbehalten ist. Es sind zwar ausreichend Eisensicherungen vorhanden, trotzdem ist Vorsicht geboten. Wetterumstürze sind keine Seltenheit, daher sollte man bei der Tourenplanung besonders auf den Wetterbericht achten. Wenn es terminlich möglich ist, sollte man die Wochenenden meiden, da der Rummel sehr groß werden kann und man sich vielleicht anstellen muß, um in den Gipfelfels einsteigen zu können – das Gipfelplateau bietet nur wenig Platz.

Die berühmte Dachstein-Südwand

WEGBESCHREIBUNG

Anstieg aus dem Ennstal: Von der Ramsau fährt man bis zur Türlwandhütte bzw. bis zur Talstation der Dachstein-Seilbahn. Man kann jedoch die Seilbahn meiden, zur Südwandhütte wandern und von dort über den Steig zur Hunerscharte aufsteigen – Vorsicht im oberen Bereich trotz Sicherungen. Es ist aber auch keine Schande, wenn man sich den Anstieg erleichtert und den Weg mit der Gondel verkürzt. Der Zeitgewinn von dreieinhalb Stunden ist beträchtlich. Gleich nach der Bergstation beginnt die Gletscherregion – zuerst ein paar Schritte über den Schladminger Gletscher und weiter über den Hallstätter Gletscher. Man sollte den meist ausgetretenen Pfad nicht verlassen, die Spaltengefahr ist groß und nicht immer erkennbar. Auch die Überwindung der Randkluft erfordert je nach Jahreszeit und Witterung mehr oder weniger Vorsicht und Anstrengung. Der Gipfelaufbau ist grandios, Felsabstufungen müssen mit Vorsicht überwunden werden. Bei größerem Andrang darf man die Steinschlaggefahr nicht unterschätzen. Sicherungen und Eisenstifte erleichtern den Aufstieg zum Gipfel. Das großartige Panorama entschädigt für alle Mühen und bleibt unvergeßlich.

Für den Abstieg gibt es zwei Möglichkeiten: entweder den gleichen Weg zurück oder über den Westgrat, der weniger schwierig ist (relativ). Weiter kann man zur Adamekhütte und zu den Gosauseen oder über die Steinerscharte wieder zurück zur Bergstation wandern, oder man wählt den Abstieg zur Simonyhütte. Steigeisen nicht vergessen!

Eine Einkehr in der Seethalerhütte lohnt sich immer, der Blick in die wilden Abstürze der Dachstein-Südwand ist außerordentlich. Die Hütte wurde 1929 mit großem Aufwand errichtet und hieß damals Dachsteinwartehütte.

2 Dachsteinwarte

Wanderung für jene,
die einmal richtige Bergluft schnuppern wollen

TOUR AUF EINEN BLICK

Wegverlauf:
Parkplatz Dachstein-Seilbahn/Türlwandhütte – Dachstein-Seilbahn – Hunerkogel (2687 m) – Hallstätter Gletscher – Dachsteinwarte (ca. 2741 m) und zurück.

Charakteristik:
Gletscherweg, mit Pistengeräten „begehbar" gemacht, unschwierig, gute Schuhe empfehlenswert. Grandiose Aussicht.

Orientierung:
Keine Markierung, aber Wegverlauf klar erkennbar.
Nicht bei Nebel und Schlechtwetter.

Gehzeit:
1,5 Std.
Ca. 100 Hm.

Anfahrt:
Ennstal-Bundesstraße B 146 – Schladming – Ramsau – Mautstraße Türlwandhütte bzw. Talstation Dachstein-Seilbahn.

Einkehr:
Dachsteinwartehütte (2741 m), Bergstation Hunerkogel (2687 m, Restaurant).

Gipfelmöglichkeiten:
Hoher Dachstein (2995 m),
Hoher Gjaidstein (2794 m).

Unterhalb der Dachstein-Südwand

An schönen Tagen herrscht ein ziemliches Gedränge bei der Talstation der Dachstein-Seilbahn: Ob jung oder alt, ob groß oder klein, bergerfahren oder nicht, mit den neuesten Kreationen der entsprechenden Firmen ausgerüstet oder nur im einfachen „Outfit" der fünfziger Jahre, alle wollen nach oben: Gegen entsprechendes Entgelt überwindet man in ca. zehn Minuten 1000 Höhenmeter. Immer wieder ist man überrascht, in welcher Vorstellungswelt die „Bezwinger" des Hunerkogels leben. Die italienische Schuhindustrie mit Stöckelschuhen ist genauso vertreten wie der Bergsteiger mit dem neuesten steigeisenfesten Plastikschuh. Dazu kommen noch die unermüdlichen Schifahrer und Snowboarder und die wirklichen Bergsteiger und Bergwanderer, die eine Überquerung des Dachsteinmassivs unternehmen wollen. Aber man kann auf recht einfachen Wegen die grandiose Bergwelt des Dachsteinmassivs genießen, wenn man z. B. zur Dachsteinwarte wandert. Pistengeräte haben einen breiten und sicheren Weg geschaffen, in früheren Jahren diente die Warte als Unterschlupf bzw. Stützpunkt für Bergsteiger (vor allem bei Schlechtwetter). Heute ist der Andrang an schönen Tagen groß, der Hüttenwirt Peter versorgt die Besucher, die den Blick zur Südwand erleben wollen, mit Speisen und Getränken.

WEGBESCHREIBUNG

Von der Bergstation der Dachstein-Seilbahn sind es nur einige Schritte abwärts und dann links auf den ausgetretenen Weg, vorbei an den Dirndln Richtung Dachstein. Der Schneeweg ist unschwierig, aber man muß bedenken, daß man sich auf rund 2700 Meter Seehöhe befindet. Der Blick zur Südwand ist beeindruckend. Beim Rückweg reicht die Sicht über die Gjaidsteine hinaus bis zum Grimming. Insgesamt eine einfache Wanderung, bei der man das Hochgebirge hautnah erleben kann.

3 Unter den Felsabstürzen des Dachsteins

Rundwanderung unterhalb der Dachstein-Südwand

TOUR AUF EINEN BLICK

Wegverlauf:
Talstation Dachstein-Seilbahn (1680 m) – Weg 615 – Dachstein-Südwandhütte (1871 m) – Weg 617 – Sulzenhals (1827 m) – Weg 614 – Bachlalm (1495 m) – Weg 671 und 6 – Dachstein-Südwandhütte.

Charakteristik:
Schöne Rundwanderung unterhalb der Dachsteinwände, abwechslungsreich und nicht schwierig.

Orientierung: Gute Markierung.

Gehzeit:
Zur Südwandhütte ca. 45 Min., weiter bis Sulzenhals 2 bis 2,5 Std., Rückweg zur Südwandhütte 2 Std. 350 Hm, aber durch Auf und Ab insgesamt mehr (z. B. Bachlalm – Südwandhütte Aufstieg 370 Hm).

Anfahrt:
Ennstal-Bundesstraße B 146 – Schladming – Ramsau – Mautstraße Türlwandhütte bzw. Talstation Dachstein-Seilbahn.

Einkehr:
Dachstein-Südwandhütte (1871 m), Bachlalm (1495 m), teilweise bewirtschaftete Hütten auf den Almen, Gasthöfe um die Talstation.

Gipfelmöglichkeiten:
Rötelstein (2247 m), weiters nur Klettergipfel.

Varianten:
Mehrere Zu- und Abstiege.

Grandios sind die Ausblicke auf diesem abwechslungsreichen Weg in die Südwände von Dachstein, Mitterspitz, Torstein und auf den Windlegergrat. Im Jahr 1909 gelang es den legendären Steinerbuam, erstmals die Südwand zu durchsteigen. Die im Wesen sehr unterschiedlichen Brüder schafften es ohne Seil und mit genagelten Schuhen, den Gipfel zu erreichen. Franz Steiner gründete später die Lodenwalke, eines der größten Wirtschaftsunternehmen des Ennstals, und war ein begeisterter Volksmusiker. Sein Bruder, der Steiner Irg, wie er genannt wurde, galt als einer der besten Bergführer seiner Zeit und rettete Dutzende Menschenleben bei Bergrettungseinsätzen. Die Südwand wurde zu einer Art „Modewand".

Einer der Pioniere der Neuzeit ist Leo Schlömmer, der zahlreiche neue Führen durch diese Wand gelegt hat.

WEGBESCHREIBUNG

Vom Parkplatz bei der Seilbahn führt der viel begangene Weg Richtung Südwandhütte. Früher war es auf dieser Hütte ruhiger, nur Bergsteiger hielten sich hier auf und bereiteten sich auf einen Wandeinstieg oder auf den Weg zur Hunerscharte vor. Heute ist die Hütte stark frequentiert, vor allem an schönen Tagen, und hier wieder von vielen „Halbschuhtouristen". Der Weg von der Hütte führt kurz steil abwärts durch das Auretskar, und der Weg 617, auch Pernerweg

Heute bereits selten: Pferde auf der Alm

genannt, zieht steinig dahin. Bald geht es aber in Serpentinen schnell aufwärts zum Tor auf 2033 Meter Höhe. Im Frühjahr und Herbst muß mit Schneefeldern gerechnet werden, also Vorsicht. Bald nach dem Abstieg mündet der Weg von der Windlegerscharte ein, nun geht es weiter zum Sulzenhals, dem Umkehrpunkt dieser Wanderung. Der Weg führt nun über die Bachlalm (etwas abseits) und die Maralm wieder zum Ausgangspunkt Türlwandhütte zurück. Diese und die Neustattalm weiter südlich sind für Fotografen besonders lohnend.

Eine der Gipfelmöglichkeiten: der Rötelstein

4 Linzerweg – Linzersteig

Über Gletscher und Fels

Selbst Experten sind sich nicht einig, wie die richtige Bezeichnung lautet, jedenfalls handelt es sich hier um eine ernstzunehmende Tour durch das westliche Dachsteingebiet. Mehrere Varianten sind gegeben, der klassische Verlauf führt von der Hofpürglhütte bis zur Adamekhütte. Die Wanderung durch die Felslandschaft ist abwechslungsreich, darf aber auf keinen Fall unterschätzt werden. Wenn man nicht vorhat, rechtzeitig über die Windlegerscharte abzusteigen, sollte man die Tour für zwei Tage ansetzen.
Besonderer Wert muß, wie überhaupt, auf das Schuhwerk gelegt werden, da es keine angelegten Steige im herkömmlichen Sinn im Fels gibt; die Markierung ist aber ausreichend und gut. Nur nach Schneefall sind besondere Vorsicht und Aufmerksamkeit geboten.

WEGBESCHREIBUNG

Der kürzeste Anmarsch beginnt auf der Oberhofalm bei Filzmoos, einem beliebten Ausflugsziel; man kann aber auch vom „echten" Ausgangspunkt, der Hofpürglhütte, starten. Anfangs geht es über wunderschöne Almmatten mit grandioser Aussicht auf die Kletterwände des westlichen Dachsteins bis zum Einstieg Reißgangsattel. Diese rauhe Bezeichnung hat ihre Berechtigung und auch einen psychologischen Effekt; man fürchtet sich fast vor dieser Stelle und ist dann überrascht, diesen Sattel doch bezwungen zu haben. Der Aufstieg ist teilweise sehr steil, der Weiterweg führt mit Drahtseilsicherungen flott nach oben. Der Weg über ein großes Felskar ist besonders

Am Beginn der Wanderung

Folgende Doppelseite:
Auf dem Linzerweg unterwegs: Links bereits außerhalb des Bildes befindet sich die Adamekhütte. Der Hohe Dachstein hüllt sich aber in Wolken

eindrucksvoll, da bei weichem Licht, wie der Fotograf es nennt, eine eigenartige Stimmung entstehen kann. Sicherungen erleichtern auch den Aufstieg zum Hohen Hochkesseleck auf 2208 Meter (bei Schnee bitte besondere Vorsicht). Die Flanke des Hochkesselkopfs ist eine der Schlüsselstellen, hier muß man sich entscheiden: entweder Adamekhütte oder Windlegerscharte. Der Weg zur Adamekhütte beginnt mit einem fast senkrechten Wandstück, das mit Seil und Stiften versehen ist. Bald erreicht man das Torsteineck, weiter geht es teilweise über Schutt (bitte keine Abkürzungen!) und über einen Moränenrücken bis zur Adamekhütte, die viele Annehmlichkeiten bietet.

Für den Weiterweg gibt es mehrere Varianten: Abstieg zum Gosausee, Überschreitung Steinerscharte-Simonyscharte, der lange Weg um den Ochsenkogel herum oder die Überquerung des Hohen Dachsteins: zuerst über den Gosaugletscher, auf dem Westgrat zum Gipfel und dann Abstieg zur Seilbahn.

TOUR AUF EINEN BLICK

Wegverlauf:
Oberhofalm (1303 m) oder Hofpürglhütte (1705 m) als Variante – Weg 601 – Reißgangsattel (1954 m) – Hohes Hochkesseleck (2208 m) – Adamekhütte (2196 m) (Nächtigung empfehlenswert) – Abstieg Gosauseen/Gosau oder über Westgrat auf den Hohen Dachstein und zum Hunerkogel.
Der „Original-Linzerweg“ führt über die Steinerscharte auf den Hallstätter Gletscher (bitte unbedingt die Empfehlung des Hüttenwirts beachten).

Charakteristik:
Schwierige, hochalpine Tour, Schwindelfreiheit und Trittsicherheit unbedingt erforderlich, nur für erfahrene Bergwanderer.

Orientierung:
Gute Markierung, Gletschergefahren, nur bei Schönwetter empfehlenswert.

Gehzeit:
Oberhofalm – Adamekhütte 6 bis 7 Std., Abstieg Adamekhütte – Vorderer Gosausee 4 Std., über Dachsteingipfel 5 bis 7 Std., über Steinerscharte 4 Std. (je nach Gletschersituation). Die Zeitangaben sind je nach Kondition und Klettererfahrung abzuändern.
Ca. 1000 Hm, durch Auf- und Abstiege aber mehr, ca. 200 Hm Abstieg, Adamekhütte – Gosausee 1250 Hm, über Gipfel 800 Hm Aufstieg, 400 Hm Abstieg, über Steinerscharte ca. 700 Hm Aufstieg (inkl. Gletscher).

Anfahrt:
Filzmoos (1055 m) – Straße zur Oberhofalm.

Einkehr:
Hofpürglhütte (1705 m), Oberhofalm (1303 m), Adamekhütte (2196 m), Simonyhütte (2206 m), Dachsteinwarte (Seethalerhaus) (2741 m), Hunerkogel-Bergstation (2687 m).

Gipfelmöglichkeiten:
Nur Klettergipfel, eventuell Hoher Gjaidstein (2794 m), Hoher Trog (2355 m).

5 Großer Donnerkogel

Blick ins Salzkammergut

TOUR AUF EINEN BLICK

Wegverlauf:
Leichtester Zugang von Gosau/Zwieselalm – Seilbahn/ Vorderer Gosausee (933 m) – Seilbahnstation – Gablonzerhütte (1550 m) – Weg 601 – Törleck (1599 m/1618 m) – Großer Donnerkogel (2055 m).
Fünf Anstiegsmöglichkeiten aus dem Ennstal von Annaberg-Lungötz bis Filzmoos-Hofpürglhütte.

Charakteristik:
Bergtour in felsigem Gelände, Schutthalden, keine Kletterstellen.

Orientierung:
Gute Markierung, Achtung bei Schlechtwetter.

Gehzeit:
Vom Törleck 2,5 bis 3 Std., Anstiege aus dem Ennstal je nach Routenwahl 2 bis 4 Std.
Vom Törleck 450 Hm, aus dem Ennstal max. 1200 Hm.

Anfahrt:
Gosau – Gosausee – Seilbahnstation Zwieselalm
aus dem Ennstal: Annaberg und Filzmoos.

Einkehr:
Gablonzerhütte (1550 m) und weitere Hütten auf der Zwieselalm, Hofpürglhütte (1705 m), Theodor-Körner-Hütte (1466 m), Stuhlalmhütte (1467 m).

Gipfelmöglichkeiten:
Angerstein (2100 m), Mandlkogel (2272 m).

Varianten:
Zahlreiche Anstiegsmöglichkeiten aus dem Ennstal, auch im Zuge einer Gosaukamm-Rundwanderung (gute Kondition Voraussetzung).

Wenn auch die Gipfel des Gosaukamms zum größten Teil den Bergsteigern vorbehalten sind, so bietet sich aber bei der Wanderung um den Gosaukamm die Besteigung des Donnerkogels an, denn von diesem Gipfel hat man einen phantastischen Rundblick zum Dachstein, über den Gosaukamm bis ins Salzkammergut.
Wie langsam sich die Natur erholt, sieht man beim Gipfelanstieg. Nicht weit vom Törleck wütete im Jahr 1957 ein verheerender Brand, große Latschenflächen wurden dabei zerstört. Es wird noch lange dauern, bis diese Wunden endgültig verheilt sind.

Großer Donnerkogel

WEGBESCHREIBUNG

Am Sattel des Törleck zweigt der Weg nach links ab. Man wandert durch Latschen und umrundet einen Felsvorsprung. Über Stock und Stein zieht der Weg dem Gipfel zu (auffällig ist die schwarze Erde), Serpentinen erleichtern den Anstieg (ziemlich schottrig), bis man über Grasboden zum Gipfelkreuz kommt.
Für den Rückweg sollte man die Aufstiegsroute wählen, da die anderen Wege kaum begangen sind und auch einige Schwierigkeiten aufweisen.

Ein besonderer Aussichtsberg im Gosaukamm – der Donnerkogel

Blick von der Zwieselalm auf den Vorderen Gosausee und den Dachstein

6 Rund um den Gosaukamm

Wanderung in einer großartigen Bergwelt

TOUR AUF EINEN BLICK

Wegverlauf:
Hofpürglhütte (1705 m) – Steiglpaß (2016 m) – Gosausee (940 m) – Zwieselalm/Gablonzerhütte (1550 m) – Törleck (1599/1618 m) – Weg 601 bzw. A/611 – Theodor-Körner-Hütte (1466 m) – Hofpürglhütte (1705 m).

Charakteristik:
Ausgedehnte Bergwanderung, gute Kondition erforderlich. Steiglpaß im oberen Bereich mit Drahtseilen gesichert, Trittsicherheit notwendig.

Orientierung:
Gute Markierung, nur bei gutem und sichtigem Wetter – hochalpines Gelände.

Gehzeit:
7 bis 9 Std., ohne Seilbahnbenützung plus 1,5 Std.
Ca. 700 Hm im Aufstieg, bei Fußweg zur Zwieselalm 1200 Hm, Abstieg vom Steiglpaß zum Gosausee 750 Hm.

Anfahrt:
Filzmoos – Fahrmöglichkeit bis Aualm (ohne Gewähr).

Einkehr:
Hofpürglhütte (1705 m), Gasthof Gosausee (940 m), Gablonzerhütte (1550 m), Stuhlalm und Theodor-Körner-Hütte (1466 m).

Gipfelmöglichkeiten:
Donnerkogel (2055 m), Angerstein (2100 m), Mandlkogel (2272 m).

Der Gosaukamm ist eine wild zerklüftete Gebirgskette mit zahlreichen beeindruckenden Gipfeln und einem Wahrzeichen, der Bischofsmütze. Doch nur wenige Gipfel sind für den Bergwanderer erreichbar. Zahlreiche Bergsteigerkarrieren fanden hier, in den sogenannten „Salzburger Dolomiten", ihr abruptes Ende.
Der wohl bekannteste Bergsteiger war Paul Preuß, der Vater der heutigen Klettertechnik, der Anfang Oktober 1913 in der Mandlkogelkante tödlich verunglückte auf einer seiner vielen Erstbegehungen.
Vom Gipfel des Donnerkogels hat man einen großartigen Ausblick in die wild zerklüfteten Kalkwände – eine eigenartige Schönheit, und es gibt in den Ostalpen kaum Vergleichbares.
Die Große Bischofsmütze ist mit 2455 Metern der höchste Gipfel im Gosaukamm. Vor einigen Jahren gab es hier gewaltige Felsstürze, der Berg hat sich von der Südseite her markant verändert. Ein weiteres Beispiel für die Machtlosigkeit der Menschen gegen Naturgewalten dieser Größenordnung.

WEGBESCHREIBUNG

Ein großartiges Panorama: Bischofsmütze und Steiglpaß

Ausgangspunkt ist die Hofpürglhütte auf 1705 Meter Höhe. Von hier geht es in leichten Serpentinen (teilweise versichert) auf den Steiglpaß und anschließend hinunter zum Gosausee. Der Abstieg ist unschwierig, aber abwechslungsreich, vorbei an einer kleinen Kapelle, die zu Ehren verunglückter Bergsteiger erbaut wurde. Die unbewirtschaftete kleine Scharwandhütte lädt zu einer kurzen Rast ein. Vom Gosausee kann man nun zur Zwieselalm wandern, müde Bergwanderer werden die Seilbahn auf die Zwieselalm benützen. Die Kulisse Gosausee mit Dachstein ist weltbekannt und gehört sicherlich zu den am meisten fotografierten Motiven.

Auf dem Weg zur Hofpürglhütte

Von der Zwieselalm führt ein kurzer Anstieg zum Törleck und von dort weiter Richtung Südosten zur Stuhlalm und zur Theodor-Körner-Hütte. Der Austriaweg ist sehr gut angelegt, und ohne größere Schwierigkeiten erreicht man wieder den Ausgangspunkt – die Hofpürglhütte – nach Umrundung der Ausläufer der beiden Bischofsmützen. Der an und für sich leichte Anstieg zur Hütte ist der letzte Prüfstein am Ende einer langen Wanderung in einer großartigen Bergwelt.

7 Rötelstein

Kleinod im Schatten der Dachsteinwände

TOUR AUF EINEN BLICK

Wegverlauf:
Bachlalm (1495 m) – Weg 614 – Sulzenhals (1827 m) – Weg 639 – Rötelstein (2247 m).

Charakteristik:
Schwierige Bergwanderung, Trittsicherheit und gute Ausrüstung notwendig, Vorsicht beim Begehen des Geröllweges, eine schwierige, aber nicht ausgesetzte Stelle.

Orientierung:
Gute Markierung, im Abstieg sollte man keine Abkürzungen über die Schuttkare machen.

Gehzeit (Auf- und Abstieg):
5 Std.
800 Hm.

Anfahrt:
Ennstal-Bundesstraße B 146 – Schladming – Ramsau – (auch Filzmoos) – Verbindungsstraße zwischen den Orten – Dachsteinruhe – Abzweigung Richtung Norden – enge und kurvenreiche Straße – Parkplatz unterhalb Bachlalm.

Einkehr:
Gasthaus Bachlalm.

Gipfelmöglichkeiten:
Keine.

Varianten:
Mehrere Anstiege aus Filzmoos, Sammelpunkt Lutzer Riedel (1643 m) bzw. Oberhofalm.

Wohlverdiente Rast auf dem Gipfel des Rötelsteins

Der Rötelstein erscheint eher unscheinbar, wenn man zu den Dachsteinwänden blickt und ein kleiner Hügel sich in den Vordergrund drängen will. Der vermeintlich kleine Hügel in der Nähe von Filzmoos ist aber immerhin 2247 Meter hoch und durchaus eine Herausforderung für den normalen Bergwanderer.
Einige Wege führen zum Ausgangspunkt dieser Wanderung und treffen sich entweder beim Sulzenhals auf 1827 Meter Seehöhe oder am Lutzer Riedel, dem Zugang aus Filzmoos auf 1643 Meter, im Bereich der Ahornegg-Alm.
Charakteristisch für den Rötelstein ist sein rötlich gefärbtes Gestein, das teilweise brüchig ist, daher ist beim Gehen Vorsicht geboten.
Schon die Bezeichnung Rötelstein deutet darauf hin, daß es sich hier um teilweise eisenhaltiges Gestein handelt, das sich nicht nur im südlichen Dachsteingebiet finden läßt, sondern auch z. B. in Pichl-Kainisch (30 km Luftlinie entfernt).
Kaum eine Wanderung bietet einen solch

großartigen Ausblick in die Bergwelt bis zu den Hohen Tauern, zum Ankogel, zu den Dachsteinwänden und in das gewaltige Panorama der Niederen Tauern.
Für die Begegnung mit den Pferden auf der Maralm sollte man sich mehr Zeit nehmen, denn diese Tiere sind äußerst zutraulich.

WEGBESCHREIBUNG

Man fährt zwischen Ramsau und Filzmoos (Achtung: Wegweiser) über eine schmale und kurvenreiche Straße bis knapp unterhalb der Bachlalm. Von dort führt der Weg Richtung Sulzenhals, dann auf dem Bergrücken links weiter und über Geröll und steile Serpentinen geht es bergauf. Immer wieder glaubt man, daß der Gipfel zum Greifen nahe sei, aber es muß noch eine steile Stelle überwunden werden, bis man unschwierig auf den Gipfel gelangt. Abstieg auf gleichem Weg wie der Anstieg; der Weg hinunter nach Filzmoos ist eine Alternative.
Die Einkehr in der Gaststätte auf der Bachlalm läßt einen wunderschönen Bergtag ausklingen.

Die letzten Meter vor dem Gipfelkreuz

8 Austriahütte – Brandriedel

Wanderung zwischen Urgestein und Kalkfelsen

Durch die Erschließung des südlichen Dachsteingebiets haben einige früher wichtige Hütten und Unterkünfte ihre Bedeutung verloren. So ist auch die Austriahütte und der Weg dorthin zum „Spazierweg" degradiert worden. Trotzdem hat diese Wanderung ihren Reiz. Die Austriahütte beherbergt heute ein Bergsteigermuseum, und die Hüttenwirte sind sehr bemüht, den Aufenthalt möglichst angenehm zu gestalten. Nur wenige Wanderer kommen von der Ramsau über das Gasthaus Edelbrunn herauf, die meisten erreichen die Hütte vom Parkplatz der Dachstein-Seilbahn. Der Brandriedel ist eine herrliche Aussichtswarte, an einem klaren Tag breitet sich das Panorama der Niederen Tauern vor einem aus. Es sind nicht nur Wanderer und Bergsteiger, die den Brandriedel schätzen, auch Peter Rosegger war äußerst angetan vom herrlichen Rundumblick vom Brandriedel.

WEGBESCHREIBUNG

Mindestens drei Wege führen vom Parkplatz unterhalb der Dachstein-Seilbahn zur Austriahütte; ob der Weg 615 oder 617, der Besuch der in einer einmalig schönen Umgebung gelegenen Hütte lohnt sich auf alle Fälle. Ebenso lohnt sich der kurze (ca. 15 Min.) Aufstieg zum Brandriedel mit seiner grandiosen Aussicht.

Austriahütte – Brandriedel

Die Austriahütte beherbergt heute auch ein Bergsteigermuseum

TOUR AUF EINEN BLICK

Wegverlauf:
Parkplatz Türlwandhütte oder Hotel Türlwand (1680 m) – Weg 615 oder 617 – Austriahütte (1638 m) – Weg 671 – Brandriedel (1725 m).

Charakteristik:
Einfache Wanderung.

Orientierung:
Gute Markierung.

Gehzeit:
1,5 Std.
150 Hm.

Anfahrt:
Ennstal-Bundesstraße B 146 – Schladming – Ramsau – Dachsteinstraße (Maut) – Parkplatz Türlwandhütte (1680 m).

Einkehr:
Austriahütte mit Alpinmuseum, (1638 m) Gasthöfe um den Parkplatz.

Gipfelmöglichkeiten:
Zahlreiche Möglichkeiten im Bereich Südwandhütte und Edelgrieß.

Varianten:
Aufstieg aus der Ramsau über Gasthof Edelbrunn oder Schlitzenalm (600 Hm).

Blick vom Brandriedel auf die Ramsau und die Niederen Tauern

9 Die Gjaidsteine

Auf den Spuren der Wilden Jagd

TOUR AUF EINEN BLICK

Wegverlauf:
Hunerkogel (2687 m) – Weg 615 – Hoher Gjaidstein (2794 m) – Gjaidalm – Schilcherhaus (1732 m). Gleicher Weg zurück oder Krippenstein (2109 m) nach Obertraun (Seilbahn).

Charakteristik:
Anstrengende Bergwanderung, beim Anstieg auf den Hohen Gjaidstein in einem Abschnitt Trittsicherheit und Schwindelfreiheit notwendig (keine Sicherung), im Bereich Abzweigung Taubenkogel kann es rutschige Stellen geben (vor allem nach Regen oder im Herbst).

Orientierung:
Gute Markierung (Abstieg zum Eissee/Simonyhütte jedoch nicht markiert, auf Karten auch nicht eingezeichnet, wird aber als „Abkürzung" benützt).

Gehzeit:
Hunerkogel – Gjaidalm 5 Std., gleicher Weg zurück durch Aufstieg 6 Std., Aufstieg Krippenstein 1 Std. Aufstieg 100 Hm, Abstieg Gjaidalm 1100 Hm, Aufstieg Krippenstein 400 Hm.

Anfahrt:
Ennstal-Bundesstraße B 146 – Schladming – Ramsau – Mautstraße Türlwandhütte bzw. Talstation Dachstein-Seilbahn.

Einkehr:
Hunerkogel-Bergstation (2687 m), Schilcherhaus (1732 m).

Gipfelmöglichkeiten:
Nur Gjaidstein bezeichneter oder markierter Anstieg, Taubenkogel (2300 m).

Einige Bergwanderer behaupten, die Besteigung des Hohen Dachsteins sei nicht so schön, wie den Gipfel vom Hohen Gjaidstein aus zu bewundern. Der Name Hoher Gjaidstein stammt von der Sage vom „Wilden Gjoad" oder „Wilden Gjaid". In den Sagenbüchern kann man einiges über die Wilde Jagd nachlesen: So sah ein Fremder seinerzeit plötzlich tiefschwarze Wolken am sternhellen Himmel dahinjagen, und ein fürchterliches Getöse war zu vernehmen, verbunden mit fürchterlichem Gestank. Warum dieser Gipfel so benannt wurde, bleibt aber ein Rätsel.

WEGBESCHREIBUNG

Vom Hunerkogel aus wird der Gletscher auf einem kurzen Stück überquert, bald steigt man aber am Grat des Gjaidsteins ziemlich steil bergauf (an

„Hotel“ Simony – bereits 1843 von Friedrich Simony errichtet

Gletscherüberquerung zu den Gjaidsteinen

einigen Stellen ist Vorsicht geboten), einige Male muß man den Felsgrat umgehen. Selbst an einem dunstigen Sommertag kann man den Grimming und die markanten Gesäuseberge sehen. Vom Gipfel des Hohen Gjaidstein bietet sich ein prachtvoller Ausblick nach allen Richtungen. Der Abstieg, anfangs über Schutt- und Felswege, ist nicht mehr so anstrengend wie der Aufstieg und führt in Serpentinen zu einer kleinen, ebenen Hochfläche, von der man einen eindrucksvollen Blick auf die kleinen Eisseen genießen kann. Irgendwo auf diesem Weg gibt es einen Notunterstand, den Friedrich Simony bereits 1843 eingerichtet hat, um Bergsteigern Unterkunft bei Schlechtwetter zu bieten. Das „Hotel“ Simony hat schon vielen geholfen und vielleicht sogar das Leben gerettet.
Ein Ausreißer auf den Taubenkogel lohnt sich, oder man wandert über eine rutschige Steilstufe Richtung Gjaidalm entlang den Wänden des Taubenkogels, der Weg ist aber gut angelegt und daher relativ problemlos. Die Rückkehr erfolgt entweder auf dem gleichen Weg, Auffahrt mit der Dachstein-Seilbahn zum Krippenstein und Abfahrt nach Obertraun, oder über die Simonyhütte zum Hunerkogel (Nächtigung).

10 Simonyhütte

Auf den Spuren von Adalbert Stifters „Bergkristall“

Vom Ennstal aus ist die Simonyhütte kein direktes Ziel – der Anmarsch ist nicht allzu leicht, der Hallstätter Gletscher (Karls-Eisfeld) stellt eine Hürde dar, die nur von erfahrenen Gletscherwanderern genommen werden sollte. In Verbindung mit der Gjaidstein-Überquerung und mit den Wegen Am Stein stellt dies auch ein zeitintensives Unterfangen dar. Am einfachsten ist es, man fährt mit der Dachstein-Seilbahn auf den Krippenstein und wandert von dort zur Gjaidalm.
Die Simonyhütte ist ein Ausbildungszentrum für Bergsteiger (Anfänger und Fortgeschrittene). Das Kirchlein stellt einen wahren Kontrast in dieser grandiosen Bergwelt dar. Schon von weitem hört man das Heulen der Schlittenhunde, die vom Hüttenwirt betreut und trainiert werden. Die schöne Lage der Hütte, erbaut 1879 auf rund 2200 Meter Höhe, ist ein beliebtes Ziel für viele Menschen, die vor allem aus dem Salzkammergut hierher kommen.

Adalbert Stifter, der Dichter der Novelle „Bergkristall“, dürfte selbst nie im Dachsteingebiet gewesen sein. Trotzdem hat er die grandiose Kulisse dieses Bergs und seiner Gletscher als Anregung genommen, um die wunderschöne Novelle „Bergkristall“ zu schreiben. Zitat:
„So weit die Augen der Kinder reichen konnten, war lauter Eis. Es standen Spitzen und Unebenheiten und Schollen empor wie lauter furchtbares überschneites Eis.“
Stifter dürfte sein Wissen über den Dachstein aus den Werken Friedrich Simonys gehabt haben, der als Abenteurer im Gelehrtenrock bezeichnet wurde und als der Erschließer des Dachsteins gilt.

Ein Tip: der Eissee auf 1909 Metern, der wie ein kleiner grünblauer Edelstein die graue Umgebung der Kalkfelsen aufhellt.

Das Kirchlein oberhalb der Simonyhütte inmitten einer grandiosen Bergwelt

WEGBESCHREIBUNG

Die Gletscherwanderung ist der kürzeste Weg zur Simonyhütte, man muß sich nach den Verhältnissen und vor allem nach den Gletscherspalten richten, denn Markierung gibt es keine. In der Umgebung der Hütte sind zwar die Steige gut angelegt, jedoch sollte man die Karte auf alle Fälle genauer studieren. Der Weg von der Gjaidalm ist auch nicht so kurz, wie es die Karte vermuten läßt: ein ständiges Auf und Ab und Hin Her, dennoch sollte man sich Zeit nehmen, diese Hochgebirgswanderung richtig zu erleben. Auf dem Weg zur Gjaidalm gibt es knapp unterhalb der Hütte eine Stelle, wo der Steig mit Holzbalken unterbaut ist. Mit ein wenig Phantasie fühlt man sich hier in die Trekkingwelt Nepals versetzt. Vor allem bei Mehrtagestouren ist die Simonyhütte ein wichtiger Stützpunkt für alle Bergwanderer.

TOUR AUF EINEN BLICK

Wegverlauf:
Mehrere Wege führen zur Hütte: vom Ennstal aus: Hunerkogel (2687 m) – Hallstätter Gletscher – Weg 655 – Simonyhütte (2206 m); über den Hohen Gjaidstein (2794 m) – Weg 615 – unmarkierter Weg zum Eissee (1909 m) – Simonyhütte.

Charakteristik:
Gletscherwanderung mit allen Gefahren, nur für erfahrene Bergwanderer; oder über Hohen Gjaidstein – anspruchsvolle und anstrengende Bergwanderung, nur bei gutem und sichtigem Wetter.

Orientierung:
Gletscher ohne Markierung, Gjaidstein-Wanderung gut markiert, Weg zum Eissee beschwerlich und nicht markiert.

Gehzeit:
jeweils 5 bis 7 Std.
Gletscherwanderung 500 Hm im Ab- und 500 Hm im Aufstieg.
Hoher Gjaidstein 700 Hm.

Anfahrt:
Ennstal-Bundesstraße B 146 – Schladming – Ramsau – Mautstraße Türlwandhütte bzw. Dachstein-Seilbahn – Hunerkogel.

Einkehr:
Simonyhütte (2206 m), Dachsteinwarte (2740 m), Bergstation Dachstein-Seilbahn (2687 m).

Gipfelmöglichkeiten:
Taubenkogel (2300 m), Schöberl (2422 m).

Varianten:
Zugang von Adamekhütte über Hohen Trog (2355 m),
über Steinerscharte/Simonyscharte (2721 bzw. 2675 m),
von Krippenstein – Gjaidalm (1732 m),
von Hallstatt – Wiesberghaus (1873 m).

11 Überquerung des Dachstein-Plateaus – Am Stoan

TOUR AUF EINEN BLICK

Wegverlauf:
Ramsau/Gasthof Feisterer (ca. 1150 m) – Weg 616 – Guttenberghaus (2146 m) – Feisterscharte (2198 m) – Schilcherhaus (1732 m).

Charakteristik:
Lange Bergwanderung, im Bereich nach dem Guttenberghaus teilweise Sicherungen, in der Feisterscharte einige schwierige Passagen (nicht versichert). Ab Handgruben unschwierig (bis zur Gjaidalm ruhige und eindrucksvolle Wanderung).

Orientierung:
Gute Markierung, bei Nebel und schlechter Sicht sollte man die Wanderung über das Dachstein-Plateau nicht unternehmen.

Gehzeit:
Ramsau – Guttenberghaus 3 Std., Guttenberghaus – Schilcherhaus 4 bis 5 Std.Bis zum Guttenberghaus ca. 1000 Hm, 100 Hm bis zur Feisterscharte, langer Abstieg zum Schilcherhaus 300 Hm.

Anfahrt:
Ennstal-Bundesstraße B 146 – Schladming – Ramsau – Parkplatz – GH Feisterer.

Einkehr:
Ramsau (Gasthof Feisterer), Guttenberghaus (2146 m), Schilcherhaus (1732 m).

Gipfelmöglichkeiten:
Nur Klettergipfel.

Varianten:
Aufstieg Silberkarhütte – Hölltalsee (1223 bzw. 1800 m) – Wege 619, 618, 66, Hunerkogel-Weg 618.

Der Weg „übern Stoan“ – die Überquerung Süd-Nord ab dem Guttenberghaus – kann man eher in die Kategorie „Stille Wege am Dachstein“ einordnen.

Die erlebnisreiche Wanderung führt über längst verfallene Almen, deren Geschichte über 3000 Jahre zurückreicht. Man geht auf alten Wegen, die in früheren Zeiten von Jägern und Sammlern benutzt wurden, und stößt manchmal auf Fundamente einstiger Almhütten.

Der Schwierigkeitsgrad dieser Wanderung ist unterschiedlich. Der Aufstieg von der Ramsau ist vielbegangen, der Weiterweg über die Feisterscharte hat zahlreiche Tücken, dann folgt noch der lange Marsch über die Hochfläche Richtung Krippenstein auf die Nordseite.

Überquerung des Dachstein-Plateaus – Am Stoan

Das Gebiet erstreckt sich vom Gjaidstein bis zum Hirzberg, eine beachtliche Größe, trotzdem gibt es hier nur zwei markierte Wege mit einigen Verbindungspfaden. Der Weg Richtung Osten ist unmarkiert, daher sollte er nur mit größter Vorsicht und Erfahrung begangen werden.

WEGBESCHREIBUNG

Der Ausgangspunkt liegt beim Gasthof Feisterer in der Ramsau. Der Weg führt anfangs durch den Wald und wird bald schmäler, man sollte aber alle Abschneider (Abkürzungen) vermeiden, die nur Kraft kosten. Das Guttenberghaus ist ein markanter Stützpunkt, mehrere Wege treffen hier zusammen. Hier sollte man eine Rast einlegen, denn bis zum Krippenstein gibt es keine Einkehrmöglichkeit mehr.
Vom Guttenberghaus führt ein steiler Aufstieg mit Drahtseilsicherungen nach Nordosten zur Feisterscharte. Danach folgt ein steiles Felsstück (Achtung: Rutschgefahr), Auf- und Abstiege wechseln sich ab, und es kostet einige Mühe, dieses Teilstück zu überwinden (wunderbarer Tiefblick zum Hölltalsee).
Ein imposantes Panorama öffnet sich nun für den Wanderer: Kare, Gipfel und Steilwände in der großartigen Karstlandschaft des Dachsteingebirges.
Der Weiterweg wird leichter, die verfallenen Almen sollte sich jeder im Gelände selbst suchen, Markierungen sind nur schwer auszumachen. Die Almwirtschaft ist auf dem Stoan seit dem 13. Jahrhundert nachweisbar. Auf der gesamten östlichen Hochfläche (ca. 280 km^2) soll es einst 90 Almen mit ca. 1800 Hütten gegeben haben.

Einer der schönsten Ausblicke: der Hallstättersee mit Hallstatt

12 Scheichenspitz

Der Wächter über der Ramsau

Einige Anstiege führen auf diese herrliche Aussichtskanzel über der Ramsau. Die leichteste Variante ist sicherlich die Fahrt mit der Seilbahn auf den Hunerkogel. Beschwerlicher wird es über das Guttenberghaus. Hier gibt es zwei Möglichkeiten: entweder über den Klettersteig der Hohen Rams oder auf dem Normalweg nach der Gruberscharte. Noch kräfteraubender ist der Aufstieg durch das Edelgrieß oder über den Ramsauer Klettersteig, der aber nur Bergsteigern vorbehalten ist. Alle Wege führen aber auf den Scheichenspitz.
Wie bei vielen Gipfeln des Dachsteinmassivs differieren auch hier die Höhenangaben. Steht man nun auf 2664 oder auf 2667 Meter Seehöhe? Heißt es Spitz oder Spitze? Diese Fragen müssen wie so oft offenbleiben.

Blick von der Ramsau auf den Scheichenspitz

Inmitten der imponierenden Bergwelt um den Scheichenspitz

WEGBESCHREIBUNG

Von der Seilbahnstation am Hunerkogel wandert man ein kurzes Stück über den Gletscher zum Koppenkarstein mit seinem von Menschenhand geschaffenen Tunnel. Nicht immer ist die Leiter für den Einstieg zu finden, und daher kann man oft nur mühsam die Steigstifte erreichen. Auf gut gesichertem Weg geht es weiter zur Edelgrießhöhe – Abzweigung zum Ramsauer Klettersteig und über kurze Steiganlagen (Weg 618 Richtung Osten) kommt man auf eine Anhöhe (2409 m). Rechts zweigt nun der Weg zum Scheichenspitz (oder doch -spitze?) ab, mit Hilfe eines Klettersteigs überwindet man eine kleine, aber unschwierige Kletterpassage, und über einen Bergrücken gelangt man zum Gipfel. Nun kann man entweder über die Hohe Rams zurück zum Guttenberghaus gehen – dieser Weg ist fast durchgehend seilversichert und daher nicht jedermanns Sache –, oder man wandert den gleichen steinigen und schroffen Weg zurück über die Gruberscharte bis zum Guttenberghaus.

TOUR AUF EINEN BLICK

Wegverlauf:
Auffahrt Dachstein-Seilbahn – Hunerkogel (2687 m) – Weg 618 – Edelgrießhöhe (2489 m) – Wege 618 und 68 – Scheichenspitz (2667 m) – zwei Varianten: Normalweg 68/618 oder Klettersteig über Hohe Rams (2551 m) – beide Wege treffen sich bei der Gruberscharte (2361 m) – Guttenberghaus (2146 m) – Weg 616 – Gasthof Feisterer (1150 m).
Anstieg ohne Seilbahnbenützung a) umgekehrter Weg – Gasthof Feisterer – Hunerkogel, b) Aufstieg durch Edelgrieß, c) über Dachstein-Südwandhütte auf die Hunerscharte.

Charakteristik:
a) „Abstiegswanderung" mit Ausnahme Gipfelanstieg, mittelschwere Bergtour, Seilsicherungen an einigen Stellen,
b + c) schwere Bergtour.

Orientierung:
Gute Markierung, bei Schönwetter.

Gehzeit:
a) 5 bis 6 Std.,
b + c) durch Anstieg 3 bis 4 Std. länger.
a) 350 Hm Anstieg, 1550 Hm, durch Gipfelanstieg 1800 Hm Abstieg,
b + c) 1250 Hm Anstieg, 1800 Hm Abstieg.
(Hunerkogel – Scheichenspitz 2 Std., Scheichenspitz – Guttenberghaus 1,5 Std., Guttenberghaus – Feisterer 1,5 Std.).

Anfahrt:
Ennstal-Bundesstraße B 146 – Schladming – Ramsau – Mautstraße Türlwandhütte bzw. Dachstein-Seilbahn.

Einkehr:
Bergstation Hunerkogel (2687 m), Guttenberghaus (2146 m).

Gipfelmöglichkeiten:
Ramsauer Klettersteig (Gamsfeldspitze 2665 m), Koppenkarstein (2865 m), Hohe Rams (2551 m).

Anstiegsvarianten:
Hunerscharte und Edelgrieß, Zugänge Weg 616 Am Stein, Weg 618 von Grafenbergalm.

13 Guttenberghaus

Eine der höchstgelegenen Hütten der Steiermark

Ein Besuch im Guttenberghaus, das bereits 1914 errichtet wurde, lohnt sich immer

Idylle knapp unterhalb des Guttenberghauses

Fast majestätisch steht das Guttenberghaus auf 2146 Meter Seehöhe, umrahmt von der Hohen Rams, Eselstein und Sinabell. Die Hütte wurde 1914 errichtet und ist seit damals durch ihre zentrale Lage ein beliebter Treffpunkt für Bergsteiger und Bergwanderer. Waren es früher beinahe Expeditionen, die hier herauf, unternommen wurden, so ist der Weg zur Hütte heute um vieles leichter. Trotzdem darf man den Höhenunterschied von rund 1000 Metern nicht außer acht lassen, und unterhalb der Hütte ist trotz großzügiger Serpentinen noch ein schweißtreibender Anstieg zu überwinden. Es ist einfach ein Muß, in der gemütlichen Gaststube zu sitzen und den Aufenthalt zu genießen. Diese Huldigung steht stellvertretend für viele Hütten und für viele HüttenwirtInnen, die alle Großartiges leisten.

Guttenberghaus

WEGBESCHREIBUNG

Vom weitum bekannten Feisterer führt der Weg 616 anfangs durch Wald und später durch Latschen bis zur Umgebung des Tiefkares und von dort immer steiler werdend in Serpentinen auf Grasböden Richtung Guttenberghaus. Zahlreiche Schafe weiden unterhalb der Hütte. Die rund dreistündige Wanderung ist auch für Kinder ein besonderes Erlebnis.
Abstieg auf gleichem Weg wie Anstieg, es gibt aber zahlreiche weitere Möglichkeiten (je nach Zeit und Kondition). Bitte keine Abkürzungen, immer auf dem Weg 616 bleiben.

TOUR AUF EINEN BLICK

Wegverlauf:
Ramsau/Gasthof Feisterer (ca. 1150 m) – Weg 616 – Lärchenboden (1406 m) – Feisterkar – Guttenberghaus (2146 m) und gleicher Weg zurück.

Charakteristik:
Unschwierige Bergwanderung auf gutem Weg und Steig, durch südseitigen Aufstieg kann es schweißtreibend werden.

Orientierung: Gute Markierung.

Gehzeit:
5 Std., 1000 Hm. Auf- und Abstieg

Anfahrt:
Ennstal-Bundesstraße B 146 – Schladming – Ramsau – Gasthof Feisterer.

Einkehr:
Guttenberghaus (2146 m).

Gipfelmöglichkeiten:
Sinabell (2341 m),
Eselstein (2553 m),
Scheichenspitz (2667 m).

Varianten:
Zugang Weg 618 Hunerkogel oder Edelgrieß, Weg 616 Am Stein, Weg 618 Grafenbergalm/Stoderzinken, Weg 673 Hohe Rams.

14 Einsamer Weg zum Hölltalsee

Bergsee zwischen schroffen Felsen

TOUR AUF EINEN BLICK

Wegverlauf:
Ramsau-Rössing/Gasthof Burgstaller – Weg entlang Luserbach – Luseralm (1596 m) – Weg entlang Luserriedel zum Weg 618 – links abzweigen zum Weg 619 – Stangalm – Silberkarhütte (1223 m) – Straße Ramsau-Rössing – Gasthof Burgstaller (984 m).

Charakteristik:
Schöne Bergwanderung, einige steile Passagen beim Anstieg Luseralm bzw. Abstieg Stangalm.

Orientierung:
Anstieg laut Karte ohne Nummer, ansonsten gute Markierung.

Gehzeit:
6 bis 7 Std. (2,5 bis 3 Std. zum Hölltalsee). Anstieg 1000 Hm, Abstieg 1000 Hm, Abstieg/Aufstieg Hölltalsee jeweils 200 Hm.

Anfahrt:
Ennstal-Bundesstraße B 146 – Weißenbach bei Haus im Ennstal – Ramsau-Rössing (Lodenwalker) – Gasthof Burgstaller oder Parkplatz Silberkarklamm.

Einkehr:
Silberkarhütte (1223 m).

Gipfelmöglichkeit:
Luserwand (2135 m, nur für Kletterer).

Varianten:
Zugang über Weg 616 und 66 Am Stein, Brünnerhütte – Grafenbergalm Weg 618, Guttenberghaus über Weg 618 Feisterscharte.

Eine schöne und abwechslungsreiche Wanderung ist der Weg zur Luseralm und zum Hölltalsee (auch Seetalsee). Der See ist aber wahrlich nicht „höllisch", sondern liegt friedlich eingebettet in einem kleinen Talkessel. Die Luseralm mit ihren alten, schindelgedeckten Almhütten lädt zu ausgiebiger Rast ein. Mächtig zeigt sich rechter Hand die schroffe Luserwand (2135 m), die selbst für erfahrene Bergsteiger eine Herausforderung darstellt (bis Schwierigkeitsgrad V). Besonders einheimische Bergsteiger fanden hier immer wieder neue Routen, unter ihnen Sepp Moosbrugger, der Eismoar Sepp, dem zahlreiche Erstbegehungen gelangen. Auf alle Fälle sollte man die Ruhe auf dieser unbewirtschafteten Alm genießen, noch stören keine Reklametafeln. Der Höhepunkt der Wanderung ist zweifellos der kurze Abstieg zum See, die Felstürme scheinen fast in das Wasser zu stürzen, und man fühlt sich ein wenig eingeengt durch die schroffen Wände.

Alte Almhütte auf der Luseralm

Gott sei Dank wartet bereits die Silberkarhütte auf eine zünftige Einkehr mit allen Annehmlichkeiten. Die Hütte wird gern von den Ennstalern besucht, die das Erlebnis der Silberkarklamm auf gut begehbaren Holzstegen und -treppen genossen haben.

Friedlich eingebettet in einem Talkessel liegt der Hölltalsee

WEGBESCHREIBUNG

Die Auffahrt erfolgt über Ramsau-Rössing/Lodenwalker Richtung Gasthof Burgstaller, und von dort wandert man vorerst auf einer Forststraße Richtung Norden, dann wird es steiler, und der Weg geht über in Serpentinen ohne besondere Markierung. Fast überraschend gelangt man auf die Hochfläche der Luseralm (Gehzeit ca. 1,5 Std.). Durch Latschenfelder auf einem einigermaßen guten Steig gelangt man über den Luserriedel zum Weg 618, die Verbindung vom Grafenbergsee zum Guttenberghaus. Auf keinen Fall sollte man den Abstieg zum Hölltalsee auslassen, bevor man auf dem steinigen Weg 619 durch Latschenfelder zur Silberkarhütte absteigt. Die Stille des Aufstiegs ist hier vorbei, meist trifft man auf zahlreiche Besucher der Klamm, die hier unterwegs sind. Den Abschluß dieser Wanderung bildet der Asphaltstraßenmarsch zurück zum Gasthof Burgstaller.
Varianten vom Weg 618 – Guttenberghaus – Feisterer/Ramsau oder Grafenbergsee/Brünnerhütte.

15 Kufstein

Ein Randgipfel des Dachsteinmassivs

Dieser Gipfel ist vor allem durch die jährlich stattfindende Bergmesse bekannt, ein großartiges Ereignis, wenn das Wetter mitspielt. Des öfteren mußte die Messe bereits abgesagt werden, wegen Schlechtwetters bzw. Schneefalls, oder der Gottesdienst mußte auf die Starnalm unterhalb des Gipfels verlegt werden. Wenn in Haus im Ennstal die Kirchenglocken läuten und die Bevölkerung der Kirche zustrebt, blickt so mancher Kirchgänger Richtung Norden zum Gipfel des Kufstein mit seinem markanten Kreuz. Eher unauffällig liegt dieser Berg im Massiv zwischen Dachstein und Grimming, trotzdem wird er von vielen Wanderern besucht. Besonders der Blick zum Dachstein ist vom Gipfel ein wirkliches Erlebnis, das ganze Panorama des Toten Gebirges breitet sich aus, und der Grimming erscheint von seiner Schmalseite wie ein Schiff, ein ungewohnter Anblick des sonst so mächtigen Bergstockes.

TOUR AUF EINEN BLICK

Wegverlauf:
Ramsau-Rössing/Gasthof Burgstaller – Weg 667 – Starnalm/Stornalm (ca. 1800 m) – Kufstein (2049 m) – Rückweg wie Aufstieg.

Charakteristik:
Schöne Bergwanderung, im Gipfelbereich steileres Teilstück.

Orientierung:
Gute Markierung.

Gehzeit:
5 bis 6 Std.

Anfahrt:
Ennstal-Bundesstraße B 146 Weißenbach bei Haus im Ennstal – Ramsau-Rössing – Gasthof Burgstaller.

Einkehr:
Unterwegs keine.

Gipfelmöglichkeit:
Keine.

Varianten:
Zustieg über Grafenbergalm Weg 666, 667.
Abstieg Weg 666 direkt nach Weißenbach.

WEGBESCHREIBUNG

Über Weißenbach bei Haus im Ennstal fährt man in Ramsau-Rössing beim Lodenwalker rechts Richtung Gasthof Burgstaller. Von hier gelangt man nun über Wiesen und durch Wald, mehrmals müssen auch Forststraßen überquert werden, auf den Weg 667, wo auch der Weg 666 einmündet. Auf einer kleinen Hochfläche teilt sich der Pfad, geradeaus führt der Anstieg zur Starnalm. Rechts auf der Hochfläche zweigt man zum Felsensteig ab (im großen und ganzen unschwierig), der unterhalb der Alm wieder einmündet.
Die Alm, auf der noch teilweise Almwirtschaft in traditioneller Weise betrieben wird, befindet sich in Privatbesitz. Von hier geht es über einen prächtigen Almboden mit guter Markierung problemlos in ca. einer Stunde zum Gipfel. Die Gipfelrast ist mit ihren herrlichen Rundblicken ein wirklicher Genuß. Abstieg wie Aufstieg, viele Wanderer kommen aber auch vom Stoderzinken über die Grafenbergalm oder auch vom Guttenberghaus.

Blick auf den Kufstein (2049 m), auf dem alljährlich eine Bergmesse stattfindet

Viele Wege führen zum sagenumwobenen Grafenbergsee

16 Grafenbergsee – Ahornsee

Sagenumwobene Seenwanderung

TOUR AUF EINEN BLICK

Wegverlauf:
Parkplatz Steinerhaus/Stoderzinken – Brünnerhütte (1737 m) – Weg 618 – Kimpfling (1840 m) – Grafenbergalm (1783 m) – Grafenberg oder Grafenbergsee (1647 m) – Ahornsee (1485 m) – Aufstieg zwischen den Seen zu Weg 618 – Brünnerhütte (1737 m).

Charakteristik:
Lohnende Bergwanderung ohne größere Schwierigkeiten. Beide Bergseen laden zu einer Rast ein.

Orientierung: Gute Markierung.

Gehzeit:
Insgesamt ca. 5 bis 6 Std., je nach Rast auch länger.
Laut Karte Brünnerhütte – Grafenbergalm 50 Hm, durch Auf und Ab aber wesentlich mehr, Abstieg und Aufstieg Ahornsee rund 300 Hm.

Anfahrt:
Ennstal-Bundesstraße B 146 Gröbming – Gröbming-Winkl – Mautstraße zum Stoderzinken-Parkplatz.

Einkehr:
Brünnerhütte (1737 m), Steinerhaus (1870 m), Grafenbergalm nicht bewirtschaftet.

Gipfelmöglichkeit:
Kufstein (2049 m).

Varianten:
Rundwanderung Weißenbach – Gradenbachfall – Ahornsee – Kufstein – Starnalm.
Zustiege über Am Stein Weg 666 oder Guttenberghaus 618.

Viele Wege führen zum Grafenbergsee – der einfachere zweifellos von der Brünnerhütte, ein anspruchsvollerer aus dem Gradenbachtal. Der See kann aber auch vom Guttenberghaus über den Weg 618 erreicht werden oder auf einer Wanderung vom Krippenstein auf dem Weg 618 über die gesamte Hochfläche „Am Stoan“. Zwei wunderschöne kleine und klare Bergseen laden zur Erholung und zum Verweilen ein. Zumeist wählen nur wenige Wanderer dieses Ziel, die meisten streben einem Dachstein-Gipfel zu.
Etliche Sagen erzählen von diesem Gebiet. Eine berichtet von einer schönen Stadt in der Nähe des Wasserfalls. Unweit davon soll es einen großen See gegeben haben, der von einem furchterregenden riesigen Lindwurm beherrscht wurde. Der Sage nach verursachte der Lindwurm auch den Untergang der Stadt: Er biß große Stücke von den umliegenden Felsen ab, worauf ein gewaltiger Felssturz und

Wunderbarer Tiefblick auf den Ahornsee

Wassermassen die Stadt mit all ihren Häusern und der Kirche zerstörten. Ewige Stille breitete sich daraufhin aus. Aber auch der Lindwurm wurde nie mehr gesehen. Und die Wahrheit: Vor vielen Jahren fand hier ein Bauer ein verrostetes Turmkreuz.

WEGBESCHREIBUNG

Wir wählen die einfachere Variante, und zwar den Weg von der Brünnerhütte, und ersparen uns damit 900 Höhenmeter. Von der Hütte wandert man anfangs durch Wald und in leichtem Auf und Ab in westlicher Richtung. Auf der Karte erscheint der Weg zwar kurz, aber immerhin sind zwei Stunden Gehzeit einzuplanen. Etwas überraschend ergibt sich dann ein wunderbarer Tiefblick auf den Ahornsee, der in der Vormittagssonne glänzt. Vorsicht ist bei einer großen Doline geboten. Der Blick auf den Dachstein ist grandios.

Idylle auf der Grafenbergalm, von wo der Weg zu den Seen bzw. zum Guttenberghaus weiterführt

Die Grafenbergalm mit ihren vier Hütten befindet sich in Privatbesitz. Ziegen, Hasen und andere Tiere leben hier friedlich nebeneinander und genießen das Almleben. Der Weg 618 führt weiter zum Guttenberghaus, aber es lohnt sich wirklich auf den Weg 668 zu den beiden Seen abzusteigen. Der Rückweg (618) führt wieder zurück zur Brünnerhütte.

17 Notgasse

Auf den Spuren unserer Vorfahren

TOUR AUF EINEN BLICK

Wegverlauf:
Parkplatz Steinerhaus/Stoderzinken (1870 m) – Brünnerhütte (1737 m) – Weg 618 – vor Kimpfling rechts – Hochwiesmahd – Notgasse (1570 m) – Brandalm (1390 m) – Seeboden (ca. 1150 m) – Weg 618 – Brünnerhütte – Steinerhaus.

Charakteristik:
Historisch interessanter Weg, wenig begangen, meist unschwierige Waldwanderung.

Orientierung:
Wege und Steige nicht sehr gut angelegt. Zugang zur Notgasse schlecht bezeichnet. Man sollte die Wanderung mit einem Ortskundigen unternehmen. Bei Schlechtwetter den Weg nicht verlassen.

Eine Aufforderung:
Bitte die für die Geschichte des Ennstals so wichtigen Felsbilder nicht zerstören bzw. „ausschmücken".

Gehzeit:
Ca. 6 Std., aber auch länger (je nach Begehung der Notgasse). Rund 550 Hm vorerst im Abstieg, gleiche Hm im Aufstieg.

Anfahrt:
Ennstal-Bundesstraße B 146 Gröbming – Gröbming-Winkl – Mautstraße Stoderzinken.

Einkehr:
Steinerhaus (1870 m), Brünnerhütte (1737 m).

Gipfelmöglichkeit:
Stoderzinken (2048 m).

Variante:
Der Weg Ausgang Notgasse Nord über die Brandalm wird nur wenig begangen. Zugang auch von der Viehberg- und Grafenbergalm.

Uralte Felszeichnungen in der Notgasse

Düster und fast ein wenig unheimlich ist der Weg durch die Notgasse, und düster ist auch der Blick zurück in die Geschichte dieser Landschaft. Man vermutet, daß dieser Weg bereits in der Bronzezeit von Jägern und Sammlern begangen wurde. Felszeichnungen, etwa 500 an der Zahl, zeugen von einer langen Geschichte, mehr als die Hälfte dürfte aber im Spätmittelalter entstanden sein. Selbst Wissenschaftler können die Symbole nicht alle richtig deuten; klar ist nur, daß tiefer Volksglaube hinter den Sonnen, Fadenkreuzen, Rauten und Drudensternen, die von Menschenhand in den weichen Kalk geritzt wurden, steckt. Selbst die ältesten Bewohner dieser Gegend können sich den Namen Notgasse nicht erklären, wahrscheinlich ist aber, daß dieser Einschnitt in den Felsen des Kemetgebirges Unterschlupf bei drohender Gefahr war und auch Schutz vor wilden Tieren bot. Die Notgasse könnte aber auch ein wichtiger Übergang ins Land nördlich der Enns gewesen sein, nicht weit davon fand man Spuren der Römer aus dem dritten nachchristlichen Jahrhundert, die die Heilkraft des Wassers bei Heilbrunn entdeckten.

Notgasse

WEGBESCHREIBUNG

Vom Steinerhaus über die Brünnerhütte führt der Weg 618 zur Notgasse: Achtung bei den Wegweisertafeln (auch Schimarkierung). Zuerst geht man Richtung Norden auf einem unmarkierten Weg zu den Wiesen der Hochwiesmahd und der großen Wiesmahd. Ein ungewöhnlicher Stein dient hier als Markierung Richtung Brandalm, von wo der Weg direkt zur Notgasse führt. Rückweg wie Anmarsch. Unentwegte können aber auf unmarkiertem Weg bis zur Brandalm wandern und weiter auf markiertem Weg über den Seeboden zurück zur Brünnerhütte gelangen. Unmarkierte Wege verleiten dazu, Abkürzungen zu machen: Das Kemetgebirge hat aber seine Tücken, man kann sich hier selbst als Ortskundiger leicht verirren.

Weg in die Vergangenheit: Unterwegs in der Notgasse

18 Stoderzinken

Peter Roseggers „Bergheimat"

TOUR AUF EINEN BLICK

Wegverlauf:
Parkplatz Steinerhaus/Stoderzinken (ca. 1870 m) – Weg 676 – Abzweigung Friedenskirchlein und zurück – Stoderzinken (2048 m) – Weg 675 – Brünnerhütte (1737 m) – Steinerhaus.

Charakteristik:
Leichte Bergwanderung.

Orientierung:
Gute Markierung.

Gehzeit:
Vom Parkplatz 2 Std.
300 Hm vom Parkplatz und Aufstieg von Brünnerhütte.

Anfahrt:
Ennstal-Bundesstraße B 146 – Gröbming – Gröbming-Winkl – Mautstraße Stoderzinken.

Einkehr:
Steinerhaus (1870 m), Brünnerhütte (1737 m).

Gipfelmöglichkeiten:
Keine.

Varianten:
Anstieg von Gröbming durch die Öfen, Weg 618 über Seeboden, mehrere Anstiege zwischen Weißenbach bei Haus im Ennstal und Gröbming.

Der Stoderzinken ist zweifellos der Hausberg der Gröbminger, leicht erreichbar auf einer kurvenreichen Straße und daher im Sommer und im Winter ein gern besuchtes Ausflugsziel. Auf keinen Fall sollte man den Besuch des Friedenskirchleins versäumen, das durch seine besondere Lage (wie an den Felsen geklebt) zu den schönsten Fotomotiven unseres Bundeslandes gehört. Der Blick ins Ennstal ist grandios, und ein Gefühl des Friedens erfüllt den Besucher. Noch nachdenklicher wird man, wenn man die in Stein gemeißelten Worte liest: ein Baron Horstig, ein erfolgreicher Unternehmer seiner Zeit, wünschte sich, daß seine Asche am Stoder ausgestreut werden sollte, weil er dadurch in einer der unzähligen Blumen weiterleben würde. Beeindruckend ist auch das Denkmal des bekanntesten steirischen Dichters, Peter Rosegger, und eindrucksvoll sind auch seine Zeilen in „Heimgärtners Tagebuch":
„Wenn ich durch meine heimatlichen Gegenden wandere, bin ich ganz ich. Da fühle ich eine ungelöste Einheit zwischen mir und den Bergen, Matten, Wäldern und Bächen, die um mich sind, eine Einheit, die mein Lebtag so war und sein muß, die meine volle Ganzheit ausmacht, in der ich mich ausfülle, kurz, in der ich bin."

WEGBESCHREIBUNG

Von Gröbming fährt man auf der Mautstraße (neun Prozent Steigung) zum Parkplatz.
Ein markierter und einfacher Weg führt nun zum Friedenskirchlein. Der Florasteig würde den Weg zwar abkürzen, ist aber etwas schwieriger, Trittsicherheit und Schwindelfreiheit sind hier nötig. Der Weg zum Gipfel ist ebenfalls unschwierig, eine kleine Alternative ist der Abstieg zur Brünnerhütte (Weg 675).

Das Friedenskirchlein am Stoderzinken: ein exklusives Fotomotiv

19 Viehbergalm

Wanderung für Land-Gourmets

TOUR AUF EINEN BLICK

Wegverlauf:
Parkplatz Steinerhaus/Stoderzinken (1870 m) – Brünnerhütte (1737 m) – Weg 618 – Seeboden (ca. 1150 m) – Weg 28 – Viehbergalm (1445 m).
Oder: Gröbming-Winkl – Forststraße durch die Öfen.

Charakteristik:
Einfache und unschwierige Wanderung. Aufstieg durch die Öfen auf Forststraße (teilweise steil).

Orientierung:
Gute Markierung.

Gehzeit:
Im Auf- und Abstieg 4 bis 6 Std.
300 bis 500 Hm.

Anfahrt:
Ennstal-Bundesstraße B 146 – Gröbming-Winkl – Mautstraße Stoderzinken – Steinerhaus (1870 m), oder: Forststraße durch die Öfen.

Einkehr:
Almhütte auf der Viehbergalm (bei der Lena), Ritzinger-Hütte

Gipfelmöglichkeiten:
Miesbodensee (1418 m), Kammalm (1616 m), Kamm/Kammspitze (2139 m), Stoderzinken (2048 m).

Variante:
Zugang aus Bad Mitterndorf (15 km langer Forststraßenmarsch), für Ortskundige auch über das Hochmühleck.

Die Beschreibung des Weges zur Viehbergalm fällt sehr leicht, da die meisten Besucher, ausgerüstet mit einem Schlüssel für den Schranken zur Forststraße, mit dem Auto kommen. Auch viele Biker sind hier unterwegs, da der Übergang über das Plateau des Kemetgebirges ein ideales Gelände für die Ausübung dieses Sports ist.
Der Normalanstieg für den Wanderer erfolgt von der Stoderalm über den Weg 618 zum Seeboden, von dort links zur Rahnstube, der Weiterweg ist mit der Nummer 28 bezeichnet. Man kann aber auch auf der Forststraße in steilen Serpentinen durch die Öfen zur Alm gelangen.
Die Viehbergalm liegt auf einer Hochfläche auf 1445 Metern und ist teilweise noch bewirtschaftet. Absoluter Mittelpunkt ist jedoch die Hütte

Viehbergalm

der Wirtin aus Tipschern im Ennstal. Modern ausgedrückt: der In-Treff im östlichen Dachsteingebiet, und die Lena (auch Leni) ist weit über die Grenzen ihrer engeren Heimat hinaus bekannt, nicht nur für ihre Kochkunst, sondern auch für ihre menschliche Wärme. Wenn es einen Alm-Restaurantführer gäbe, würde die Lena mindestens zwei Hauben bekommen. Absolut konkurrenzlos ist einmal ihr „Koch": Sterz, der in einer großen Pfanne mit Mehl, Wasser und Schmalz angerichtet und mit einer Ennstaler Spezialität – dem Steirerkas – verfeinert wird. Als Beilage wird meist Krautsalat aufgetragen. Eine weitere Spezialität sind die Steirerkrapfen, die aus Roggenmehl, Schweinefett und mit viel Gefühl zubereitet werden. Ein Zirbenschnaps macht diese Krapfen besonders bekömmlich.

Dazwischen hat die Lena immer wieder Zeit, ihre Almgeschichten zu erzählen. Den kulinarischen Höhepunkt bildet zweifellos der Almkaffee, der schon so manchen Besucher in die Knie gezwungen hat. Das Rezept ist und bleibt ein Geheimnis. Auch die Ritzinger-Hütte ist einen Besuch wert. Trotzdem sollte man nicht auf die Schönheiten dieser Alm vergessen, ein kurzer Verdauungsspaziergang zum Miesbodensee kann nur gut tun. (Die Viehbergalm ist in der Zwischenzeit ein wenig überlaufen, sogar Busse bringen die Menschen hinauf.)

WEGBESCHREIBUNG

Aufstieg (in besonderen Ausnahmefällen Auffahrt) über die Forststraße durch die Öfen zur Alm oder von der Brünnerhütte über den Weg 618 durch den Wald, beim Seeboden nach links zur Rahnstube auf 1154 Meter Seehöhe. Von dort zum Eckangerl auf etwa 1400 Metern und weiter zur Viehbergalm. Man kann auch von Hinterberg (Bad Mitterndorf) auf die Alm wandern, der Anmarsch beträgt jedoch rund 15 Kilometer.

Die Viehbergalm mit ihrem absoluten Mittelpunkt: der Almhütte von der Lena

20 Kammspitze

Der kleine Grimming

TOUR AUF EINEN BLICK

Wegverlauf:
Gröbming-Winkl – Öfen – Weg 28 – Viehbergalm (1445 m) – Miesbodensee (1418 m) – Kammalm (1616 m) – Kammspitze (2139 m). Gleicher Weg zurück.

Charakteristik:
Anspruchsvolle und abwechslungsreiche Bergwanderung, vorerst auf Forststraße, dann Almböden und Waldaufstieg, letzter Teil mit Sicherungen.

Orientierung:
Gute Markierung.

Gehzeit:
Je nach Anfahrt 6 bis 7 Std. (Teilabschnitt Miesbodensee – Kammspitze und zurück 3,5 Std.).
1200 Hm, Gröbming – Kammspitze 1400 Hm.

Anfahrt:
Ennstal-Bundesstraße B 146 – Gröbming – Gröbming-Winkl.

Einkehr:
Viehbergalm (1445 m).

Gipfelmöglichkeit:
Hochmühleck (1731 m), nur für Ortskundige.

Varianten:
Über Winterstein, Säbelboden, Zirmel, Berillenalm (Gröbming und Lengdorf).

Von der einheimischen Bevölkerung wird sie oft nur kurz als der „Kamm" bezeichnet und sie ist neben dem Stoderzinken der zweite Hausberg der Gröbminger. Entsprechende Funde zeugen davon, daß sich auch hier die Römer aufgehalten haben. Gröbming wurde erstmals 1135 erwähnt, die sehenswerte Pfarrkirche wurde um 1170 geweiht. Die Wanderung auf die Kammspitze ist unschwierig, lediglich unter dem schroffigen Gipfelaufbau gibt es sowohl auf der Süd- und auf der Nordseite Tritthilfen. Die Aussicht ist nach allen Seiten grandios.

Kammspitze

Empfehlenswert ist die Rundwanderung Viehbergalm – Miesbodensee – Kammspitze – Hofmanning. Die zauberhafte Lage des Miesbodensees lohnt auf alle Fälle diesen Umweg. Unentwegte können ein Bad nehmen (Kneippfreunde kommen auf ihre Rechnung). Die kleine Kammalm lädt zur Rast (nicht bewirtschaftet). Eine Besonderheit ist das Mausbendlloch, jedoch sollte eine Begehung nur mit einem ortskundigen Begleiter unternommen werden. Diese Höhlen waren einst bewohnt, es gibt hier Felszeichnungen, die 4000 Jahre alt sind. In einer der Höhlen findet man sogar„ewiges Eis".

WEGBESCHREIBUNG

Man fährt von Gröbming-Winkl so lange, bis der Schranken Einhalt gebietet. Bis zur Viehbergalm kann man auf der Forststraße wandern, es gibt aber eine Abkürzung über den Weg 28 über Rahnstube und Eckangerl. Der Weiterweg (Weg 28) führt flach dahin bis zum Miesbodensee, einem Moorsee in waldiger Umgebung. Hier fand man sogar über 2000 Jahre alte Geweihreste von Elchen. Unschwierig gelangt man nun auf die Kammalm. Dann wird es langsam steiler, der Gipfelaufbau erfordert Trittsicherheit. Der Aufstieg wird teilweise durch Trittklammern erleichtert. Der Gipfel selbst bietet relativ wenig Platz, dafür aber eine schöne Aussicht.
(Natürlich gibt es auch die beiden direkten Anstiege über den Winterstein bzw. das Zirmel von Gröbming aus oder über die Berillenalm von Lengdorf. Jeder Bergwanderer soll für sich selbst entscheiden, wie er Aufstieg und Abstieg koordiniert.)

Der Miesbodensee mit Blick auf die Kammspitze

Der Grimming, das Wahrzeichen des Ennstals, einmal anders gesehen

21 Grimming

Der höchste Berg der Steiermark?

TOUR AUF EINEN BLICK

Wegverlauf:
Klachau/Kulm-Südseite (962 m) – Grimming (2351 m).

Charakteristik:
Schwierige und anstrengende Bergwanderung, Trittsicherheit und Schwindelfreiheit unbedingt notwendig. Im mittleren Bereich (1. Einstieg) Seilsicherung. Keine Quelle, kein Stützpunkt. Nach 2. Einstieg sehr Steinschlag gefährdet, daher Vorsicht und Gewandtheit beim Gehen auf extremem Geröllsteig. Besondere Wettersituationen: Schönwetter im Tal, Nebel, Wolken Gewitter etc. im Gipfelbereich möglich. Frühzeitiger Tourenbeginn.

Orientierung:
Gute Markierung, die markierten Steige nicht verlassen.

Gehzeit:
4 Std. im Aufstieg, 3,5 Std. im Abstieg. 1400 Hm.

Anfahrt:
Salzkammergut-Bundesstraße B 145 – Klachau (Talort von Tauplitz) – Hinweisschild Grimmingaufstieg.

Einkehr:
Kein Stützpunkt während der gesamten Tour.

Gipfelmöglichkeiten:
Nur Klettervarianten (z. B. Schartenspitz).

Varianten:
Aufstieg von der Grimminghütte über Multereck – Ausgangspunkt Trautenfels, über Südostgrat (schwierigster Aufstieg) – Ausgangspunkt Niederstuttern.

Der Grimming ist der beherrschende Berg des Ennstals, galt er doch seinerzeit als der höchste Berg der Steiermark – „Mons Styriae altissimus“. Egal, von welcher Richtung man kommt, er ist unübersehbar und zieht die Blicke auf sich. Wer den Grimming zum ersten Mal bestiegen hat, ist leider nicht bekannt. Rund um den Berg ranken sich viele Mythen und Sagen, und Paula Grogger, die große österreichische und natürlich Ennstaler Heimatdichterin, hat mit ihrem Buch „Das Grimmingtor“ dem Ennstal und speziell dem Grimming überregionalen Ruhm beschert. Ob es nun die Sage von der weißen Gams, von den Bergmännlein des Grimming oder vom vergessenen Kind ist, es hat Sinn, ein wenig nachzudenken über die Hintergründe, die sich hinter den Worten und dem Inhalt oder der Aussage verbergen.
Besonders gern wird die nicht ganz wahre Geschichte mit dem Ochsen vom Moar im Stoankeller, dem seinerzeit größten Bauern des Ennstals, erzählt. Der Bauer hatte so große und gewaltige Ochsen im Stall, daß einer der Ochsen einmal über den Grat des Grimming Richtung Salzkammergut Ausschau halten wollte. Angeblich sah der Ochse dort so viel Elend, daß er verwundert den Kopf schüttelte und dadurch die Grimmingscharte entstand. (Die Geschichte wird manchmal auch von der anderen Seite erzählt.)
Der Grimming erfordert von jedem Bergwanderer, auch wenn er über die „leichtere“ Route von der Bad Mitterndorfer/Tauplitzer Seite aufsteigt, neben Trittsicherheit und Schwindelfreiheit beste Ausrüstung und Kondition. Er ist ein berüchtigter Wetterberg, auch wenn im Tal die Sonne scheint, hat der Grimming oft einen Wolkenhut aufgesetzt. Wetterstürze wurden Bergsteigern hier immer wieder zum Verhängnis.

Der „Mons Styriae altissimus“ (Ansicht nahe Gröbming)

Grimming

Wenn man sich zu einer Grimming-Besteigung entschließt, sollte man möglichst zeitig in der Früh aufbrechen und vor allem ausreichend Verpflegung und Getränke mitnehmen, da es kein Wasser bzw. keine Quelle im Kalkstein gibt. Natürlich muß man auch den Höhenunterschied beachten, aus dem Ennstal sind es rund 1700 Höhenmeter.

Die Grimminghütte ist ein Ausgangspunkt für den Aufstieg

WEGBESCHREIBUNG

Wir wählen hier die leichtere Variante: Von der Salzkammergut-Bundesstraße zweigt vor Klachau die Straße Richtung Wegweiser Kulm-Süd (Grimmingaufstieg) ab. Wie bereits erwähnt, sollte die Tour sehr früh am Morgen begonnen werden, der Aufstieg durch den Nadelwald dient der Eingewöhnung auf den Höhenunterschied (rund 1400 m).
Die Baumgrenze ist bald erreicht, der Weg zieht nun in längeren Serpentinen bis zum ersten Einstieg. Die Drahtseilsicherung erleichtert den Aufstieg zur Grimmingscharte, nun folgt der Weg durch die Scharte und nach links zum zweiten Einstieg. Die Steinwüste sieht zwar relativ unschwierig aus, hat aber durch die

Steilheit ihre Tücken. Der zweite Einstieg läßt den Erstbegeher ein wenig nachdenklicher werden, aber mit der nötigen Vorsicht stellen die Steilstufen kein größeres Problem dar.
Bei dem stetigen steilen Aufstieg muß man unbedingt darauf achten, keine Steine loszutreten, um die eventuell unten folgenden Bergkameraden nicht zu gefährden. Knapp nach dem Marterl zur Erinnerung an die Bergrettungsmänner Mayer und Resch, die hier ihr Leben lassen mußten, weil sie einen vermeintlich in Not geratenen Bergsteiger retten wollten, wird bald der Felsrand erreicht, und über das relativ flache Gipfelplateau ist das wuchtige Gipfelkreuz zu sehen. Die letzten Schritte zum Gipfel sind nochmals eine konditionelle Herausforderung.
Der Blick vom Gipfel ist besonders an klaren Herbsttagen fantastisch und unglaublich:
Der Dachstein liegt zum Greifen nahe, auch die umliegenden Gebirgszüge vom Salzkammergut bis zum Großglockner und bis zu den Bergen an der österreichisch-tschechischen Grenze.

Knapp unterhalb des Grimminggipfels: Der Aufstieg darf nicht unterschätzt werden (rund 1400 Hm)

Der Abstieg sollte über die Aufstiegsroute erfolgen.
Die weiteren Aufstiege: Von Trautenfels über die Grimminghütte und weiter über das Multereck.
Von Niederstuttern über den Südostgrat (die schwierigste Variante).

Niedere Tauern

Vorhergehende Doppelseite: Inmitten der Schladminger Tauern – die Ignaz-Mattis-Hütte (rechts oben)

Die Bezeichnung trügt: Die Niederen Tauern sind nicht immer „nieder", im Gegenteil, der höchste Berg – der Hochgolling – mißt 2863 Meter, und es gibt zahlreiche weitere Zweitausender. Es geht hier aber nicht um die Zahl der Gipfel, um Höhenmeter und ums Bergsteigen; es sind die Ruhe und die Beschaulichkeit, die den Bergwanderer begeistern. Vor allem die vielen Bergseen in ihren unterschiedlichsten Größen, von den kleinsten Lacken bis zu den größeren Seen in den tiefen Tälern, eingebettet und eingerahmt von steilen Berghängen, von satten Almböden, von Blumenwiesen in einer zauberhaften und abwechslungsreichen Landschaft, werden zu einem Erlebnis, wie man es nur selten findet. Wasser ist das bestimmende Element dieses Gebirgszugs. Ständig stürzen größere Wasserfälle zu Tal und plätschern kleine Bäche entlang der Wege und Steige. Das Rauschen des Wassers gehört einfach in diese wunderbare Bergwelt, und man vermißt es, sollte dieser treue Begleiter einmal fehlen. Besonders im Frühjahr, zur Zeit der Schneeschmelze und wenn noch die letzten Schneeflecken den Wanderer begleiten, bietet das Wasser ein eindrucksvolles Schauspiel. Das Wasser ist hier allgegenwärtig, es ist das Wahrzeichen der Niederen Tauern. An die 300 Bergseen und 150 Wasserfälle soll es geben, die wirkliche Zahl dürfte aber wesentlich höher liegen. Die Ausdehnung des Gebirgszugs beträgt rund 125 Kilometer in der Länge und rund 50 Kilometer in der Breite. Das Ennstal und das Murtal bilden die wesentlichen Zugänge in diese grandiose Bergwelt. Hier beschränken wir uns auf die Ennstaler Seite. Die tiefen Taleinschnitte sind zum Großteil mit Fahrzeugen befahrbar, so daß die Wege nach oben verkürzt werden können. Man sollte aber, wenn möglich, die Zufahrt zu den Almen und zu den Hütten mit dem Auto vermeiden, die Erhaltung und Pflege der Natur sollte eigentlich nicht durch Benzingestank gestört werden. Die Menschen dieser Region haben bisher eine recht sensible Vorgangsweise bewiesen:

Auf der einen Seite gibt es Gebiete mit hoher Tourismusfrequenz, dann aber wieder sind Alm- und Bergregionen ausgespart, damit die Natur nicht zu Schaden kommt und in ihrer Ursprünglichkeit erhalten bleibt.
Die Niederen Tauern sind in einzelne Regionen unterteilt, die hier vorgestellten Wanderungen liegen zum Großteil in den Schladminger Tauern. Das steirische Ennstal ist vom Tourismus besonders geprägt, die Wege der Niederen Tauern blieben aber relativ lange davon unberührt. Erst in den letzten Jahren hat der Fremdenverkehr in verstärktem Maß Einzug gehalten, nicht immer nur zum Vorteil der Natur.
Wie mag es in den vergangenen Jahrhunderten gewesen sein? Wie mühselig muß die Almwirtschaft gewesen sein! Die ersten Bewohner waren sicherlich Jäger und Sammler, dann kamen die seßhaften Bauern und schließlich auch Menschen wie Erzherzog Johann, die mit großem Gefolge über Almen und Grate wanderten und hohe Gipfel bestiegen.
Die Erschließung im touristischen Sinn begann mit der kleinen Gruppe der Alpinen Gesellschaft der Preintaler, die ab 1885 darangingen, diese wunderschöne Bergwelt auch

Großartiges Panorama in der Nähe der Keinprechthütte

für andere zu erschließen, und Hütten erbauten und Steige anlegten. In der Vorzeit formten die Gletscher jene Grate, Gipfel und Täler, die wir heute erleben und genießen können. Die Niederen Tauern bestehen, im Gegensatz zum Dachstein, aus Urgestein: Kristallines Gestein, Gneise und Schiefer bestimmen im wesentlichen den geologischen Aufbau. Ein kleiner Rest von Kalk blieb am Gipfel der Steirischen Kalkspitze erhalten. Dafür besteht der Rötelstein, auf der Südseite des Dachsteinmassivs, wieder aus Urgestein. Einen guten Einblick in die Vielfalt der Gesteinswelt bekommt man dort, wo einst Bergbau betrieben wurde (Giglachseen, Zinkwand etc.). Man kann Steine und Gesteinsformen in vielen Farben und Ausbildungen finden, die nicht nur Geologen und Mineralogen begeistern. In früheren Zeiten waren die Übergänge von einem Tal ins andere für die Menschen lebensnotwendig, wie der Weg über den Sölkpaß oder über das Glattjoch, heute führen die wichtigen Verkehrsverbindungen über den Triebener und Radstädter Tauern. Erst dadurch konnte die Versorgung der Menschen gesichert werden, aber auch der Lebensunterhalt der Säumer und Fuhrleute. Die Übergänge dienten auch kriegerischen Zwecken, die die Geschichte der Gegend wesentlich prägten. Heute ist das Gebiet mit Berg- und Almhütten gut erschlossen, damit wir die Bergwelt der Niederen Tauern entsprechend erleben können. Im Winter sind vor allem Reiteralm, Hochwurzen, Planai, Hauser Kaibling und Galsterberg das Ziel der Schifahrer, Snowboarder und Langläufer. Im Frühling sind es die Schitourengeher, die hier die herrlichsten Abfahrten vorfinden. Und dann sind da natürlich die Wanderer und Bergsteiger, die in den Niederen Tauern unzählige Möglichkeiten vorfinden – von der einfachen Almwanderung bis zur schwierigen Klettertour.

Die Bergwelt des Ennstals ist Gott sei Dank noch nicht in den großen Bergbüchern zu finden und hat auch dadurch ihren Reiz und ihre Schönheit behalten.

KARTEN

freytag & berndt Nr. 201 Schladminger Tauern, Radstadt, Dachstein
freytag & berndt Nr. 203 Wölzer Tauern, Sölktal, Rottenmanner Tauern
Kompass Nr. 68 Ausseerland – Ennstal
Kompass Nr. 222 Rottenmanner Tauern
Kompass Wanderkarte Dachstein-Tauern
Österr. Alpenverein Nr. 45/2 Niedere Tauern II
Österr. Alpenverein Nr. 45/3 Niedere Tauern III
Bundesamt für Eich- und Vermessungswesen Nr. 127 Schladming, Nr. 128 Gröbming und Nr. 129 Donnersbach
Wanderkarten, Regionskarten und Sonderausgaben der Tourismusbüros der jeweiligen Ausgangsorte

Der Landawirsee mit der gleichnamigen Hütte

Hoher Dachstein
Hohes Kreuz
Hoher Gjaidstein
Moderstein
Auf dem Stein
Dirndln
Landfriedstein
Dachsteinsüdwandhtt.
Lackner Miesbg.
Guttenbergh.
Silberkarhtt.
Rössing
Austriahtt.
Glösalm
Schild-
lehen
Ramsau-
a. Dachstein
Kulm
Vorberg
Auwirt
Halserbg.
Mandlingpaß
Pichl
Obere Klaus
Rohrmoos
Gleiming
Mauterndf.
Lehen
Birnberg
Großes Hocheck
Planken A.
Brand A.
Kemetgebirge
Schildenwang
Grafenberg A.
Brünnerhtt.
Stoderzinken
Ahornsee
Steinerh.
Storn A.
Luserwand
Weißenbach
Sonnberg
Aich
Assach
Enns
Ruperting
Haus
Oberhaus
Gössenbg.
Petersberg
Ghf. Kemeterhof
SCHLADMING
Schladminger Htt.
Krummholzhtt.
Hauser Kaibling
Planai
Bodensee
Pleschnitzzinken
Pleschnitzalm
Hans-Wödl-Htt.
Dürrenbach A.
Hüttensee
Obersee
Gamskarspitz
Hochstein
Hochwildstelle
Hohes Schareck
Riesachsee
Forstau
Preunegg
Reiteralmhtt.
Obertal
Untertal
Hochwurzenhtt.
Ghf. Teller
Bärnhoferwirt
Steinkarzinken
Wh. zur Weißen Wand
Schober
Guschen
Farmau A.
Melchersp.
Unt. Schupfer A.
Unt. Weitgaß A.
Schiedeck
Wasserfallsp.
Placken
Preintalerhtt.
Sonntagskarsee
Rettingscharte
Waldhorn
Schladminger Tauern
Ursprung A.
Murspitzen
Duisitzkarsee
Klaffersee
Gollinghtt.
Zwerfenbergsee
Ign.-Mattis-Htt.
Steir. Kalksp.
Giglachsee
Keinprechthtt.
Sonntagkarhöhe
Lungauer Kalksp.
Vetternspitzen
Landawirseehtt.
Hochgolling
Gollingscharte
Deichselsp.
Seekarh.
Hinteralmhütten
Lanschitzscharte
Dr.-Theod.-Körner-H.
Radstädter Tauern
Gamskarlsp.
Mentenkarsp.
Graunock
Lignitzsee
Steinkarlegg
Vd. Göriachalmen
Obere Bacher A.
Prebertörl
Kirchnerhtt.
Hocheck
Hundstein
Laßhofer A.
Kasereck
Sömspitz
Roteck
Kesselsp.
Tauernhöhe
Schönalmsee
Vd. Urban A.
Kreuzhöhe
Murer A.
Karnereck
Zehnerkarsp.
Unt. Piendl A.
Gr. Gurpitschek
Post A.
Vordere
Seekreuz-Kocherhtt.
Gensgitsch
Winkelkpl.
Karnerhtt.
Gensgitschhtt.
Granglitz-almen

Hochknall
St. Martin a. Grimming
Diemlern
Altirdning
Winklern
Raumberg
Gatschberg
Tipschern
Gritschenberg
Niederöblarn
Brandwall
Öblarn
Sonnbg.
Straßerberg
Pendleseck
Ritzenberg
Donnersbach
Mölbegg
Stubeggsattel
Gersdf.
Schattenbg.
Walchen
Ilgenberg
Stein a. d. Enns
Hocheck
Karlspitz
Hochstein
Gatschberg
Jauereck
Plannerseekarspitze
Reith
Schönmeilerhtt.
Tauernhaus
Vorderwald
Großsölk
Gumpeneck
Dornkarspitz
Planneralm
Kleinsölk
Mörsbachspitze
Plientensp.
Donnersbachwald
Mörsbachhtt.
Lärchkaralm
Gaßeneck
Finsterkaralm
Pusterecksjoch
Strickeralm
Finsterkarsee
Ahornkogl
Riedleralm
Riedlerzinken
Mößna
Seifriedbach
Knallalm
Glattalm
Jh. Kleinalm
Hahnalpl
Großer Knallstein
Schwarzaalm
St. Nikolai im Sölktal
Seifriedalm
Glattjoch
Weißensee
Ahornsee
Hochweberspitze
Unholdingspitze
Hochwart
Blaufeldscharte
Steinrinneck
Mautneralm
Hohenseealm
Deneck
Schoberspitze
Schwarzensee
Grünsee
Mittl.
Winkleralm
Melleck
Gjoadeck
Unt. Kaltenbachsee
Neunkirchner Hütte
Bernkaglereck
Schimpelsee
Knallhütte
Bauleiteck
Sauofen
Sölkpaß
Hochstubofen
Süßleiteck
Rettlkirchspitze
Schöderkogel
Narrenspitze
Oberer
Unterer Zwieflersee
Ghf. Kreutzerhtt.
Greim
Rud.-Schober-Htt.
Rupprechtseck
Eisenhut
Greimhaus
Brennerfeldeck
Mirzlzinken
Hemmerfeldeck
Karleck
Etrachsee
Tockner A.
Trübeck
Pöllau am Greim
Krakauhintermühlen
Gängleck
Baierdorf

22 Reiteralm – Gasselhöhe – Rippeteck – Schober – Gasselseen (Spiegelseen)

TOUR AUF EINEN BLICK

Wegverlauf:
Reiteralm (1741 m) – Gasselhöhe (2001 m) – Rippeteck (2126 m) – Mittlerer See (1862 m) – Schober (2133 m)
bis Rippeteck Weg 772, weitere Wegbezeichnung 66.

Charakteristik:
Lohnende Bergwanderung, kaum Schwierigkeiten, bei einzelnen Stellen ist eine gewisse Vorsicht geboten. Wunderschöne Aussicht, schöne Seenwelt.

Orientierung:
Gute Markierung.

Gehzeit:
Zum Rippeteck 1,5 bis 2 Std., Abstieg zum See ca. 30 Min. (mit Schober Aufstieg und Abstieg ca. 1,5 Std.), insgesamt 4 bis 5 Std. Gehzeit 400 Hm Rippeteck, mit Schober (Abstieg zum See und Aufstieg) ca. 700 Hm.

Anfahrt:
Ennstal-Bundesstraße B 146 – Pichl/Preunegg – Reiteralmstraße.

Einkehr:
Mehrere Hütten, gute Verpflegungsmöglichkeit, während der Wanderung jedoch keine Einkehrmöglichkeit.

Gipfelmöglichkeiten:
Rippeteck (2126 m), Schober (2133 m).

Es gibt kaum einen Prospekt oder einen Kalender mit einem Bild aus der westlichen Region der Niederen Tauern, auf dem sich nicht der Dachstein im klaren Wasser des mittleren Sees spiegelt. Die erste Verwirrung ist da: Heißt dieser See nun mittlerer See oder mittlerer Gasselsee oder auch Spiegelsee? Diese Wortspiele interessieren aber den Wanderer spätestens dann nicht mehr, wenn er in die Pracht dieser

Gipfel- und Seenerlebnis
im äußersten Westen der Steiermark

Landschaft eintaucht und einfach den Weg zum mittleren oder oberen See wählt oder über die Gasselhöhe (bereits ein Zweitausender) zum Rippeteck wandert, den etwas steileren Weg zum See absteigt und vielleicht noch den Gipfel des Schobers so nebenbei mitnimmt. Es ist eine einzigartige Landschaft, die vor allem zur Zeit des Almrauschs (Alpenrosenblüte) und auch im Herbst viele Wanderer in ihren Bann zieht.

WEGBESCHREIBUNG

Vor Pichl ins Preuneggtal abbiegen und dabei immer auf den Wegweiser „Reiteralm“ achten. Es empfiehlt sich, den oberen Parkplatz zu benutzen. Von hier wählt man den Weg über die Gasselhöhe (Weg 772), der anfangs relativ steil, aber nicht schwierig ist. Das Gipfelkreuz und die herrliche Rundsicht laden zu einer ersten Rast ein (immerhin auf 2001 m).

Mittlerer See oder mittlerer Gasselsee oder auch Spiegelsee?

23 Die Steirische Kalkspitze

Im Westen beginnen die schönen Wege

Die Steirische Kalkspitze steht hart an der Grenze zu Salzburg und hat gegenüber in der Lungauer Kalkspitze ihr Pendant. Dem Bergwanderer ist es aber egal, in welchem Bundesland er unterwegs ist und wo er den Gipfel erklimmt. Lange in den Sommer hinein liegt nach niederschlagsreichen Wintern der Schnee, und die Wächte unterhalb des Gipfels der Steirischen Kalkspitze stellt eine echte Herausforderung dar, wenn man im Spätfrühling unterwegs ist. Bereits der Blick von der Ursprungalm zum Gipfel ist imposant, stolz baut sich die Nordseite auf und läßt ein wenig erschauern. Die Ursprungalm hat ihre eigene – neue – Geschichte. Mit großem Aufwand wurde hier vor einiger Zeit die amerikanische Fassung des Heidi-Themas unter der Regie von Michael Douglas verfilmt. Dem Film war kein großer wirtschaftlicher Erfolg beschieden. Profitiert hat aber die Ursprungalm, denn sie gehört nun zu den meistbesuchten Almen der Alpenregion, kann man doch mit dem Auto auf 1604 Meter Höhe hinauffahren. Ängstliche Autofahrer sollten die Auffahrt meiden; vor allem wenn der große Linienbus entgegenkommt, kann es sehr eng werden. Die Kalkspitze mitten im Urgestein dürfte aus Überlagerungen aus dem Dachsteinkalk entstanden sein – dadurch wird die Eigenheit des Berges betont. Auch die Vegetation hat sich dieser Gegebenheit angepaßt, so gedeihen an manchen Plätzen Blumen, die sonst nur in reinem Kalkgebiet vorkommen.

Die Steirische Kalkspitze

WEGBESCHREIBUNG

Von Pichl/Preunegg aber auch über die Hochfläche von Rohrmoos fährt man mit dem Auto recht weit ins Tal hinein und weiter hinauf auf die Ursprungalm. Achtung: Die Straße weist bei der Auffahrt enge Kurven und Serpentinen auf. Vom Parkplatz geht es über einen Weg, der eher einer Fahrstraße gleicht, Richtung Preuneggsattel bzw. Giglachseen zur Giglachseehütte. Teilweise kann man noch den schönen alten Steig erkennen, der der neuen Straße weichen mußte. Der Weg führt nun weiter zum Znachsattel, die Markierung 702 aber zur Ahkarscharte. Hier muß man sich entscheiden: entweder nach rechts (Norden) auf die Steirische Kalkspitze oder nach Süden zur Lungauer Kalkspitze. Lohnender ist die Variante eins, die aber unbedingt Trittsicherheit erfordert, bei einigen Stellen ist sogar besondere Vorsicht geboten. Wie von fast allen Gipfeln der Niederen Tauern entschädigt der herrliche Rundblick für die Mühen des Aufstiegs. Ein Hinweis: Von der Giglachseehütte versuchen viele Wanderer eine Abkürzung, um den Znachsattel zu vermeiden. Bitte auf dem Weg bleiben, es soll nicht noch mehr Almboden zerstört werden.
Der Rückweg zur Ahkarscharte ist identisch mit dem Aufstieg. Wer genug Kondition hat, kann auch noch die Lungauer Kalkspitze bezwingen – eher ein leichter Weg ohne größere Schwierigkeiten. Der weitere Abstieg ist wiederum identisch mit dem Aufstieg.
Variante: Der Weg über den Oberhüttensee und über das Brotrinnl zurück zur Ursprungalm, jedoch steiler und daher auch mühsamer.

Auf dem Gipfel der Steirischen Kalkspitze hart an der Grenze zu Salzburg

TOUR AUF EINEN BLICK

Wegverlauf:
Ursprungalm (1604 m) – Preuneggsattel – Weg 771 (1955 m) – Znachsattel (2059 m) – Weg 702 WWW – Ahkarscharte (2315 m) – Steirische Kalkspitze (2459 m) – gleicher Rückweg – Lungauer Kalkspitze (2471 m) – gleicher Rückweg.

Charakteristik:
Anstieg problemlos, im Bereich Aufstieg zur Steirischen Kalkspitze unbedingt Trittsicherheit notwendig (Anstieg erst ab Juli empfehlenswert). Schöne Bergwanderung, bis zum Preuneggsattel wiederholt viele Wanderer, die aber meist nur bis zu den Giglachseen gehen. Herrliche Rundsicht.

Orientierung:
Gute Markierung, keine Orientierungsprobleme (Variante Oberseehütte eher schlecht markiert).

Anfahrt:
Ennstal-Bundesstraße B 146 – Pichl/Preunegg (799 m) (Anfahrt auch über Schladming/Rohrmoos möglich) – Straße auf die Ursprungalm, im letzten Teil sehr steil und enge Kurven.

Gehzeit.
Ursprungalm – Preuneggsattel 1 Std., zum Gipfel weiter 1,5 bis 2 Std., insgesamt ca. 5 Std. 850 Hm (mit Lungauer Kalkspitze 1000 Hm) Auf- und Abstieg.

Einkehr:
Ursprungalm (1604 m) bewirtschaftete Almhütte, Giglachseehütte (1955 m) am Preuneggsattel, Ignaz-Mattis-Hütte (1986 m) – ca. 30 Min. Gehzeit.

Gipfelmöglichkeit:
Lungauer Kalkspitze (2471 m).

Variante:
Abstieg über Oberhüttensee.

Folgende Doppelseite: Idylle auf dem Weg zur Steirischen Kalkspitze

24 Sonntagskarhöhe – Ausflug ins Salzburgische

TOUR AUF EINEN BLICK

Wegverlauf:
Vögei-Alm (1383 m) – Weg 770 – Oberhüttensee (1869 m) – kurz Weg 770 – Weg 702 – unmarkierte Abzweigung nach rechts am Sattel – unmarkierter Weg – Sonntagskarhöhe (2245 m) – gleicher Rückweg – Weg 702 – Seekarscharte (2022 m) – Weg 769 – Vögei-Alm (1383 m).

Charakteristik:
Wanderung in herrlicher Umgebung, unschwieriger Aufstieg zum Gipfel über Grasrücken ohne Markierung. Abstieg durch das „Klamml" steiler und durch die Schattenlage teilweise auch rutschig.

Orientierung:
Gute Markierung, Aufstieg zum Gipfel ohne Markierung, jedoch sind die Wegspuren deutlich erkennbar.

Gehzeit:
Gesamte Rundwanderung 5 bis 6 Std., 900 Hm.

Anfahrt:
Ennstal-Bundesstraße B 146 – bei Pichl/Mandling Richtung Forstau nach Süden abbiegen – Forstau-Bergstraße entlang des Forstaubaches (Weg 770) anfangs asphaltiert, später schmäler und Schotter – Vögei-Alm (1383 m).

Einkehr:
Hütte auf der Vögei-Alm (1383 m), Oberhütte am gleichnamigen See (1869 m).

Gipfelmöglichkeiten:
Steirische Kalkspitze (2459 m), Lungauer Kalkspitze (2471 m), Brotrinnl (2088 m), Seekarspitze (2350 m).

Variante:
Vögei-Alm – Brotrinnl – Ursprungalm, Vögei-Alm – Giglachseen mit allen Varianten.

Die Niederen Tauern beginnen noch im Salzburgischen, der beherrschende Gebirgszug dieses Bundeslandes sind jedoch die Hohen Tauern. Der Wanderer unterscheidet aber bei den Niederen Tauern auch zwischen Radstädter Tauern und Schladminger Tauern. Der steirische Tourenwanderer blickt kaum nach Westen, daher soll eine Wanderung von der Vögei-Alm auf die Sonntagskarhöhe über die Landesgrenzen hinausführen. Auf der Vögei-Alm bemerkt man bereits den ersten Unterschied: Der Dialekt, der hier gesprochen wird, klingt ein wenig anders. Die paradiesisch anmutende Landschaft um den Oberhüttensee läßt sich nur schwer beschreiben, und es fällt nicht leicht, den wunderbaren Eindruck zu vermitteln, wenn man entlang des Sees wandert und der Blick zur Steirischen Kalkspitze und hinüber zur Lungauer Kalkspitze schweift.

Auf abwechslungsreichen Wegen und Pfaden im Angesicht der Hohen Tauern

WEGBESCHREIBUNG

Kurz vor der Vögei-Alm führt ein breiter Fahrweg in leichten Serpentinen stetig aufwärts, bis man das Hochplateau mit dem märchenhaften Oberhüttensee erreicht. Die Sicht von hier zu den beiden Kalkspitzen ist imposant. Weiter geht es unschwierig Richtung Seekarscharte. Zur Sonntagskarhöhe hin wird es aber beschwerlicher, am Sattel ist der Weg Richtung Norden zu wählen, vorerst über Blockgestein, bis man den Grasrücken erreicht. Der Anstieg zum Gipfel ist zwar nicht markiert, aber für den Bergwanderer recht gut erkennbar. Es ist eigentlich kein richtiger Gipfel, sondern eine Hochfläche mit Ausblicken nach allen Richtungen, die man genießen soll – der Abstieg auf gleichem Weg führt zur Seekarscharte, wo sich der Blick zum Touristenzentrum

Auf dem Weg zur Sonntagskarhöhe, ein lohnender Ausflug ins Salzburgische (Bild oben und unten)

Obertauern öffnet. Der Weg führt aber nordwärts weiter zur Vögei-Alm (Vögei = Vogel oder kleiner Vogel), vorbei an einem wunderschönen und ruhigen steppenartigen Bergsee. Durch Gestrüpp und Sträucher, teilweise auch durch Wald, ist das Ziel, die Vögei-Alm, bald erreicht.

25 Wanderungen zu den Giglachseen

Die Giglachseen gehören zu den eindrucksvollsten Erlebnissen in den Schladminger Tauern. Zwei wunderschöne Bergseen mit bester Wasserqualität erwarten den Wanderer, der dieses Gebiet von mehreren Seiten erreichen kann. Zur Einkehr lädt die im Jahr 1910 erbaute Ignaz-Mattis-Hütte auf fast 2000 Meter Seehöhe. Die Wanderung rund um den See gleicht einem Spaziergang, und man sollte nicht versäumen, in aller Ruhe die Schönheiten dieser wundersamen Landschaft zu bewundern: die Vielfalt der Blumenwelt – je nach Jahreszeit unterschiedlich – und die grandiose Umgebung; auch der Kontakt mit den Tieren auf der Alm sollte nicht vergessen werden, was besonders für Kinder ein unvergeßliches Abenteuer sein kann.

Ganz in der Nähe liegen im Vetternkar ehemalige Bergwerke, die an die Vergangenheit erinnern: Vor mehreren hundert Jahren blühte hier das Bergbauwesen, zahlreiche Sagen berichten noch heute davon. Ob es nun die übermütigen Bergknappen waren oder die reiche, hochmütige Frau vom Giglachsee, die den einst reichen Bergbau zum Versiegen brachten, liegt im Dunkeln. Jedenfalls erzählt die Sage, daß auf der kleinen Insel im See eine stolze und hartherzige Frau gelebt haben soll. Sie verschwendete ihr Geld, und eines Tages warf sie in ihrem Übermut einen kostbaren Ring in den See und soll

Mitten im Herzen der Schladminger Tauern

TOUR AUF EINEN BLICK

Wegverlauf:
Über Ursprungalm: Anfahrt von Pichl/Preunegg zur Ursprungalm – Weg 771 – Preuneggsattel (1955 m). Gehzeit zur Ursprungalm ca. 1,5 Std.
Knappenkreuz – Landauersee: Rohrmoos/Obertal zum Hopfriesen (1062 m) – Weg über Knappenkreuz und Landauersee (1654 m) zur Giglachalm (1887 m). Gehzeit rund 3 Std.
Duisitzsee – Murspitzen: Eschachalm (1213 m) – Weg 775 – Duisitzsee (1648 m) – Scharte Nähe Murspitzen (Gipfel 2333 m, Scharte 2065 m) – Giglachalm (1887 m). Gehzeit rund 2,5 bis 3 Std.
Neualm – Keinprechthütte – Rotmandlspitze: Eschachalm (1213 m) – Weg 774 – Neualm (1618 m) – Keinprechthütte (1872 m) – WW 702 – Rotmandlspitze (2453 m) – Giglachalm. Gehzeit 4 bis 5 Std.

Rundwanderung:
Hopfriesen – Giglachseen – Murspitzen – Duisitzsee. Gehzeit rund 7 Std.
Schladminger Höhenweg:
Hochwurzen (1849 m) – Weg 60 – Latterfußsattel (1792 m), Variante Neudeckalm möglich – Weg 773 – Guschen (1982 m) – Hochfeld (2189 m) – Schiedeck (2339 m) – Brettersee – Ignaz-Mattis-Hütte. Gehzeit 6 bis 7 Std.

Charakteristik:
Unterschiedliche Schwierigkeiten je nach Routenwahl, leichteste: Ursprungalm, eher selektiver: Rotmandlspitze oder Schladminger Höhenweg.

Orientierung:
Allgemein gute Markierung, Wegabzweigungen genau beachten.

Gehzeit:
Gesamtgehzeit je nach Routenwahl von 1,5 bis 7 Std.
Ursprungalm 400 Hm,
Hopfriesen 800 Hm,
Duisitzsee 850 Hm,
Rotmandlspitze 1250 Hm,
Schladminger Höhenweg – theoretisch rund 500 Hm, aber durch Auf und Ab mehr.

Anfahrt:
Ennstal-Bundesstraße B 146 – Pichl/Preunegg oder Rohrmoos-Obertal,
Zufahrt bis Ursprungalm möglich, steile Anfahrtsstraße (1604 m),
Zufahrt bis Eschachalm möglich, schmale Zufahrtsstraße (1213 m).

Einkehr:
Ursprungalm-Almhütte (1604 m), Giglachseehütte (1955 m), Ignaz-Mattis-Hütte (1986 m), Duisitzseehütte (1648 m), Keinprechthütte (1872 m).

Mischung aus Berg- und Seenwelt

Vor mehreren hundert Jahren erlebte der Bergbau in den Schladminger Tauern eine Hochblüte

dabei gerufen haben: „Sowenig ich diesen Ring noch sehen werde, sowenig kann mein Reichtum je zu Ende gehen!" Nachdem man im Bauch eines großen Fisches den Ring wiedergefunden hatte, kam plötzlich ein schweres Unwetter auf, und die Wasser der Giglachseen überfluteten Stollen, Gänge und andere Bergwerksanlagen. Alle Bergknappen kamen dabei ums Leben. Die einst reiche und hochmütige Frau verschwand auf Nimmerwiedersehen und soll arm und elend in der Fremde zugrunde gegangen sein – so jedenfalls weiß es die Sage.

Wanderungen zu den Giglachseen

WEGBESCHREIBUNG

Der Weg von der Ursprungalm (1604 m) ist der kürzeste und leichteste (Weg 771, später zur Hütte Weg 776) über den Preuneggsattel (1955 m). Vom Hopfriesen führt ein schöner Aufstieg über einen Knappensteig (Weg 776) zum Knappenkreuz – das Kreuz in der Felswand wurde zur Erinnerung an die schwere Arbeit und das Los der Bergknappen errichtet. Weiter geht man dann über weiche Almmatten bis zu den Seen.
Die Route über das Duisitzkar führt von der Eschachalm (1213 m) (Weg 775) zum Duisitz-

Wanderungen zu den Giglachseen

see, dann geht es über einen steileren und schmalen Anstieg zur Scharte nahe der Murspitzen (2333 m, Scharte etwas niedriger, teilweise rutschig, mit einer kleinen Steilstelle), danach erfolgt der Abstieg zu den Seen.
Ein eindrucksvoller Weg führt von der Eschachalm zur Neualm, dann über einen sehr schönen Steig zur Keinprechthütte (1872 m) (Weg 774).

Anschließend folgen ein steiler Aufstieg Richtung Rotmandlspitze (WW 702) und der Abstieg ins Vetternkar und zu den Seen (anstrengende, aber herrliche Bergwanderung).
Sehr empfehlenswert ist die Rundwanderung Hopfriesen – Knappenkreuz – Giglachseen – Murspitzen – Duisitzsee (herrlicher Tiefblick) – Eschachalm.
Eine besondere Wanderung ist auch der Anmarsch über den Schladminger Höhenweg (60, später 773), ausgehend von der Hochwurzen über Guschen (1982 m) oder von der Neudeckalm als Variante zum Schiedeck (2339 m), vorbei am schön gelegenen Brettersee zur Ignaz-Mattis-Hütte. Dieser Weg ist lang, dafür aber abwechslungsreich (in erste Linie wegen der Ausblicke) und gut markiert (teilweise schmaler Steig, aber auch breite Gratwanderabschnitte).

Die Wanderung zu den Giglachseen und ein Besuch der Ignaz-Mattis-Hütte gehören zu den eindruckvollsten Erlebnissen in den Schladminger Tauern

26 Vetternkar

Auf den Spuren der Bergknappen

TOUR AUF EINEN BLICK

Wegverlauf:
Giglachseen (1921 m) – Weg 702 – Vetternkar/Knappenseen (2165 bzw. 2203 m) – unterhalb der Vetternscharte (2437 m) – gleicher Weg zurück.

Charakteristik:
Leichte Bergwanderung, im oberen Bereich steil und teilweise rutschig.

Orientierung:
Gute Markierung, jedoch bevor der Weg 702 nach links Richtung Stollen weiterführt keine Markierung, Richtung Süden – Stollen oberhalb ersichtlich – abzweigen.

Gehzeit:
Vom Unteren Giglachsee ca. 2 Std., Zeitreserven einplanen (Steine und Mineralien). Ca. 500 Hm.

Anfahrt:
Ennstal-Bundesstraße B 146 bis Pichl/Preunegg oder Rohrmoos-Obertal. Zufahrt bis Ursprungalm (1604 m) möglich.
Anstiege zu den Giglachseen: Leichteste Variante: Pichl/Preunegg – Ursprungalm – Giglachseen.

Einkehr:
Ignaz-Mattis-Hütte (1986 m), Giglachseehütte (1955 m), Ursprungalm (1604 m).

Gipfelmöglichkeit:
Rotmandlspitze (2453 m).

Es gibt große Bemühungen, den einstigen Bergbau in den Schladminger Tauern anschaulich für uns darzustellen und zu erklären. Um aber zum Hauptpunkt – der Zinkwand und dem dortigen Stollen – zu gelangen, ist hochalpine Erfahrung nötig. Man benötigt einen Führer für diesen behördlich geschützten Landschaftsteil. Was haben die Menschen anno dazumal alles auf sich genommen, um der Arbeit im Berg nachzugehen? Der lange Anstieg, der Bau der Hütten und Stollen und die Arbeit selbst müssen als enorme Leistungen unserer Vorfahren angesehen werden. Die Anfänge des Bergbaus reichen bis ins 13. Jahrhundert zurück, obwohl angenommen wird, daß bereits Römer und Tau-

Noch heute sieht man Reste des Bergbaus, der bis ins 13. Jahrhundert zurückreicht

risker in der Gegend siedelten. Stollen und Gänge mit unzähligen Ein- und Ausgängen wurden von den Menschen geschaffen, mühsam und beschwerlich wurde Silber abgebaut.
Einen kleinen Eindruck gewinnt man, wenn man ins Vetternkar aufsteigt und bis zu den Stollen gelangt.

Ein Eldorado für Mineralienfreunde und -sammler

WEGBESCHREIBUNG

(Ausgangspunkt Giglachsee):

Vom Unteren, dem größeren Giglachsee geht es Richtung Süden ins Vetternkar. Der Weg (WWW 702) führt hier zur Rotmandlspitze und zur Keinprechthütte. Achtung: Nach einer knappen Stunde nach rechts abbiegen, keine Markierung. Im nun steileren Gelände und im oberen Bereich unterhalb des Stolleneingangs kann es fallweise rutschig sein. Es wird abgeraten, nun in den Berg einzusteigen. Der Blick hinunter zeigt die Umrisse der Fundamente von alten Hütten und Gebäuden, mehrere Mauern stehen noch als Zeugen der Vergangenheit. Der Weg ist wenig begangen, die meisten Wanderer sind unterwegs zur Keinprechthütte und zur Rotmandlspitze. Für Mineralienfreunde ist dieser Teil der Wanderung ideal, rotes Gestein zeigt von der Erzhaltigkeit, entlang des Weges 702 sind einige Steinrinnen rot gefärbt. Eine schöne Wanderung mit seltenen Einblicken in die Welt der Steine und Mineralien.

27 Hochwurzen – Guschen

Der sanftere Teil des Schladminger Höhenweges

TOUR AUF EINEN BLICK

Wegverlauf:
Rohrmoos – Hochwurzen-Seilbahn – Hochwurzenhütte (1849 m) – Weg 60 – Rossfeld (1919 m) – Latterfußsattel (1792 m) – Weg 773 – Guschen (1982 m).
Gleicher Weg zurück.

Charakteristik:
Unschwieriger Weg, bestens für Familien geeignet, mit schönen Aussichtspunkten.

Orientierung:
Gute Markierung.

Gehzeit:
2 bis 2,5 Std.
Theoretisch nur 130 Hm, durch zwei Auf- und Abstiege ca. 350 Hm.

Anfahrt:
Ennstal-Bundesstraße B 146 – Schladming – Rohrmoos/Hochwurzen – unterer oder oberer Parkplatz (Sperre der Straße möglich).

Einkehr:
Hochwurzenhütte (1849 m)

Gipfelmöglichkeiten:
Schiedeck (2339 m), Hochfeld (2189 m).

Variante:
Aufstieg von Ursprungalm oder Giglachseen.

Wer nicht den gesamten Schladminger Höhenweg gehen möchte, sollte zumindest dieses Teilstück versuchen. Mit viel Mühe und zahlreichen Initiativen versucht man, das Bergwandern im Sommer verstärkt zu bewerben und damit zu aktivieren, da diese Region in erster Linie als Wintersportgebiet bekannt ist. Eigens dafür wurde ein Naturlehrpfad mit guter Beschilderung angelegt, um dem Besucher und damit dem Urlauber möglichst viele Einzelheiten und Naturphänome neben Flora und Fauna vorzustellen.
Der Weg zum Guschen gehört zum einfacheren Teil des Schladminger Höhenweges, der aber durchaus beim Abstieg vom Gipfel etwas unsanfter werden kann, als man beim Aufstieg vermutet hat. Die Gehzeit mit ca. fünf Stunden sollte man

Die Wanderung auf den Guschen (1982 m) ist bestens für Familien mit Kindern geeignet

ebenfalls nicht unterschätzen, überhaupt wenn man den Weg zu den Giglachseen wählt und von dort noch eine entsprechende Rückkehr geplant werden muß (oder man entscheidet sich für eine Übernachtung auf der Ignaz-Mattis-Hütte).

WEGBESCHREIBUNG

Am Beginn dieser Wanderung führt der schöne Steig von der Hochwurzenhütte zuerst einmal abwärts bis zum Hüttecksattel, danach in Serpentinen aufwärts. Unterwegs taucht der Hinweis „Liebeslaube" auf, wie immer das gemeint ist. Der Weg 60 führt zum Rossfeld, von wo sich eine wunderschöne Rundsicht öffnet.

Weiter geht es zum Latterfußsattel (auch Leiterfußsattel), von hier kann man zur Neudeckalm und zur Ursprungalm abzweigen. Ein schöner und unbeschwerlicher Anstieg führt weiter zum Guschen auf fast 2000 Meter Höhe (1982 m). Hier bietet sich – selbst für die Schönheit der Tauern – ein bemerkenswerter Rundblick über die Gipfelwelt zwischen Hauser Kaibling und Rippeteck. Wenn die Kondition reicht, kann man weiter auf das Schiedeck und zu den Giglachseen wandern.

28 Duisitzsee

Kleinod inmitten hoher Berge

Versteckt zwischen hohen und steilen Bergen liegt der Duisitzsee fast kreisrund in einer Talsohle. Wenn man Richtung Neualm zur Keinprechthütte wandert, vermutet man rechter Hand kaum ein solches Kleinod der Natur in den Schladminger Tauern, die hier vom Gipfelpanorama der Murspitzen, der Rotmandlspitze und dem Krukeck beherrscht werden. Bei der Seeumrundung öffnet sich der Blick nur nach Osten zum Taleinschnitt der Eschachalm; der nächste Gebirgszug um die Wasserfallspitze (2507 m) muß in diesem Fall etwas zurückweichen.

Der Duisitzsee liegt kreisrund in einer Talsohle und ist ein idealer Ausgangspunkt für Wanderungen in die Bergwelt der Schladminger Tauern

Der eher kurze und problemlose Aufstieg verdient die Bezeichnung Familien-Bergwanderung. Von hier kann man natürlich weiter in die herrliche Bergwelt der Schladminger Tauern wandern.
Die wunderbare Stille, die Blumenpracht und der See laden aber zu einer ausgiebigen Rast ein, vor allem auch, weil die Duisitzseehütte einen hervorragenden Stützpunkt bietet.
Ein relativ ebener Steig mit ständigem Auf und Ab führt weiter zur Keinprechthütte. Hier bietet sich der Anstieg über die Krukeckscharte zur Rotmandlspitze an und des weiteren zurück über die Scharte unterhalb der Murspitzen zum Duisitzsee. Eine anstrengende Tour, für die gute Kondition Voraussetzung ist.

Duisitzkarsee

Ein Tip: Aufstieg bis zur Scharte unterhalb der Murspitzen (2065 m) – herrlicher Tiefblick auf den dunklen Duisitzsee.

WEGBESCHREIBUNG

Bis zur Eschachalm (1213 m) ist die Anfahrt mit dem Auto möglich. Von hier führt der Steig (Weg 775) durch einen Hochwald in Serpentinen zu einer kleinen Alm, den Saghütten. Problemlos erreicht man nach einer guten Stunde Gehzeit das Duisitzkar (1648 m). Für den Rückweg sollte die Route über das Kleine Stierkar bis zur Neualm und zurück zur Eschachalm gewählt werden, obwohl es hier ständig auf und ab geht und der Weg etwas länger ist, als er auf der Karte aussieht.

TOUR AUF EINEN BLICK

Wegverlauf:
Eschachalm (1213 m) – Weg 775 – Duisitzsee (1648 m).
Variante zur Neualm: Weg ohne Nummernbezeichnung – Kleines Stierkar – Neualm (1618 m) – Eschachalm (1213 m).

Charakteristik:
Aufstieg zu Beginn etwas steiler, dann Almsteig, insgesamt unschwieriger Weg, wunderschöne Seenlandschaft mit grandioser Bergumrahmung. Weiterweg zur Neualm zwar anstrengender, aber ebenfalls leicht. Abstieg zur Eschachalm auf einer „Fahrstraße". Insgesamt eine schöne Familienwanderung.

Orientierung:
Gute Markierung, durch das Kleine Steinkar läßt die Markierung zwar zu wünschen übrig, der Wegverlauf ist aber gut erkennbar.

Gehzeit:
Aufstieg zum Duisitzsee ca. 1 bis 1,5 Std., gleiche Zeit für den Abstieg.
Bei Rundwanderung über Neualm muß man 1 Std. dazurechnen, insgesamt 3 bis 4 Std.
435 Hm, mit Neualm ca. 550 Hm im Abstieg.
Aufstieg zur Scharte unter den Murspitzen weitere 400 Hm, ca. 1,5 Std.

Anfahrt:
Ennstal-Bundesstraße B 146 – Rohrmoos/Obertal – Hopfriesen – Eschachalm (bis auf 1213 m kann man mit dem Auto fahren, ab Hopfriesen sehr schmale Straße).

Einkehr:
Duisitzseehütte (1648 m), Neualm touristisch nicht bewirtschaftet.

Gipfelmöglichkeiten:
Ferchtlhöhe (1913 m) unmarkiert, Krukeck (2428 m), Sauberg (2520 m), Rotmandlspitze (2453 m), Murspitzen (2333 m).

Rundwanderungen:
Neualm – Keinprechthütte – Übergang Rotmandlspitze – Murspitzen (Scharte) – Duisitzsee.
Scharte Murspitzen – Knappenkreuz – Hopfriesen.

29 Keinprechthütte

Leicht erreichbarer Stützpunkt für viele Bergwanderungen

TOUR AUF EINEN BLICK

Wegverlauf:
Eschachalm (1213 m) – Weg 774 – Neualm (1618 m) – Keinprechthütte (1872 m).

Charakteristik:
Einfache Hüttenwanderung, vorerst auf Fahrstraße, dann auf schön angelegtem Steig in herrlicher Umgebung. Imposantes Panorama von der Keinprechthütte.

Orientierung:
Gute Markierung.

Gehzeit:
Ca. 2 Std. im Aufstieg.
650 Hm.

Anfahrt:
Ennstal-Bundesstraße B 146 – Rohrmoos/Obertal – Hopfriesen – Eschachalm.

Einkehr:
Keinprechthütte (1872 m).

Gipfelmöglichkeiten:
Zinkwand (2442 m), Krukeck (2428 m), Sauberg (2520 m), Rotmandlspitze (2453 m), Trockenbrotscharte (2237 m), Pietrach (2396 m), Hochgolling (2863 m).

Varianten:
Zustiege über Giglachseen/ Rotmandlspitze,
Lignitzhöhe (2205 m) aus Salzburg (Mariapfarr),
Gollingscharte, Landawirseehütte.

Bereits im Jahr 1902 wurde die Keinprechthütte errichtet und in den folgenden Jahren ständig ausgebaut, bis sie ihr heutiges Aussehen erhielt. Viele Bergwanderer, Bergsteiger und auch Mineralogen haben die Gastfreundschaft in Anspruch genommen und die Hütte zum Ausgangspunkt für den Weiterweg gewählt; z. B. zur Zinkwand, wo noch heute Spuren des früheren Bergbaus zu finden sind, oder zur Trockenbrotscharte und vielleicht für die Besteigung des Hochgolling – über die Krukeckscharte zu den Giglachseen oder über die Lignitzhöhe ins Salzburgische.

Herrliche Blumenpracht nahe der Keinprechthütte

Bereits 1902 wurde die Keinprechthütte errichtet und ist seitdem ein idealer Stützpunkt für alle Bergwanderer und Bergsteiger

WEGBESCHREIBUNG

Von der Eschachalm geht es über eine „Fahrstraße“ (Weg 774) entlang des Obertalbaches stetig bergauf, bis man die Neualm mit ihrer großen Hütte erreicht – keine touristische Bewirtschaftung. Von hier führt der Steig an einem kleinen Wasserfall vorbei, und bald ist die Keinprechthütte in Sichtweite.

30 Trockenbrotscharte – Landawirseehütte

TOUR AUF EINEN BLICK

Wegverlauf:
Keinprechthütte (1872 m) – WWW 702 – Zirbenböden – Trockenbrotscharte (2237 m) – Landawirseehütte (1985 m) – Unterer und Oberer Landawirsee (2047 m) – gleicher Weg zurück.

Charakteristik:
Lange und anstrengende Wanderung (besonders bei Aufstieg von der Eschachalm). Mit Ausnahme im Bereich der Trockenbrotscharte (steil und teilweise Seilsicherung) problemlos auf gutem Steig. Für steirische Zugänge abgeschieden, insgesamt aber eine lohnende Bergwanderung.

Orientierung:
Gute Markierung.

Gehzeit:
Eschachalm – Keinprechthütte 2 Std. Keinprechthütte – Landawirseehütte 2 bis 2,5 Std.
Eschachalm – Keinprechthütte 650 Hm,
Keinprechthütte – Trockenbrotscharte 350 Hm,
Abstieg zur Hütte 250 Hm,
insgesamt 1250 Hm.

Anfahrt:
Ennstal-Bundesstraße B 146 – Rohrmoos/Obertal – Hopfriesen – Eschachalm.

Einkehr:
Keinprechthütte (1872 m), Landawirseehütte (1985 m).

Gipfelmöglichkeiten:
Pietrach (2396 m), Scharnock (2498 m), Hochgolling (2863 m).

Varianten:
Zugang von Gollinghütte (1641 m) über Gollingscharte (2326 m), Zugang aus Salzburg über Göriachtal.

Warum der Sattel zwischen Keinprechthütte und Landawirseehütte Trockenbrotscharte genannt wird, läßt sich kaum erklären (vielleicht gab es in früheren Zeiten hungrige Berggeher?). Die Aussicht von dieser Scharte ist besonders eindrucksvoll, bis hin zum höchsten Berg der Steiermark. Der Tiefblick zur Landawirseehütte fordert den müden Wanderer auf, die Müdigkeit zu vergessen und abzusteigen. Unwirklich ist die graubraune Umgebung, auf der anderen Seite leuchten aber die beiden Landawirseen wie glitzernde Edelsteine. Für die steirische Seite ist diese Gegend abgelegen, der Hauptzugang zur Hütte, die auf Salzburger Boden steht, führt über das Göriachtal. Ein Gipfelsieg bietet sich ebenfalls an, der Pietrach kann von der Scharte erstiegen werden.

Stiller Weg, grandiose Sicht zum Hochgolling

WEGBESCHREIBUNG

(von der Keinprechthütte):
Von der Keinprechthütte führt der Weg 702 über Zirbenböden in einem langen Bogen Richtung Trockenbrotscharte. In zwei Steilrinnen kann sich der Altschnee bis lange in den Sommer hinein halten. Unterhalb der Scharte zieht der Weg steil bergauf, es kann rutschig sein, bis man ein wenig atemlos die Scharte erreicht. Der Ausblick ist grandios. Der Abstieg zur Hütte ist im oberen Bereich sehr steil, aber bei gewisser Vorsicht problemlos. Teilweise ist der Übergang mit Seilen gesichert.
Die Landawirseen sollte man auf alle Fälle einplanen, die Landschaft wechselt ständig, und man kommt in Versuchung, einfach immer weiterzugehen, ob über die Gollingscharte oder über Moränenhänge oder über sanfte, aber auch steile Rasenhänge. Konditionsstarke Bergwanderer werden auch versuchen, den Scharnock zu besteigen oder den Rundweg über die Krautgartscharte und Pietrach zu wagen.

Die Landawirseehütte ist ein idealer Stützpunkt inmitten einer großartigen Bergwelt

31 Gollinghütte

Ausgangspunkt für zwei wunderschöne Touren in den Schladminger Tauern

TOUR AUF EINEN BLICK

Wegverlauf:
Parkplatz Riesachfälle (1079 m) – Weg 778 – Untere Steinwenderalm (1218 m) – Gollinghütte (1641 m).

Charakteristik:
Bis zur Materialseilbahn (Fahrstraße), von dort in leichten Serpentinen über Steilstufe zur Hütte. Schöne Hüttenwanderung, Abstecher in den Gollingwinkel.

Orientierung:
Gute Markierung.

Gehzeit:
2 Std. bis zur Hütte, ca. 15 Min. in den Gollingwinkel. 600 Hm.

Anfahrt:
Ennstal-Bundesstraße B 146 – Rohrmoos/Untertal – vorbei am Wirtshaus Weiße Wand zum Parkplatz Riesachfall.

Einkehr:
Gollinghütte (1641 m).

Gipfelmöglichkeiten:
Hochgolling (2863 m), Greifenberg (2618 m).

In alten Wanderführern wird als Ausgangspunkt für diese Wanderung das Wirtshaus Weiße Wand genannt, wenn man vom Untertal heraufgekommen ist.
Der Parkplatz liegt rund einen Kilometer weiter und ist an schönen Tagen überfüllt: Die meisten Besucher wollen den Riesachfall erleben.
Vom Parkplatz führt der Weg unschwierig zur Unteren Steinwenderalm, immer entlang des Steinriesenbaches und stets begleitet von seinem Rauschen.
Weiter geht es in leichten Serpentinen über eine Steilstufe bis zur Gollinghütte auf 1641 Metern. Am 27. Jänner 1902 beschloß die kleine Alpine Gesellschaft der Preintaler, die Gollinghütte zu

Auf dem Weg zur Gollinghütte

Gollinghütte

Bereits 1904 wurde die Gollinghütte errichtet und ist seitdem Ausgangspunkt für Bergwanderungen in den Schladminger Tauern

erbauen, und 1904 wurde sie feierlich eröffnet. Ein kurioses Detail am Rande: Der Hüttenbesucher konnte damals Lebensmittel und Getränke entnehmen und mit einem Zahlschein beim nächsten Postamt die Rechnung begleichen.
Erst 1912 wurde mit einer regelmäßigen Bewirtschaftung begonnen.
Die Gollinghütte ist Ausgangspunkt für zwei der schönsten Bergwandertouren in den Schladminger Tauern.
Von der Hütte führt der Weg halbrechts zum Gollingwinkel über flachen Almboden, immer im Angesicht der steil aufragenden Nordwand des Hochgolling – eine einzigartige Alpinarena.
Der Klafferkessel ist das zweite Ziel, das man von der Gollinghütte aus erreichen kann. Allerdings müssen zuerst mehr als 1000 Höhenmeter zum Gipfel des Greifenbergs überwunden werden, um die grandiose Aussicht genießen zu können.

32 Hochgolling

Der höchste Berg der Steiermark?

TOUR AUF EINEN BLICK

Wegverlauf:
Parkplatz Riesachfälle (1079 m) – Weg 778 – Gollinghütte (1641 m) – Gollingwinkel (1705 m) – Weg 778 – Gollingscharte (2326 m) – Hochgolling (2863 m).

Charakteristik:
Eine der schönsten Bergwanderungen in den Schladminger Tauern. Ab ca. 1700 m Höhe schwierige Bergwanderung, selbst für den geübten Bergwanderer eine Herausforderung, großer Höhenunterschied, lange Gehzeit, Ausdauer, Trittsicherheit und Schwindelfreiheit erforderlich.

Orientierung:
Gute Markierung, immer Weg 778.

Gehzeit:
Aufstieg bis zur Gollinghütte 2 Std., zur Gollingscharte 2 Std., zum Gipfel 2 Std. Im Auf- und Abstieg vom Parkplatz bis zu 11 Std. einrechnen. Übernachtung auf der Gollinghütte erleichtert die Bergwanderung.
1800 Hm.

Anfahrt:
Ennstal-Bundesstraße B 146 – Schladming – Rohrmoos/Untertal – Parkplatz Riesachfälle (von dort den Weg 778 rechts wählen).

Einkehr:
Gollinghütte (1641 m) – eventl. Landawirseehütte bei Weiterweg (1985 m).

Variante:
Aufstieg aus Göriachwinkel oder von der Keinprechthütte/Trockenbrotscharte.

Wenn es nicht der Dachstein ist, dann muß der Hochgolling der höchste Berg der Steiermark sein, oder doch nicht? Die Salzburger Landesgrenze verläuft über dem Gipfel, und damit gibt es wieder berechtigte Zweifel. Beim Anblick des Hochgolling vergißt man aber alle Diskussionen um Meter und Grenzen, und es ist beinahe ein Muß für jeden Bergwanderer, einmal auf diesem Gipfel zu stehen. Bereits 1791 wurde er wahrscheinlich das erste Mal von Bergsteigern aus Tamsweg erklommen. Der Hochgolling zählt zu den schönsten Bergen unserer Heimat, wuchtig baut sich die Nordwand auf, vorerst sieht man nur die Spitze, beim Aufstieg zur Gollinghütte rückt der Berg aber immer näher, und nach der Hütte taucht man in eine andere Welt ein. Scheinbar unbezwingbar steht der Hochgollling nun in seiner ganzen Größe vor dem Betrachter. Der höchste Berg der Niederen Tauern läßt die ganze Charakteristik dieses Gebirgszugs erkennen: die Schönheit des Urgesteins auf Wegen und Steigen, aber auch die weiten

Zu- und Anstiege, die steil und rutschig sein können. Das Gipfelpanorama entschädigt für den langen Anstieg, und man sollte sich genügend Zeit nehmen, die herrliche Rundsicht zu genießen.

WEGBESCHREIBUNG

Von der Gollinghütte (Bergwanderer aus dem Tal sind schon zwei Stunden unterwegs) führt ein unschwieriger Weg zum Gollingwinkel mit dem phantastischen Bergpanorama und von dort weiter in vielen, teilweise steilen Serpentinen in Richtung Gollingscharte. Von der Scharte hat man einen wunderbaren Ausblick nach Westen in den Göriachwinkel. Der Weiterweg zum Gipfel wird nun etwas schwieriger, es kann je nach Jahreszeit an der einen oder anderen Stelle naß und rutschig sein. Der gesamte Aufstieg (Weg 778) führt über die westliche Seite (die Nordwand ist dem Kletterer vorbehalten). Der Steig ist teilweise versichert, kleine Felsstufen sind zu überwinden, ehe man den Gipfel erreicht. Ein weiterer Anstieg führt über den Nordwestgrat, der aber nur von geübten Bergwanderern begangen werden sollte.
Ein wunderbares Gipfelerlebnis ist der Lohn für die Aufstiegsmühen, für den Abstieg wählt man den gleichen Weg zurück oder von der Gollingscharte zur Landawirseehütte. Auf keinen Fall darf man die Länge der Tour (9 bis 11 Std.) und den Höhenunterschied (1800 m) unterschätzen.

Der Hochgolling von Westen

Ist der Hochgolling mit 2863 m der höchste Berg der Steiermark?

33 Krahbergzinken

Gipfel im Schatten der Planai

TOUR AUF EINEN BLICK

Wegverlauf:
Schladming – Seilbahn oder Auto – Schladmingerhütte (1828 m) – Variante: Planaigipfel (1906 m) – Krahbergsattel (1833 m) – Weg 779 – Krahbergzinken (2134 m).

Charakteristik:
Einfache Wanderung, im Bereich Planai fast ein „Spazierweg", zum Krahbergzinken aber unbedingt gutes Schuhwerk nötig.

Orientierung:
Gute Markierung.

Gehzeit:
1,5 Std. direkter Weg zum Gipfel, mit Varianten länger. 300 Hm.

Anfahrt:
Ennstal-Bundesstraße B 146 – Schladming-Ost – Mautstraße oder Seilbahn – Schladmingerhütte (1828 m).

Einkehr:
Schladmingerhütte (1828 m), Planaihof.

Gipfelmöglichkeiten:
Planai (1906 m), mehrere Gipfel im Bereich des Höhenweges.

Varianten:
Mehrere Wege zum Krahbergsattel.

Wer kennt nicht die Planai? 1982 fanden die Alpinen Schiweltmeisterschaften in Schladming und Haus statt, und 1975 errang hier das österreichische Schi-Idol Franz Klammer seinen ersten Abfahrts-Weltcupsieg. Ein Schiberg im Sommer? Die Wanderer ärgern sich über Liftstützen, Seilbahnanlagen usw., aber auf die Frage, ob sie auch im Winter beim Schifahren zu Fuß den Berg erklimmen würden, antworten sie: „Unter keinen Umständen." Dessenungeachtet ist die Planai, der wohl bekannteste Schiberg der Steiermark, auch im

Sommer ein schönes Wandergebiet, der ca. einstündige Rundweg um den Planaigipfel bietet wunderschöne Ausblicke in die Bergwelt der Schladminger Tauern. Oder man besteigt den Planaigipfel. Und es wartet auch ein kleiner Leckerbissen für den Bergwanderer im Bereich dieses bekannten Gebietes – nämlich der Krahbergzinken. Über Almböden und in mehreren Kehren zieht der Weg, im oberen Teil nicht unschwierig, zum Gipfel. Man hat von hier die Möglichkeit der Überschreitung bis zur Preintalerhütte auf einem langen und auch hochalpinen Weg, an einigen Stellen ausgesetzt mit Drahtseilversicherungen. Gute Kondition und Erfahrung sind dafür notwendig.

WEGBESCHREIBUNG

Man erreicht die Schladmingerhütte (1828 m) mit der Seilbahn oder mit dem Auto.
Von dort führt der gut markierte Weg unschwierig Richtung Süden zum Krahbergzinken. Am Krahbergsattel (1833 m) treffen die Wege zusammen, der Weg 779 führt zum Gipfel, der andere zur Preintalerhütte. In Serpentinen geht es weiter bergauf, rund eine halbe Stunde vor dem Gipfel treffen wir auf eine Abzweigung, der Höhenweg führt rechts weiter, links geht es zum Krahbergzinken. Im Bereich des Gipfels kann je nach Wetterlage Rutschgefahr herrschen, eine kurze Seilsicherung erleichtert den steilen Aufstieg. Die eher kurze Mühe wird mit herrlichen Ausblicken belohnt. Massive Bänke laden unterhalb des Gipfels zur Rast ein.

Der Krahbergzinken ist ein „kleiner Leckerbissen" für den Bergwanderer im Gebiet der weltbekannten Planai

34 Klafferkessel

Zauberhafte Seenlandschaft im Herzen der Niederen Tauern

TOUR AUF EINEN BLICK

Wegverlauf:
Parkplatz Riesachfall (1079 m) – Weg 778 – Untere Steinwenderalm (1218 m) – Gollinghütte (1641 m) – Weg 702 (von der Gollinghütte links) – Greifenberg (2618 m) – Abstieg zum Kessel, zu den Seen – Oberer Klaffersee (2311 m) – Unterer Klaffersee (2103 m) – Lämmerkar (Weg 702) – Preintalerhütte (1656 m) – Weg 777 – Riesachsee (1338 m) – Neuer Weg oder durch die Schlucht des Riesachfalls.

Charakteristik:
Äußerst lohnende und beeindruckende Tour, vielleicht die schönste in den Niederen Tauern. Lange und schwierige Wanderung (besonders im Bereich des Greifenbergs). Nur mit bester Ausrüstung und bei schönem und stabilem Wetter.

Orientierung:
Sehr gute Markierung, Wege und Steige in gutem Zustand, teilweise Seilsicherung.

Gehzeit:
Für die gesamte Runde zwischen 9 und 11 Std.
Über 1500 Hm.

Anfahrt:
Ennstal-Bundesstraße B 146 – Schladming – Rohrmoos/Untertal – Parkplatz Riesachfall (1079 m).

Einkehr:
Gollinghütte (1641 m), Preintalerhütte (1656 m), Almhütte Gfölleralm (ca. 1350 m).

Gipfelmöglichkeit:
Greifenberg (2618 m).

Varianten:
Aufstieg über Riesachfall zur Preintalerhütte – Lämmerkar – Klafferkessel und zurück,
Gollinghütte – Greifenberg und zurück.

Ein Meisterwerk der Schöpfung, das achte Weltwunder und andere Superlative werden angeführt, wenn man vom Klafferkessel spricht. Bergwanderer, die durch diese zauberhafte Seenlandschaft gewandert sind, kommen immer wieder; jene, die noch nie dort waren, träumen davon. Es ist wirklich eine grandiose Landschaft, mehr als 30 Seen auf über 2000 Meter Höhe, umrahmt von schroffen Bergen, die ihresgleichen sucht. Der Blick vom Greifenberg auf die kleineren und größeren Seen ist beinahe unwirklich, die großen Berge wie Waldhorn und Hochwildstelle bereichern das Bild.

Bereits in der Eiszeit wurde dieses Gelände geformt, zahlreiche geologische Theorien versuchen seine Entstehung zu erklären. Eine davon besagt, daß hier ein sehr hoher Berg gestanden sei, dessen Gipfel durch die „Arbeit“ des Eises immer niedriger wurde und dadurch die Seenplatte in der heutigen Form gebildet wurde. Diese Theorie stammt vom Erschließer der Schladminger Tauern, Hans Wödl, einem Tuchhändler aus Wien. Er erschloß Wege, die bis heute begangen werden. Er erkundete die großen und kleinen Geheimnisse dieser Bergwelt und veröffentlichte in den zwanziger Jahren unseres Jahrhunderts den ersten Führer über die Schladminger Tauern.

Die Wanderung zu den und durch die Klafferkessel ist kein „Spaziergang“, denn zuerst muß der Greifenberg bezwungen werden, damit man diese wunderbare Welt auch von oben erleben und genießen kann. Mehr als 1500 Höhenmeter müssen aber bewältigt und mindestens neun Stunden Gehzeit veranschlagt werden. Des weiteren steht man vor der Entscheidung: Geht man über Riesachsee und Preintalerhütte oder von der Gollinghütte aus? Der größere Teil der Bergwanderer bevorzugt die Route über die Gollinghütte, da der Anmarsch etwas kürzer ist. Die Seen mit dem Dachstein im Hintergrund wurden 1987 auch auf einer Fünf-Schilling-Briefmarke verewigt.

Einer der mehr als 30 Seen auf über 2000 m Höhe in der faszinierenden Bergwelt des Klafferkessels

WEGBESCHREIBUNG

Gut vorbereitet und vor allem zeitig in der Früh steigt man auf einem breiten Weg (778) über die Untere Steinwenderalm Richtung Gollinghütte auf. Bei der Einkehr in der Gollinghütte sollte man auf die Uhr schauen, da noch ein weiter Weg vor einem liegt.
Von der Hütte geht es linker Hand steil bergauf (Weg 702) zu einem Sattel, vorbei an einem kleinen See. Der Gipfel des Greifenbergs ist bald erreicht und man kann sich an der wirklich großartigen Rundsicht erfreuen. Je nach Jahreszeit können die Seen (vor allem die kleineren) zugefroren sein, denn hier oben herrscht ein besonderes, eigenes Klima. Es kann im September bereits Schnee liegen, beim Abstieg zu den Seen muß man besonders aufpassen, Seilsicherungen erleichtern den Weg, und man sollte sich unbedingt an die Markierungen halten. Der imposante Greifenstein begleitet den Wanderer weiter zum Lämmerkar, ein steiler Abstieg durch dieses Kar führt zur Preintalerhütte. Dieser Stützpunkt ist zumeist stark frequentiert, daher sollte man sich früh genug um eine etwaige Übernachtung kümmern.
Der Weg von der Preintalerhütte (Weg 777) zum Riesachsee ist lang, und man ist froh, wenn man entlang des Riesachbachs zum See und danach zur Gfölleralm kommt, bevor man als letztes Teilstück durch die Schlucht des Riesachfalls wandert.
Hinweis: Eine lange, anstrengende Tour, nur bei schönem Wetter mit guter Ausrüstung und entsprechender Kondition. Man kann auch von einer der beiden Hütten aufsteigen und den gleichen Weg zurückgehen. Tip: Den Blick vom Greifenberg sollte man auf keinen Fall auslassen bzw. versäumen.

35 Preintalerhütte und Sonntagskarseen

Schöne Hüttenwanderung und Erlebnis Riesachsee

TOUR AUF EINEN BLICK

Wegverlauf:
Parkplatz Riesachfall (1079 m) – Weg über Riesachfall (auch Weg 777) – Obere Gfölleralm – Riesachsee (1338 m) – Kerschbaumeralm (1356 m) – Preintalerhütte (1656 m) – Weg 784 – Unterer Sonntagskarsee (1962 m) – Oberer Sonntagskarsee (2064 m).

Charakteristik:
Einfache und schöne Almwanderung im Bereich Riesachsee und Sonntagskarseen.

Orientierung:
Gute Markierung.

Gehzeit:
Bis zur Preintalerhütte 2,5 Std., zu den Sonntagskarseen 1,5 Std. 600 Hm, bis zum Oberen Sonntagskarsee von der Hütte 400 Hm, insgesamt 1000 Hm.

Anfahrt:
Ennstal-Bundesstraße B 146 – Schladming – Rohrmoos/Untertal – Parkplatz Riesachfall (1079 m).

Einkehr:
Preintalerhütte (1656 m), Obere Gfölleralm (ca. 1350 m).

Gipfelmöglichkeiten:
Waldhorn (2702 m), Klafferkessel (2100–2300 m), Greifenberg (2618 m), Rettingscharte (2326 m), Höchstein (2543 m), Neualmscharte (2347 m), Hochwildstelle (2747 m).

Varianten:
Höhenweg über Krahbergzinken, Rundweg durch Klafferkessel, Neualmscharte (Bodensee), Rettingscharte (Kleinsölk, Schwarzensee).

Die Preintalerhütte zählt zu den wichtigsten und am meisten besuchten Stützpunkten in der Bergwelt um Waldhorn und Greifenberg – Ausgangspunkt für die verschiedensten Bergtouren und Bergwanderungen. Was oder wer sind die Preintaler? Bereits 1885 trafen sich in Wien Bergfreunde, um gemeinsame Bergfahrten in den Wienerwald bis zum Schneeberg zu unternehmen. Bald wurden diese Fahrten bis in die Schladminger Tauern ausgedehnt. 1891 wurde die erste Hütte – die Preintalerhütte – eröffnet, zwei weitere folgten (Hans-Wödl-Hütte und Gollinghütte). Ein interessantes Detail am Ran-

de: Man kann nicht einfach Preintaler werden, denn es sind nur 35 Mitglieder zugelassen, mit der Absicht, kein Massenverein zu werden. Die Preintaler sind bemüht, die Hütten auf dem neuesten Stand zu halten und Wege und Steige zu erhalten und zu pflegen.
Wanderern, die nicht nur die Hütte besuchen wollen, sei der Weg zu den Sonntagskarseen empfohlen, zu einer lieblichen Seenlandschaft unterhalb der hohen Gipfel von Waldhorn und Schareck.

WEGBESCHREIBUNG

Der Weg beginnt bei einem der höchsten Wasserfälle der Steiermark, dem Riesachfall. Rund 70 Meter stürzt das Wasser zu Tal, und man kann dieses Naturschauspiel von gut angelegten Steiganlagen und Brücken genießen. Bald erreicht man die Gfölleralm, von wo sich ein herrlicher Blick zum Riesachsee (1338 m) und auf die umliegenden Gipfel öffnet. Entlang des Sees und des gleichnamigen Baches führt der Weg über sanfte Almböden Richtung Preintalerhütte (Weg 777). Über einen Pfad steigt man schließlich zur Hütte auf, die auf der Waldhornalm errichtet wurde. Der Weiterweg auf einem schmalen, aber unschwierigen Steig zu den Sonntagskarseen (eine Stunde bis zum Unteren Sonntagskarsee) bietet beeindruckende Ausblicke, vor allem zur Südseite der Hochwildstelle. Es lohnt sich, am Ufer des Sees zu verweilen, in dem sich sogar Saiblinge tummeln.

Der Riesachfall, ein beeindruckendes Naturschauspiel: Rund 70 m stürzt das Wasser zu Tal

Alte Almhütten auf der Waldhornalm

36 Waldhorn

Eine Herausforderung für den Bergwanderer

TOUR AUF EINEN BLICK

Wegverlauf:
Parkplatz Riesachfall (1079 m) – Riesachsee (1338 m) – Weg 777 – Preintalerhütte (1656 m) – Äußeres Lämmerkar (1778 m) – Weg 777 – Inneres Lämmerkar – Kapuzinersee – Waldhorntörl (2283 m) – Waldhorn (2702 m).

Charakteristik:
Bergwanderung, Trittsicherheit, Schwindelfreiheit und gute Kondition notwendig, an einigen Stellen Klettererfahrung von Nutzen. Nur bei schönem und sichtigem Wetter. Landschaftlich besonders beeindruckend, herrlicher Gipfelausblick.

Orientierung:
Gute Markierung.

Gehzeit:
Je nach Kondition und Erfahrung 4,5 bis 6 Std. im Aufstieg. 1600 Hm.

Anfahrt:
Ennstal-Bundesstraße B 146 – Schladming – Rohrmoos/Untertal – Parkplatz Riesachfall.

Einkehr:
Preintalerhütte (1656 m), bei Abstieg über Kieseck Breitlahnhütte (1070 m).

Gipfelmöglichkeit:
Kieseck (2681 m).

Varianten:
Anstieg über Kleinsölk – Schwarzensee – Kieseck, Putzentalalm – Kaiserscharte – Waldhorntörl.

Wenn man vom Greifenberg das wunderschöne Bergpanorama genießt, fällt einem sofort ein dominanter Gipfel auf, das Waldhorn. Dieser wuchtige Berg mit seinem zackigen Grat in Richtung Nordgipfel bestimmt den Blick nach Osten. Das Waldhorn steht ein wenig im Schatten des Klafferkessels und ist daher auch weit weniger überlaufen als andere Gipfel in den Schladminger Tauern. Das mag vielleicht am mühsamen Aufstieg liegen, man wird aber mit einer überwältigenden Aussicht belohnt, wenn man auf über 2700 Metern mitten im Herzen der Schladminger Tauern steht.

Zur unterschiedlichen Beurteilung dieser Bergwanderung eine kleine Episode: Bei einem Diavortrag schilderte der Vortragende in bewegten Worten, wie schwierig und strapaziös es war, diesen Gipfel zu bezwingen. Am Ende des Vortrags meldete sich eine ältere Dame in zünftiger Bergkleidung und entsprechendem Schuhwerk

zu Wort. Ihr Kommentar löste beim Vortragenden Betroffenheit und im Publikum Heiterkeit aus: „Ihr jungen Leut seids ja nichts gewöhnt, auf das Waldhorn bin ich im Winter mit den Schiern am Buckel aufgestiegen und einfach durch Rinnen hinuntergefahren, ich habe keine so drastisch geschilderten Gefahren bemerkt."

WEGBESCHREIBUNG

Ausgangspunkt ist der Parkplatz Riesachfall. Von dort führt der Weg 777 entlang des Riesachsees zur Preintalerhütte (1656 m). Weiter durch das Äußere und Innere Lämmerkar, teilweise recht steil aufwärts. Zwischen diesen beiden Karen zweigt der Weg zum Klafferkessel rechts ab, der Weg zum Waldhorntörl geht links weiter, und über Urgesteinblöcke aufsteigend erreicht man bald den Kapuzinersee. Der Weg (noch immer 777) führt links entlang des Sees, der schottrige Steig kann seine Tücken haben. Besondere Vorsicht ist bei dem steilen und auch rutschigen Aufstieg zum Waldhorntörl (2283 m) geboten. Hier sollte man sich nun entscheiden, ob man den Weg fortsetzt. Linker Hand befindet sich eine Steilstufe, die eine gewisse Gewandtheit erfordert, der Stein ist brüchig. Der Weiterweg bedarf alpiner Erfahrung, er ist teilweise leicht ausgesetzt. Trittsicherheit, Schwindelfreiheit und eine gute Kondition sind Voraussetzung. Auf keinen Fall darf man diesen Aufstieg unterschätzen, denn es muß ja auch noch der Abstieg gemeistert werden. Man kann zwar auch über das Kieseck weitergehen, an einer Stelle ist aber unbedingt Klettererfahrung notwendig.

Der Aufstieg zum Waldhorn (2702 m), einem der höchsten Gipfel in den Niederen Tauern

Der Angersee (links) und der Zwerfenbergsee (rechts)

37 Höchstein

Das Matterhorn der Niederen Tauern

TOUR AUF EINEN BLICK

Wegverlauf:
Haus im Ennstal – Seilbahn nördlich des Ortszentrums – Bergstation/Krummholzhütte (1840 m) – mehrere Wege (44, 780) – Rossfeldsattel (1877 m) – Weg 780 – Kaiblingscharte (auch Kaiblinghochscharte) (2213 m) – Scharte zwischen Zwiesling und Höchstein (2281 m) – Höchstein (2543 m).

Charakteristik:
Bergwanderung, besonders im Bereich der Scharten und unterhalb des Gipfels Trittsicherheit und Schwindelfreiheit notwendig. Für den geübten Bergwanderer eine äußerst lohnende Tagestour.

Orientierung:
Gute Markierung.

Gehzeit:
3 bis 3,5 Std. im Aufstieg.
700 Hm (den langen Anmarsch muß man einrechnen).

Anfahrt:
Ennstal-Bundesstraße B 146 – Haus im Ennstal – Parkplatz Seilbahn Hauser Kaibling (im Ort).
Bei Anstieg über Hans-Wödl-Hütte: Aich/Assach – Mautstraße – Gössenberg – Steirischer Bodensee.

Einkehr:
Bergstation Seilbahn (1840 m), Hans-Wödl-Hütte (1528 m).

Gipfelmöglichkeiten:
Bärfallspitze (2150 m), Hauser Kaibling (2015 m).

Varianten:
Aufstieg über Hans-Wödl-Hütte – Filzscharte,
Aufstieg über Moaralmsee (Ausgangspunkt Ruperting),
Aufstieg über Riesachsee – Neualm – Kaltenbachschulter.

Der Vergleich mit einem der schönsten Berge der Alpen – dem Matterhorn – ist hier wirklich angebracht. Der Höchstein weist speziell von der Ostseite Ähnlichkeiten mit dem Matterhorn auf, natürlich in der Dimension nicht so gewaltig wie der Berg in den Schweizer Alpen. Die Gipfelpyramide, die aus der Ferne betrachtet selbst die höchsten Berge der Niederen Tauern in den Hintergrund rücken läßt, ist besonders beeindruckend. Der Höchstein zählt zu den „Traumbergen" der Niederen Tauern, die Ersteigung ist aber nicht unschwierig. Beim Anstieg zum Gipfel sind Trittsicherheit und Schwindelfreiheit Voraussetzung.
Der Höchstein gehört zu den nordöstlichsten Bergen im Hauptkamm der Niederen Tauern, auch dies läßt ihn besonders eindrucksvoll und wuchtig erscheinen. Er zeigt aber ein anderes Gesicht, wenn man vom Hauser Kaibling kommt, die Nordwand ist zwar düster und abweisend, kann aber umrundet werden, und man erreicht den Gipfel von der Südseite. Von Norden, aus dem Ennstal, gibt es drei Hauptanstiege; die einfachste Variante ist sicherlich die, mit der Seilbahn auf den Hauser Kaibling zu fahren, denn man erspart sich dadurch einige Höhenmeter.
In unmittelbarer Nähe der Bergstation befindet sich die Krummholzhütte. Woher stammt eigentlich dieser seltsame Name? Bereits 1879 fanden sich in Wien mehrere gleichgesinnte Alpinisten zusammen, die sich „Alpine Gesellschaft Krummholz in Wien" nannten.
Über 30 Jahre versuchten sie ständig, in ihrer Freizeit der Donaustadt zu entfliehen. Hochschwab und Schneeberg waren ihre bevorzugten Wander- und Klettergebiete, aber sie kamen auch bis nach Vorarlberg, wo sie z. B. ein Boot für die Fahrt über den Zürsersee zur Verfügung stellten. Gemeinsam mit den Preintalern wurde auch der Triglav bestiegen und dort ein Gipfel-

Der Höchstein (2543 m) weist von der Ostseite eine gewisse Ähnlichkeit mit dem berühmten Matterhorn auf

buch gestiftet. 1910 war es dann soweit: Das große Ziel, eine eigene Hütte zu errichten, konnte am Hauser Kaibling verwirklicht werden: Die Krummholzhütte wurde erbaut.

WEGBESCHREIBUNG

Von den drei Hauptanstiegen wird hier der Weg vom Hauser Kaibling beschrieben. Von Haus im Ennstal verkürzt die Seilbahn wesentlich den Anstieg (die Seilbahn befindet sich nördlich des Ortszentrums). Von der Krummholzhütte bzw. von der Seilbahn-Bergstation führt der Weg 44 vorbei am Fernsehturm (Sender) Richtung Rossfeldsattel (1877 m). Mehrere Steige führen Richtung Süden (z. B. der Weg 780), Treffpunkt ist aber der Weg 780 unterhalb der Karlspitze. Auf jeden Fall sollte man den Blick zwischen Bärfallspitze und Karlspitze hinunter zum Moaralmsee genießen, es sind nur wenige Schritte bis zu diesem Aussichtspunkt. Der gut ausgebaute Steig führt unschwierig mit nur wenigen Steilstufen hinauf zur Kaiblingscharte. Oben öffnet sich ein großartiger Blick auf Zwiesling und Höchstein. Auf diesem kleinen Almboden zwischen der Kaiblingscharte und dem Übergang zwischen Zwiesling und Höchstein weiden im Sommer zahlreiche Schafe, der Platz eignet sich auch hervorragend für eine Rastpause, bevor es weitergeht Richtung Nordwand bzw. hinauf zur Scharte (Achtung: einige Steilstufen). Auf der Scharte hat man einen wunderbaren Ausblick auf die Berge um den Höchstein, vor allem Hochwildstelle und Hochgolling. Bald trifft man dann auf den Weg von der Hans-Wödl-Hütte, der nun steil zum Gipfel führt, wobei aber unterhalb des Gipfels eine fast senkrechte Stelle mit Steighilfen überwunden werden muß. Der kurze, aber schmale Grat wird von so manchem Bergwanderer auf dem Hosenboden überwunden, Vorsicht und Trittsicherheit sind geboten. An schönen Tagen reicht der Blick vom Gipfel des Höchsteins nicht nur über die Tauern und zum Dachstein, sondern weit darüber hinaus. Abstieg über den gleichen Weg zurück oder über die Hans-Wödl-Hütte oder den Moaralmsee.

Folgende Doppelseite: Auf dem Weg zum Höchstein vom Hauser Kaibling aus

38 Bodensee – Hüttensee – Obersee

TOUR AUF EINEN BLICK

Wegverlauf:
Parkplatz/Gemeinde Gössenberg (1143 m) – Waldweg zum Bodensee – Steirischer Bodensee (1157 m) – alternativ Umrundung – Aufstieg zur Hans-Wödl-Hütte – Weg 782 – Hans-Wödl-Hütte (1528 m) – Weg 782 – Obersee (1672 m).

Charakteristik:
Einfache, jedoch steile Wanderung, geeignet für Familien, die viel unterwegs sind.

Orientierung:
Sehr gute Orientierung und Markierung.

Gehzeit:
Bodensee bis Hüttensee/Hans-Wödl-Hütte 1 Std., von dort zum Obersee ca. 1 Std. 530 Hm.

Anfahrt:
Ennstal-Bundesstraße B 146 – Aich/Assach – Mautstraße Seewigtal-Bodensee – Gemeinde Gössenberg – Parkplatz.
Zufahrt auch von Haus im Ennstal – Ruperting zum Parkplatz möglich.

Einkehr:
Gasthof beim Parkplatz, Gasthof beim Bodensee (Forellenhof), Hans-Wödl-Hütte (1528 m).

Gipfelmöglichkeiten:
Hochwildstelle (2747 m), Höchstein (2543 m), Übergang Neualmscharte (2347 m) zur Preintalerhütte oder Riesachsee. Zugang auch über Höchstein-Gebiet oder Riesachsee (eher unüblich).

Der Steirische Bodensee hat nur den Namen gemeinsam mit dem größten See Mitteleuropas. In eine wunderschöne Landschaft eingebettet, gehört der Steirische Bodensee zu den Besonderheiten der Niederen Tauern. Seine leichte Erreichbarkeit bringt Vor- und Nachteile mit sich. Der Nachteil ist, daß vor allem viele Bustouristen diesen See aufsuchen und er daher zeitweise überlaufen ist.

Auf der anderen Seite besteht natürlich die Möglichkeit, den See zu umrunden und die Naturschönheiten zu genießen. Man kann die Fische im Wasser beobachten, sich an den Wildenten erfreuen – besonders für Kinder ein idealer Platz. Der Wasserfall über dem Bodensee gehört zu den exquisiten Naturschauspielen, wenn man dann nach rund einer Stunde Wanderung die Hans-Wödl-Hütte erreicht, eine Hütte mit echt ennstalerischem Flair. Der unschwierige Weiterweg

Einzigartige Seenlandschaft über dem Seewigtal

zum Obersee lohnt sich auf alle Fälle. Besonders im Frühjahr zur Schneeschmelze rauschen ständig kleine Wasserfälle entlang des Weges zu Tal. Die Rast am Obersee vermittelt dann ein Gefühl von Ruhe und besonderer Beschaulichkeit. Der Bergwanderer träumt vom Aufstieg zur Neualmscharte, vom Weg zur Hochwildstelle, doch sind rund 1000 Höhenmeter zu bewältigen, um dieses Ziel zu erreichen. Das Zusammenspiel von Seen und Wasserfällen, Wegen und Steigen, Flora und Fauna ist einzigartig und macht Lust, diese beeindruckende Landschaft wieder zu besuchen.

WEGBESCHREIBUNG

Vom großen Parkplatz (1143 m) geht es in nur wenigen Minuten zum Bodensee, der Besucherandrang ist an schönen Tagen und vor allem an Wochenenden groß. Die Umrundung des Sees sollte man unbedingt unternehmen, denn es ist ein einfacher Spaziergang. Vom südlichen Ende des Sees führt der Weg Richtung Hans-Wödl-Hütte, benannt nach dem Erschließer der Niederen Tauern. Die Einkehr ist wirklich zu empfehlen.
Der Weg 782 ist gepflegt und gut angelegt, rund 400 Höhenmeter sind zu überwinden, die Gehzeit beträgt rund eine Stunde, gutes Schuhwerk ist zu empfehlen. In einer weiteren knappen Stunde erreicht man ebenfalls auf einem schönen Weg den Obersee (1672 m). Auf gleichem Weg zurück.

Der Steirische Bodensee gehört zu den Besonderheiten der Niederen Tauern (Bild oben und unten)

39 Hochwildstelle

Der Berg der Berge in den Niederen Tauern

Viele Bergwanderer bekommen leuchtende Augen, wenn man von diesem Berg spricht. Bereits Anfang des 19. Jahrhunderts, exakt 1801, bestieg ein gewisser M. Reiter zusammen mit seinen Gefährten erstmals diesen Gipfel. Bekannt wurde die Hochwildstelle aber durch Erzherzog Johann, den „steirischen Prinzen", der mit seinem Gefolge am 19. August 1814 auf dem Gipfel stand. Drei Jahre später, am 29. August 1817, erreichte er erneut den Gipfel, diesmal war auch sein Kammermaler J. Gauermann mit dabei, der die Bergwelt der Niederen Tauern in zahlreichen Gemälden verewigte.

Viele Geschichten ranken sich um diesen Berg, der interessanterweise aus der Nähe nicht so wuchtig erscheint, jedoch im Panorama der Schladminger Tauern sehr beherrschend wirkt. Es sind nicht nur seine 2747 Meter, sondern auch die dominante Gipfelpyramide, die erahnen läßt, daß der Aufstieg kein Spaziergang ist. Einige Schlüsselstellen müssen hier schon gemeistert werden. Insgesamt eine anspruchsvolle Tour mit großem Höhenunterschied und langer Gehzeit. Auch der Normalweg über die Hans-Wödl-Hütte erfordert an einigen Stellen große Konzentration und Trittsicherheit.

WEGBESCHREIBUNG

Der Weg über die Hans-Wödl-Hütte wird allgemein als Normalweg bezeichnet, obwohl viele Bergwanderer auch über das Sattental und die Trattenscharte aufsteigen. Vom Parkplatz am Bodensee wandert man auf einem sehr gut angelegten Steig (Weg 782) zur Hans-Wödl-Hütte (1528 m), von dort rechts weiter entlang des Hüttensees, bald ist dann der Obersee erreicht. Nun beginnt der eigentliche Anstieg über den Höfersteig, der immer steiler zur Neualmscharte auf 2347 Metern führt (zum Vergleich: der Grimming ist nur um vier Meter höher). Hier kann man sich nun entscheiden: entweder Abstieg zur Preintalerhütte oder der Weg zum Gipfel. Wir wählen den Weg zum Gipfel: über steile

Die Besteigung der Hochwildstelle gehört in die Kategorie schwierige Bergwanderung

Steige, oft über Blockwerk und über die Kleine Wildstelle, wobei es etliche Stellen gibt, die Trittsicherheit und Schwindelfreiheit erfordern. Vor der kleinen Scharte ragt die Gipfelpyramide empor, die im ersten Augenblick unüberwindlich scheint, aber in kurzen Ab- und Aufstiegen geht es zwar steil, aber problemlos die rund 300 Höhenmeter zum Gipfel hinauf. Immer wieder lohnt sich der Blick zurück bzw. nach unten auf die drei Seen. Das Gipfelpanorama ist großartig und eindrucksvoll, und man vergißt, daß noch 1700 Höhenmeter im Abstieg warten, der über die Aufstiegsroute gewählt werden soll.
Wenn man eine Abholmöglichkeit organisiert hat, kann man den Weg über die Goldlacken und das Sattental wählen, der aber schwieriger ist als der beschriebene Aufstieg.

TOUR AUF EINEN BLICK

Wegverlauf:
Parkplatz Gemeinde Gössenberg/Seewigtal (1143 m) – Steirischer Bodensee – Weg 782 – Hans-Wödl-Hütte (1528 m) – Obersee (1672 m) – Höfersteig – Neualmscharte (2347 m) – unterhalb Kleine Wildstelle (2577 m) – Hochwildstelle (2747 m).

Charakteristik:
Sehr schwierige Bergwanderung, nur bei Schönwetter mit bester Ausrüstung und Kondition, Zeitreserven einplanen. Kurze leichtere Kletterstellen, zumindest Schwindelfreiheit notwendig.
Bei Anstieg über die Nordseite können Altschneereste und Eis zusätzlich erschwerend sein.

Orientierung:
Gute Markierung und Hinweise.

Gehzeit:
Durchschnittliche Aufstiegszeit zum Gipfel 4,5 bis 5 Std. (je nach Kondition), Gesamtgehzeit ca. 9 Std. Über 1600 Hm.

Anfahrt:
Ennstal-Bundesstraße B 146 – Aich/Assach – Mautstraße Seewigtal – Gössenberg – Parkplatz Bodensee.

Einkehr:
Hans-Wödl-Hütte (1528 m), Gasthöfe im Bereich Parkplatz und Bodensee.

Gipfelmöglichkeiten:
Bei dieser schwierigen Wanderung wird kaum ein weiterer Gipfel mit einbezogen. Bei Mehrtageswanderungen: Höchstein (2543 m), Waldhorn (2702 m).

Varianten:
Aufstieg Ausgangsort Pruggern – Sattental (Autozufahrt bis vor Lettmoaralm) – Goldlacken – Trattenscharte – Hochwildstelle, oder Kleinsölk – Breitlahnhütte – Lassachalm – Hochwildstelle, oder Schladming – Rohrmoos/Untertal – Riesachsee – Preintalerhütte.

40 Pleschnitzzinken

Familienfreundliche Wanderung auf einen schönen Aussichtsberg

TOUR AUF EINEN BLICK

Wegverlauf:
Pruggern (681 m) – Bottinghaus (1630 m) – Galsterbergalmhütte (ca. 1690 m) – Weg 783 – Pleschnitzzinkenhütte (1944 m) – Pleschnitzzinken (2112 m).

Charakteristik:
Einfache, unschwierige Wanderung, gutes Schuhwerk nötig.

Orientierung:
Gute Markierung.

Gehzeit:
1,5 Std. im Aufstieg, 1 Std. im Abstieg.
500 Hm.

Anfahrt:
Ennstal-Bundesstraße B 146 – Pruggern (681 m) – Auffahrt Galsterbergstraße – Wegweiser Bottinghaus beachten – Bottinghaus (1630 m) – Parkplatz Bottinghaus.

Einkehr:
Galsterbergalmhütte (ca. 1690 m), Bottinghaus (1630 m, im Sommer geschlossen), Pleschnitzzinkenhütte (1944 m, Selbstversorgung).

Gipfelmöglichkeiten:
Scheibleck (2117 m), Schober (2491 m).

Variante:
Anstieg von der Gemeinde Gössenberg.

Überraschend schön ist der Ausblick vom Gipfel des wenig bekannten Pleschnitzzinken. Er gehört nicht zu den Modebergen der Niederen Tauern, ist eher ein Wiesengipfel oder eine Hochalm mit Gipfelkreuz und daher vor allem für eine Wanderung mit Kindern geeignet. Bemerkenswert ist aber eine Sache, die sofort Aufmerksamkeit erregt: In unmittelbarer Nähe der unbewirtschafteten Pleschnitzzinkenhütte befindet sich ein kleines Gebäude, ein sogenanntes „stilles Örtchen“, das aus den verschiedensten Gründen abseits der Hütte steht. Es dürfte neben dem eigentlichen Verwendungszweck eine jener Einrichtungen sein, von der man einen einzigartigen Ausblick über das Ennstal hat.

Erster Schnee im Herbst

WEGBESCHREIBUNG

Der Talort Pruggern ist Ausgangspunkt für die Zufahrt auf die Galsterbergalm (im Winter ein bekanntes Schigebiet). Vom Parkplatz beim Bottinghaus (im Sommer nicht bewirtschaftet) erreicht man nach kurzem Aufstieg die Galsterbergalmhütte. Der Weiterweg führt nach einem kurzen steilen Anstieg zur Pleschnitzzinkenhütte (1994 m) und von dort weiter auf den Gipfel (2112 m). Von hier oben hat man einen schönen Ausblick auf die Hochwildstelle und zum Höchstein.
Man kann weiter auf das Scheibleck (über die Ochsenkarhöhe) wandern oder auf den Schober (schwierig, kein markierter Weg).
Vom Gipfel blickt man hinunter zur Pleschnitzzinkenalm auf 1649 Meter Höhe: Hier beginnt das Tagwerk sehr früh am Morgen mit dem Melken der Kühe, die dann auf die Almweiden getrieben werden. Nun folgt die Zeit zum „Kasen", denn hier wird der im Ennstal so geschätzte Steirerkas hergestellt. Als Füllung im Krapfen oder auf einem Butterbrot gilt er als wahrer Leckerbissen.

Die Galsterbergalm ist im Winter ein bekanntes Schigebiet

41 Moaralmsee

Malerische Seenlandschaft im Schatten des Höchstein

TOUR AUF EINEN BLICK

Wegverlauf:
Knapplhof – Gumpentalalm, Parkmöglichkeit (1306 m) – Weg 781 – Moaralm (1330 m) – Obere Moaralm (1700 m) – Moaralmsee (1824 m).

Charakteristik:
Leichte Wanderung in idyllischer Umgebung, gutes Schuhwerk empfehlenswert.

Orientierung:
Gute Markierung.

Gehzeit:
Moaralm – Moaralmsee
1,5 bis 2 Std.
500 Hm.

Anfahrt:
Ennstal-Bundesstraße B 146 – Ruperting – Knapplhof – Gumpentalalm/Moaralm.

Einkehr:
Nach Murenabgang im Sommer 1999 teilweise bewirtschaftete Hütten.

Gipfelmöglichkeiten:
Höchstein (2543 m),
Hauser Kaibling (2015 m),
Bärfallspitze (2150 m),
Filzscharte (2213 m).

Varianten:
Aufstieg Höchstein über Kaiblingscharte, Abstieg über Filzscharte,
Schladmingerhütte – Rossfeldsattel, Hans-Wödl-Hütte – Filzscharte, u . a. m.

Es müssen nicht immer die großen Berge und Gipfel sein, es können auch die zahlreichen weniger bekannten Kleinode Anreiz für Wanderungen sein. Die unzähligen Seen der Niederen Tauern sind jeder für sich ein Erlebnis. Viel wurde und wird von der märchenhaften Seen- und Wasserlandschaft der Niederen Tauern geschrieben. Der Moaralmsee ist ein würdiger Vertreter und außerdem leicht erreichbar. Mehrere Wege führen zum See, man kann diese Wanderung auch verschieden planen und kombinieren: mit Hauser Kaibling, mit Höchstein und Bärfallspitze. Die Nordwand des Höchsteins beherrscht die Umgebung des Sees; auch von oben, vom Kaiblingloch oder von der Filzscharte, wirkt der See wie ein Juwel in einer grandiosen Landschaft.

Moaralmsee

Die Wanderung zum Moaralmsee ist bestens für Familien mit Kindern geeignet

WEGBESCHREIBUNG

Von der Moaralm (ca. 1330 m) führt die Wanderung Richtung Obere Moaralm (ca. 1700 m). Der Weg ist unschwierig, kann aber durch die zahlreichen kleinen Bäche und Zuflüsse feucht und rutschig sein. Bald erreicht man den See (1824 m), und obwohl kein Wanderweg rund um den See führt, sollte man über das Blockgestein wandern, um immer wieder neue Eindrücke vom See zu gewinnen und um die herrliche Landschaft zu genießen. Der Rückweg führt wieder zur Moaralm. Nach dem Murenabgang im Sommer 1999 ist es ungewiß, wann die Kollerhütte wieder bewirtschaftet wird.

Der Moaralmsee auf rund 1800 m ist ein würdiger Vertreter der unzähligen Seen in den Niederen Tauern

42 Goldlacken

Abwechslungsreiche Wanderung durch das Sattental zum Fuß der Hochwildstelle

TOUR AUF EINEN BLICK

Wegverlauf:
Lettmoaralm/Parkplatz Beginn Sattental (1310 m) – Weg 26 durch das Sattental – Sattentalalm (1339 m) – Stierkarsee (1810 m) – Goldlacken (ca. 2200 m) – Rückweg wie Aufstieg.

Charakteristik:
Nicht unschwierige Bergwanderung mit hohem Erlebniswert, einzigartige kleine Seenwelt der Goldlacken. Im unteren Bereich problemlos, zwischen Stierkarsee und Goldlacken anspruchsvoller.

Orientierung: Gute Markierung.

Gehzeit:
Zum Stierkarsee 2,5 bis 3 Std., vom Stierkarsee bis Goldlacken 1,5 bis 2 Std., Rückweg 3 bis 4 Std.
Parkplatz – Stierkarsee 500 Hm
Stierkarsee – Goldlacken 400 bis 500 Hm.

Anfahrt:
Ennstal-Bundesstraße B 146 – Pruggern – kurz Richtung Galsterberg, dann jedoch links abbiegen – Sattental GH Winkler – Parkplatz vor Sattental/Lettmoaralm (1310 m).

Einkehr:
Einzelne Almhütten im Sattental (keine Schutzhütten).

Gipfelmöglichkeiten:
Hochwildstelle (2747 m), für Bergsteiger (ohne Markierung) Hohes Schareck (2575 m), Säuleck (2359 m), Schober (2491 m). Zustiege über Kleinsölk – Breitlahnhütte, Preintalerhütte – Trattenscharte.

Der „alpine" Kühlschrank

An den Schlaiben Sepp wird sich wohl niemand mehr erinnern: In früheren, in sagenhaften Zeiten, fuhr er eines Tages mit seiner „Plättn" hinaus auf den Grundlsee, schlief aber ein und erwachte erst, als ein riesiger Wurm mit silbernen Schuppen seinen Weg kreuzte. In seiner Not versprach der Sepp dem Ungeheuer seine Seele, und auf dem Rücken des Wurms ging es über Berg und Tal, Stock und Stein zur Hochwildstelle, wo aber der Wurm ermüdete und den Sepp bei den Goldlacken absetzte und auf Nimmerwiedersehen verschwand. Durstig von der wilden Reise, griff nun der Sepp in eine dieser Lacken und hielt plötzlich Gold in seiner Hand. Viele Jahre lebte der Sepp als steinreicher Mann in dieser Gegend, und jedesmal, wenn das Gold zu Ende ging, griff er wieder ins Wasser.
Reich wird aber der Wanderer zur Goldlacken auf andere Weise – durch das Naturerlebnis in dieser einzigartigen Landschaft. Bereits der Anmarsch durch das Sattental und der Aufstieg zum Stierkarsee vermitteln großartige Eindrücke, der eigentliche Höhepunkt sind aber die Goldlacken, einzelne kleinere und größere Tümpel – der Klafferkessel sozusagen im Westentaschen-

format. Dazu kommen die Ruhe und die Einsamkeit, denn nur wenige Wanderer verirren sich hierher (obwohl über die Trattenscharte der östliche Aufstieg auf die Hochwildstelle führt). Durch die Höhenlage kann es vorkommen, daß die Lacken auch im Sommer noch eine Eisdecke tragen und damit einen eigenen Reiz ausstrahlen. Greifen Sie doch selbst einmal ins Wasser, vielleicht wiederholt sich die Sage vom Schlaiben Sepp.

Die Goldlacken sind einzelne kleinere und größere Tümpel – der Klafferkessel im Westentaschenformat

WEGBESCHREIBUNG

Das Sattental wird immer wieder als eines der wuchtigsten Täler in den Niederen Tauern bezeichnet. Vom Ausgangspunkt auf der Lettmoaralm öffnet sich ein breites Panorama. Es geht vorbei an mehreren Almhütten, die teilweise bewirtschaftet sind, und bald erreicht man den Talschluß nach der Sattentalalm. Der Weg steigt nun an, stets begleitet vom Rauschen des Baches, der überquert wird. Es folgen einige Steilstufen, bis man auf den Höhenrücken über dem Stierkarsee kommt, von wo man einen herrlichen Ausblick auf die Berge des nördlichen Ennstals hat (man kann natürlich auch zum Stierkarsee absteigen und am Ufer des Sees die Landschaft genießen). Nach vielen kleinen Serpentinen und zahlreichen Abstufungen auf felsiger werdendem Steig erreicht man die Hochfläche um die Goldlacken. Superlative wie märchenhaft, paradiesisch, einzigartig sind sicherlich nicht übertrieben. Wer aber die Hochwildstelle als Ziel gewählt hat, der wird wenig Zeit haben, dieses Naturwunder gebührend auszukosten; er wird aber wiederkommen, um bei den Goldlacken einen wunderschönen Tag zu erleben.

43 Kochofen

Ein seltsamer Name für das Ziel einer angenehmen Bergwanderung

TOUR AUF EINEN BLICK

Wegverlauf:
Michaelerberghaus (1203 m) – Weg 23 – Loskögerl – Kniepaß (1628 m) – Kochofen (1916 m).

Charakteristik:
Angenehme und vor allem ruhige und unschwierige Wanderung.

Orientierung:
Gute Markierung.

Gehzeit:
1,5 bis 2 Std.
700 Hm.

Anfahrt:
Ennstal-Bundesstraße B 146 – bei Gröbming Richtung Moosheim – Michaelerberghaus (1203 m).

Einkehr:
Michaelerberghaus (1203 m).

Gipfelmöglichkeiten:
Spateck (2256 m), alle Gipfel im Zuge dieses Höhenwegs (Anstieg zum Spateck jedoch über Kleinsölk – Klockalm – Weg 785 zu empfehlen).

Varianten:
Aufstieg von Kleinsölk, Aufstieg von Stein/Enns – Brandstatt.

Auf den ersten Blick erscheint der Name dieses Gipfels ein wenig seltsam. Ein Ofen dient doch für andere Zwecke, oder? Die Bezeichnung „Koch“ stammt von einem Bauern, der in der Gegend seinen Besitz hat, und trifft auch auf Almen, Weiden usw. zu.
Die Erklärung von „Ofen“ ist schon etwas schwieriger. Es gibt im Dachsteingebiet und auch in den Tauern Felsformationen, die einem Ofen ähneln. Entweder sind es Findlinge, die

Eher noch ein Geheimtip ist eine Wanderung auf den Kochofen

Kochofen

nach dem Rückzug der Gletscher im Ennstal übriggeblieben sind, oder es sind Felsen aus härterem Gestein, die den Naturgewalten getrotzt haben. Der Gipfelaufbau des Kochofen gleicht also sozusagen einem riesigen Ofen, obwohl Wald und Wiesenflächen den Anstieg dominieren. Durch seinen geringen Bekanntheitsgrad wird der Gipfel auch eher nur von Einheimischen erwandert, die Ruhe und Beschaulichkeit bevorzugen.

WEGBESCHREIBUNG

Von der kleinen Gemeinde Michaelerberg (südlich von Gröbming) führt eine Straße zum Michaelerberghaus (1203 m). Von dort zuerst auf einer Forststraße und dann weiter auf einem Steig durch den Hochwald. Es ist ruhig geworden, Weg und Steig passen sich dem Gelände an, das nun steiler und direkter wird.
Nach Regen kann es ziemlich rutschig sein, und man sollte auf Wurzeln achten, um nicht zu stolpern. Achtung: Zwischen Karte und Markierung gibt es Unterschiede: Nach wenigen Minuten des Aufstiegs weist eine Tafel darauf hin, daß der Weg Nr. 18 links über das Riessthörl abzweigt und rechts der Weg Nr. 19 über das Loskögerl (wunderschöner Aussichtspunkt) führt. Auf der Karte sind diese Wege mit 23 (Riessthörl) und 22 (Loskögerl) bezeichnet. Selbst an einem Sonntag im Sommer habe ich niemanden am Gipfel mit dem besonderen Kreuz angetroffen. Wenn man auf das Spateck weitergehen will, sollte man nicht allzu lange rasten, denn der Weg ist noch weit. Sonst wandert man auf dem gleichen Weg zurück zum Michaelerberghaus, um gemütlich einzukehren.

44 Putzentalalm

Ein schöner Tagesausflug zum Schwarzensee und zur idyllisch gelegenen Putzentalalm

TOUR AUF EINEN BLICK

Wegverlauf:
Breitlahnhütte/Kleinsölk (1070 m) – Weg 786, WWW 702 – Schwarzensee (1171 m) – Weg 786 – Putzentalalm (1354 m) – Rückweg wie Anmarsch.

Charakteristik:
Einfache Wanderung auf breitem Weg, jedoch landschaftlich besonders eindrucksvoll und erlebnisreich.

Orientierung:
Keine Orientierungsprobleme auf Normalweg.

Gehzeit:
Schwarzensee 1 Std., Schwarzensee – Putzentalalm 1 Std. 300 Hm.

Anfahrt:
Ennstal-Bundesstraße B 146 – Hinweistafeln Nationalpark Sölktäler bzw. Kleinsölk – Kleinsölk (989 m) – große Weggabelung bei Kesslerkreuz, dort rechts Richtung Breitlahnhütte – Mautstraße – Parkplatz Breitlahnhütte (1070 m).

Einkehr:
Breitlahnhütte (1070 m), Ladreiter-Almhütte (1354 m) auf der Putzentalalm.

Gipfelmöglichkeiten:
Prebertörl (2194 m), Landschitzscharte (2145 m), Kaiserscharte (2298 m), vor Schwarzensee Abzweigung zum Predigtstuhl (2543 m), südlich vom Schwarzensee Abzweigung über Rettingscharte (2326 m) zur Preintalerhütte, von der Breitlahnhütte über Trattenscharte (2408 m) auf die Hochwildstelle (2747 m).

Wenn man das erste Mal ins Ennstal kommt und sich nach einem Wandertip erkundigt, wird zumeist die Putzentalalm als idealer Einstieg genannt, um das Ennstal und ein wunderbares Stück der Niederen Tauern, den Schwarzensee, kennenzulernen. Eine breite Fahrstraße führt relativ eben hinauf zur Putzentalalm, die idyllisch eingebettet zwischen den Bergen liegt. Wasserfälle rauschen besonders im Frühjahr und im Frühsommer während der Schneeschmelze von den Bergflanken. Ganz geduckt am rechten Rand der wunderschönen Hochfläche stehen einige Hütten, hier einigermaßen sicher vor der stets drohenden Lawinengefahr. Ein wunderbares Panorama öffnet sich dem Besucher, man geht über eine kleine

Die bereits legendäre Sela Ladreiter

Brücke, bis man dann bei den Almhütten eintrifft, wo die Familie Ladreiter bereits seit vielen Jahren den Wanderern entsprechende Gastfreundschaft gewährt. Wehmütig denken viele Wanderer und vor allem Einheimische an Sela Ladreiter zurück, die über 60 Jahre lang im Sommer das Vieh auf der Alm betreute und für jeden Hungrigen und Durstigen etwas übrig hatte. 1414 wurde die Putzentalalm das erste Mal urkundlich erwähnt. Das Erzbistum Salzburg und andere Landesfürsten prägten diese Alm als Besitzer oder Nutzer. 1499 wurde sie an das Stift Admont verkauft. Für 1625 wird überliefert, daß drei Bauern, darunter ein vlg. Ringdorfer, nutzungsberechtigt waren. Ihre wechselvolle Geschichte hat man auf dieser Alm bis heute nicht vergessen. Die Aufzeichnungen, die im Haus Ladreiter nachzulesen sind, berichten von schwerer und mühsamer Arbeit, vom Transport der Milch, des Heus und von den Naturgewalten.
So wurde 1935 das gesamte Almdorf durch einen Lawinenabgang zerstört, 1936 wurde wieder alles aufgebaut, bis 1944 die nächste Lawinenkatastrophe folgte.

Wer kennt sie nicht? Die Putzentalam gehört sicherlich zu den bekanntesten Almen der Steiermark

Putzentalalm

Von hier hat man zahlreiche Möglichkeiten für Überschreitungen bekannter Scharten und Törln:
Prebertörl (2145 m) Übergang nach Tamsweg, Landschitzscharte (2298 m) Übergang zum Zwerfenbergsee und weiter nach Tamsweg.
Die Wanderung zur Putzentalalm ist immer ein besonderes Erlebnis, vor allem zur Zeit der Schneeschmelze und zur Almrauschblüte.

WEGBESCHREIBUNG

Von der Breitlahnhütte (1070 m) führt der breite Fahrweg 786 bzw. WWW 702 Richtung Schwarzensee (1171 m). Dieser wunderschön gelegene Almsee, der größte in den Niederen Tauern, ist auch das Ziel vieler Spaziergänger und Wanderer (Unerschrockene nehmen ein kühles Bad). Vom südlichen Ende des Sees hat man einen besonders schönen Blick in die Bergwelt rund um Kieseck und Waldhorn. Zahlreiche Sagen ranken sich um diese eindrucksvolle Landschaft, ein Wasserschaupfad vermittelt zusätzliche Informationen. In einer knappen Stunde erreicht man dann über einen breiten Fahrweg die Putzentalalm (1354 m), die rund 300 Höhenmeter von der Breitlahnhütte lohnen sich auf alle Fälle.

Putzentalalm

Der Schwarzensee ist einer der größten und bekanntesten Seen in den Niederen Tauern und dementsprechend auch besucht

45 Tuchmoaralm

Almwirtschaft wie in früheren Zeiten

TOUR AUF EINEN BLICK

Wegverlauf:
Kesslerkreuz (989 m) – Weg 789 – Abzweigung zur Tuchmoaralm – Weg 790 – Tuchmoaralm (1509 m).

Charakteristik:
Einfache, kurze Almwanderung (bei Weiterweg Zeit und Ausrüstung berücksichtigen).

Orientierung:
Breit angelegter und problemloser Weg.

Gehzeit:
Vom Kesslerkreuz 1,5 bis 2 Std., vom Parkplatz ca. 1 Std.
500 Hm.

Anfahrt:
Ennstal-Bundesstraße B 146 – Kleinsölk – Kesslerkreuz (989 m) bzw. Parkplatz.

Einkehr:
Almhütten auf der Tuchmoaralm.

Gipfelmöglichkeiten:
Seekarlscharte (ca. 2300 m), Seekarlspitze (2523 m), Mittereck (2469 m).

Variante:
Aufstieg von St. Nikolai über Hohensee und Schwarzensee.

Ein schöner Nachmittagsausflug auf eine Alm, die auf eine lange Vergangenheit und Tradition zurückblickt. Hier werden die Almhütten noch ständig instand gehalten, und es wird noch richtige Almwirtschaft betrieben. Die Tuchmoaralm ist ein beliebter Treffpunkt der Ennstaler, alte Almbräuche sind hier noch lebendig.

Aus alter Zeit ist die Butterherstellung überliefert: Mit Nutzung der Wasserkraft wird die Butter gerührt und anschließend in kunstvoll kerbgeschnitzte Model gegeben.

Das Endprodukt schließlich kann sich sehen lassen – nicht einfach ein Stück Butter, sondern kunstvoll verziert mit verschiedenen Motiven (Blumen, Jagd etc.).

Auf der Tuchmoaralm wird noch richtige Almwirtschaft betrieben und sie ist ein beliebter Treffpunkt der Ennstaler

Weitere Spezialitäten sind der Steirerkas und die roggenen Krapfen.
Eine Besonderheit auf der Tuchmoaralm sind auch die Zäune, die nicht aus Holz, sondern aus aufgeschichteten Steinen errichtet sind.
Natürlich bieten sich von hier Möglichkeiten für weitere Wanderungen, sei es nur in den Talschluß, ins Tuchmoarkar, oder für Überschreitungen hinüber in die Großsölk oder zumindest hinauf zum Seekarlsee und zur Seekarlscharte.

WEGBESCHREIBUNG

Kurze Wanderung, falls man mit dem Auto bis zum Kesslerkreuz oder bis zur Abzweigung Tuchmoaralm–Striegleralm fahren kann. Der Weg führt links leicht ansteigend zur Alm, die man in ca. einer Stunde erreicht (bis zum Kesslerkreuz ca. 1,5 Std.). Der Weiterweg ins Tuchmoarkar geht über schöne, saftige Almböden, der Weg zum Seekarlsee und weiter zur Seekarlscharte ist ebenfalls problemlos zu bewältigen. Für den Aufstieg auf die Seekarlspitze bzw. auf das Mittereck ist aber Erfahrung und Trittsicherheit nötig.

46 Strickeralm

Kurze Almwanderung aus dem Großsölktal

TOUR AUF EINEN BLICK

Wegverlauf:
Fleiß im Großsölktal (925 m), Feuerwehrdepot – Forst- und Waldweg – Strickeralm (1353 m) – Weg über Almboden zum Waldrand, Steig zur Karlscharte (ca. 2000 m) – Karlspitze (2212 m).

Charakteristik:
Bis zur Strickeralm einfache, kurze Wanderung, meist auf Forststraße, Weiterweg zur Karlspitze Bergwanderung auf unmarkiertem Steig, jedoch ohne größere Schwierigkeiten.

Orientierung:
Gute Orientierung, nach der Alm unmarkierter Steig zur Karlspitze.

Gehzeit:
Zur Strickeralm und kurzer Weiterweg ca. 1 Std.,
von der Strickeralm auf die Karlspitze ca. 2 bis 2,5 Std.
Zur Strickeralm einschließlich Weiterweg ca. 500 Hm.,
insgesamt auf Karlspitze 1300 Hm.

Anfahrt:
Ennstal-Bundesstraße B 146 – Großsölk – Ortschaft Fleiß/Feuerwehrdepot.

Einkehr:
Almhütte auf der Strickeralm.

Gipfelmöglichkeiten:
Karlspitze (2212 m), weitere Gipfel ohne Markierung nur für Bergsteiger.

Variante:
Zustieg über Karlspitze und Karlscharte aus der Kleinsölk/Gasthof Mössner.

Es gibt leider schon zu viele Almen, die mit dem Auto erreichbar sind, dazu kommen noch Berechtigte wie Jagd- und Forstleute. Auffallend (zumindest an dieser Wanderung) war die Zahl der Autos auf der Strickeralm – sogenannte Bergwanderer in ihrer unübersehbaren Adjustierung (rot-weiß-karierte Hemden etc.) stiegen aus den Autos und kehrten bei der Hütte ein. Dabei versäumen die Wanderer den kurzen, leichten und schönen Aufstieg von der Fleiß im Großsölktal. Dichte Sträucher sind hier sorgsam ausgeschnitten, man wandert wie durch einen Tunnel – eine Besonderheit in den Tauern. Auf dem unvermeidlichen Forstweg muß man sich rechts halten, damit die Autos vorbeifahren können. Von der Hütte sollte man ca. eine halbe

Stunde bis zum Waldrand weitergehen und die herrliche Umgebung der Alm genießen. Ein aus einem Baumstrunk geschnitztes Gesicht mitten auf der Almwiese ist eine nette Abwechslung.
Mit einiger Mühe ist der Weiterweg zur Karlspitze zu finden (es gibt keine Markierung). Die Wanderung zur Strickeralm ist besonders für Kinder zu empfehlen, da es auf dem schönen Weg einiges zu entdecken gibt.

WEGBESCHREIBUNG

Aus dem Großsölktal, beim Feuerwehrdepot in der Ortschaft Fleiß, geht es vorerst auf einer Forststraße aufwärts, dann durch den Wald auf die Strickeralm. Bis zur Baumgrenze eine einfache Wanderung, danach muß man sich den Steig suchen (unmarkiert), der Richtung Karlscharte führt (wenig begangen). Von dort hat man einen schönen Ausblick auf den nahegelegenen Großen Knallstein.
Die Einkehr in der Almhütte auf der Strickeralm bei gleichem Rückweg ist wirklich zu empfehlen, denn auch hier gibt es die bekannten Almspezialitäten der Niederen Tauern.

Die Wanderung auf die Strickeralm lohnt sich vor allem auch für Kinder

47 Hohensee

Auf stillem Weg in eine bezaubernde Seenlandschaft

TOUR AUF EINEN BLICK

Wegverlauf:
St. Nikolai im Sölktal (1127 m) – Weg 702 – Bräualm (1156 m) – Kreuzsteg (1203 m) – Hohenseealm – Hohensee (1543 m).

Charakteristik:
Einfache Bergwanderung mit besonderem Charakter (Stille, wunderschöne Blumenwelt und ein herrlich gelegener See). Weiterweg über Schimpelscharte oder Seekarlscharte – schwierige Bergwanderung.

Orientierung:
Gute Markierung bis zum Hohensee und zur Schimpelscharte, Steig zur Seekarlscharte schlecht erkennbar.

Gehzeit:
Bis Hohensee ca. 2 Std.
400 bis 500 Hm.

Anfahrt:
Ennstal-Bundesstraße B 146 – St. Nikolai im Sölktal über Sölkpaßstraße – Parkplatz in Ortsnähe.

Einkehr:
Gasthof in St. Nikolai

Gipfelmöglichkeiten:
Seekarlspitze (2523 m), Mittereck (2469 m), Schimpelscharte (2273 m), Süßleiteck (2507 m).

Variante:
Übergang über Seekarlscharte aus Kleinsölk.

St. Nikolai im Sölktal ist weitum als Talort des Sölkpasses bekannt – mit einigen gepflegten Häusern und der hübschen Kirche, umgeben von einem großartigen Gipfelpanorama. Dieser Ort ist Ausgangspunkt für zahlreiche schöne Wanderungen in allen Schwierigkeitsgraden – ein Geheimtip für alle Wanderfreunde. Die Wanderung zum Hohensee ist einzigartig wie die prachtvolle Umgebung des Sees – das Gipfelpanorama, die unzähligen Blumen und vor allem die Stille sind es, die den Wanderer den hektischen Alltag vergessen lassen. Nur eine private Almhütte steht oberhalb des Hohensees, eine freundliche Einladung ergeht an jeden, der vorbeikommt. Der sportliche Wanderer kommt schon in aller Früh zur Hütte herauf, und ein Westalpen-erfahrener Bergsteiger meint zufrieden: „Hier ist es doch am schönsten."

Die Wanderung zum Hohensee ist einzigartig wie die prachtvolle Umgebung des Sees

WEGBESCHREIBUNG

Von St. Nikolai aus führt der Weg Richtung Süden. Der aufmerksame Wanderer wird bei einem Wegkreuz innehalten, das an Franz Ruhdorfer vlg. Schrettl aus Bad Mitterndorf erinnert. Ruhdorfer war ein begeisterter Bergsteiger, Bergrettungsmann und auch bei der Flugrettung tätig. Jeden freien Tag verbrachte er in seinen Bergen, kannte jeden Steig und Gipfel in den Niederen Tauern. Er starb hier, nachdem er das Süßleiteck bezwungen hatte, im Alter von 52 Jahren den Sekundentod.
Der Weg führt nun weiter entlang des Bräualmbachs bis zur Geierwand und beim Kreuzsteg steiler aufwärts durch einen wunderschönen Hochwald. Überraschend öffnet sich dann der Wald, und die alten Hütten sind bald erreicht. Der Tiefblick zum See lädt zu einer Rast ein. Wasserfälle und rauschende Bäche bestimmen die Umgebung. Natürlich sollte man auch zum See hinuntersteigen. Bisher war es der Weg 702, der zur Hohenseealm führt und weiter zur Schimpelscharte; wenn man aber rechter Hand den Weg 790 wählt, kommt man zur Seekarlscharte (Weg nicht leicht erkennbar). Rückkehr auf gleichem Weg.

48 Großer Knallstein

Der Weg zum höchsten Gipfel in den Sölktälern

TOUR AUF EINEN BLICK

Wegverlauf:
St. Nikolai im Sölktal (1127 m) – Weg 791 Güter- und Waldweg – Kaltherbergalm (1608 m) – Unterer Klaftersee (1884 m) – Oberer Klaftersee – Vorgipfel – Großer Knallstein (2599 m). Rückweg wie Aufstieg.

Charakteristik:
Lange, anstrengende, aber unschwierige Bergwanderung in einer eindrucksvollen Landschaft – ein kleiner Querschnitt durch die Schönheit der Sölktäler.

Orientierung:
Gute Markierung.

Gehzeit:
Durchschnittlich 4,5 Std., je nach den Rastpausen auch kürzer oder länger. 3,5 Std. im Abstieg. 1500 Hm.

Anfahrt:
Ennstal-Bundesstraße B 146 – Hinweise Sölktäler/Sölkpaß/ St. Nikolai – Parkplatz Nähe Ortszentrum.

Einkehr:
Gasthof in St. Nikolai.

Gipfelmöglichkeiten:
Für Bergsteiger: Kleiner Knallstein (2378 m), Seekarlspitze (2523 m), unmarkiert.

Dem höchsten Gipfel in den Sölktälern fehlt gerade ein Meter zur 2600-Meter-Marke – er liegt exakt 2599 Meter über dem Meer. Der Weg auf diesen Berg ist unschwierig, jedoch darf der Höhenunterschied nicht unterschätzt werden. Am schönsten ist die Wanderung zur Zeit der Almrauschblüte – und die Klafterseen laden zur Rast ein.
Die Bezeichnung Knallstein können selbst Einheimische nicht erklären, jedoch ist der Gipfel mit seinen weiten, ausladenden Karen der „König der Berge" in den Sölktälern. Dazu kommt noch, daß es auch ein Berg der Ruhe und Stille ist, noch unberührt vom Massentourismus.
Es gibt in der einschlägigen Literatur unterschiedliche Angaben über die Gehzeit: Einige Wanderführer geben dreieinhalb Stunden an, in St. Nikolai liest man auf einem Wegweiser von fünf Stunden. Die Wahrheit dürfte in der Mitte liegen.

WEGBESCHREIBUNG

Vom malerischen Ort St. Nikolai führt vorerst eine Straße Richtung Kaltherbergalm, eine Wegtafel weist den Wanderer in den Wald, wo ein steiler Anstieg zur Alm folgt. Der Weiterweg wird zwar immer beschwerlicher, die herrliche Umgebung läßt aber die Mühen vergessen: rauschende Wasserfälle, malerische kleine Bäche, ein appetitanregendes Preiselbeergebiet und eine beeindruckende Seenlandschaft.
Der Weg kann zeitweise naß und rutschig sein, aber mit entsprechender Vorsicht ist es eine problemlose Wanderung, die Seen verführen zu einer längeren Pause. Der weitere Aufstieg von den Klafterseen ist zwar steil, aber auch nicht schwierig. Über einen Vorgipfel erreicht man schließlich das Gipfelkreuz mit einem großartigen Panorama. Rückweg wie Aufstieg.

Seenlandschaft auf dem Weg nach oben

Der höchste Berg in den Sölktälern: der Große Knallstein

49 Deneck

Eine der schönsten Ecken im Sölktal

TOUR AUF EINEN BLICK

Wegverlauf:
Parkplatz am Fuß des Sölkpasses – Kaltenbachalm (ca. 1600 m) – Unterer Kaltenbachsee (1748 m) – Oberer Kaltenbachsee (1912 m) – Variante über Etrachböden oder Schafspitze – Deneck (2433 m). Rückweg wie Anstieg.

Charakteristik:
Bergwanderung auf immer steiler werdendem Weg in reizvoller Seenlandschaft. Steilaufstieg nach den Seen erfordert Trittsicherheit. Lohnende Tagestour.

Orientierung:
Gute Markierung.

Gehzeit:
Im Aufstieg 3 Std.,
Abstieg 2,5 Std.
850 Hm.

Anfahrt:
Ennstal-Bundesstraße B 146 – Hinweis Sölkpaß – St. Nikolai – Parkmöglichkeit am Fuß des Sölkpasses (ca. 1600 m).

Einkehr:
Almhütte auf der Kaltenbachalm und weitere Hütten.

Gipfelmöglichkeiten:
Mittereck (2284 m), Breitmodel (2380 m), beide Gipfel unmarkiert und nur für Bergsteiger.

Selbst wenn man erfahrenere Bergwanderer nach dem Deneck fragt, kommt meist die Antort: „Welches Eck?“ Hier ist nicht von einem Modeberg die Rede, sondern von einer wunderschönen und ruhigen Wanderung. Die Kaltenbachalm, am Beginn des Sölkpasses, ist der Ausgangspunkt für die Tour. Unter den vielen Gipfeln der Niederen Tauern ist das Deneck in die Kategorie unauffällig einzuordnen, das gilt aber nicht für die Einheimischen. Für die Bewohner des Sölktals ist es ihr Hausberg, was die Wirtin von der Kaltenbachalm (sie ist aber auch Bäuerin im Ennstal) bestätigt, die in erfrischender Weise meint: „Die Normalen brauchen so an die drei Stunden, wenn ich aber gut drauf bin, gehe ich in eineinhalb Stunden.“ Tatsächlich verleitet der Weg anfangs dazu, ein höheres Tempo einzuschlagen. Neben den beiden Kaltenbachseen, die in einer märchenhaften Umgebung liegen, gibt es noch einen kleinen See, der auf keiner Karte verzeichnet und daher namenlos ist. Nach den Seen kann man

Eine Rast am Kaltenbachsee lohnt sich immer

Unterwegs zum Deneck, dem Hausberg der Bewohner des Sölktals

zwischen einer anstrengenderen Gratwanderung und einem einfachen Aufstieg wählen. Belohnt wird man oben auf alle Fälle mit einem grandiosen Bergpanorama.

WEGBESCHREIBUNG

Von der Kaltenbachalm (ca. 1600 m) auf schönem Steig recht rasch zum Unteren Kaltenbachsee (1748 m) – dieser Weg kann an schönen Tagen ziemlich überlaufen sein. Der Weg führt nun weiter zum Oberen Kaltenbachsee auf 1912 Meter Höhe. Vorbei an einem namenlosen See leitet der Aufstieg, so glaubt man, in eine Wand, die aber problemlos zu bewältigen ist. Am Sattel kann man die einfache Variante über die Etrachböden oder die schwierigere, griffigere über die Schafspitze wählen. Oft liegt im September bereits Schnee unterhalb des Gipfels, es kann dann rutschig sein, kleine Schneefelder müssen fallweise überquert werden. Dies ist im Hochsommer natürlich nicht der Fall. Der Gipfelaufbau erfordert Trittsicherheit, beim Abstieg ist, wenn der Steig feucht ist, Vorsicht geboten. Rückweg wie Aufstieg. Die Einkehr bei der freundlichen Wirtin auf der Kaltenbachalm sollte man auf keinen Fall versäumen.

50 Gumpeneck

Eines der Wahrzeichen des Ennstals

TOUR AUF EINEN BLICK

Wegverlauf:
Großsölk (941 m) – Auffahrt zum höchsten Anwesen (Koller 1132 m) – Weg 911 – Schönwetterhütte (1442 m) – Weg 911 oder durch das Kar – Gumpeneck (2226 m).
Rückweg:
Zinken (2042 m) – Weg 9 und 910 – Schönwetterhütte oder Fleiß – Weg 910 über die verfallende Leitneralm.

Charakteristik:
Tagestour mit großem Höhenunterschied, gute Kondition notwendig, aber ohne größere Schwierigkeiten, steilere Steige, herrliche Gipfelrundsicht.

Orientierung:
Gute Markierung.

Gehzeit:
Im Aufstieg 3 bis 4 Std., 3 Std. im Abstieg. 1100 Hm. (bei Abstieg zum Zinken 100 Hm mehr).

Anfahrt:
Ennstal-Bundesstraße B 146 – Hinweis Sölkpaß/Großsölk – Großsölk bzw. Fleiß.

Einkehr:
Schönwetterhütte (1442 m), einzelne Hütten bewirtschaftet.

Gipfelmöglichkeiten:
Zinken (über Weg 910, 2042 m), Schönwetterberg (1672 m), Übergang zum Hangofen (2056 m) zur Mörsbachhütte/Donnersbachwald.

Varianten:
Aufstieg von Öblarn über Schönwetterberg (1672 m), über das Englitztal, über die Mörsbachhütte/Donnersbachwald,
Überschreitung von Mössna über Gstemmerscharte und Mössnascharte.

Das Gumpeneck ist einer der imposantesten Gipfel im östlichen Teil der Niederen Tauern und ähnelt vom Frühling bis in den Herbst hinein eher einem Alm- oder Grasgipfel. Im Winter ist das Gumpeneck aber eine äußerst markante Schneepyramide und ein Eldorado für Schitourengeher. Der Gipfel beherrscht die Gegend um Gröbming und blickt auch als einziger Berg zwischen Grimming und Kamm über den Paß Stein, so daß sogar die Bewohner des Steirischen Salzkammerguts in die Tauern schauen können, ohne einen höheren Gipfel zu erklimmen. Auch Erzherzog Johann bestieg das Gumpeneck und zählte diesen Berg vor allem wegen des großartigen Rundblicks zu seinen Lieblingsbergen. Selbst bei schlechterem Wetter lohnt sich ein Besuch in der Schönwetterhütte.

Einkehr in der Schönwetterhütte

WEGBESCHREIBUNG

Vor der Gemeinde Großsölk zeigt ein Wegweiser nach links zur Schönwetterhütte. Man kann noch ein gutes Stück Richtung Koller auf 1100 Meter fahren, von dort beginnt die Wanderung auf einem schönen und unschwierigen Weg (nur das letzte Stück vor der Hütte ist etwas steiler). Von der Schönwetterhütte führt der Weiterweg relativ steil bis zur Gumpenalm, wo man zwei Möglichkeiten hat: entweder geradeaus und eben zum Kar oder nach rechts über das Salzleck, immer leicht ansteigend. Beide Wege treffen sich beim rechten Einschnitt, von wo der Weg zum Gipfel führt. Die Möglichkeit einer Rundwanderung ist gegeben, wenn man den Abstieg vom Gipfel Richtung Nordosten, vorerst abwärts, dann über Blockwerk wieder hinauf zum Zinken und dann über den Schönwetterberg wieder hinunter Richtung Hütter wählt.
Eine weniger begangene Variante ist der steile Abstieg in die Fleiß, einen Ortsteil von Großsölk. Auffallend sind dabei die einzeln stehenden Bäume, die der Natur trotzen (Achtung: nicht vergessen, daß das Auto an anderer Stelle steht).

Früher Schnee am Gumpeneck

51 Englitztal

Auf den Spuren der Öblarner Bergknappen

TOUR AUF EINEN BLICK

Wegverlauf:
Parkplatz Berghaus (985 m) – Bergkreuzkapelle – Weg 913 – Weiße Wand – Englitztalalm (1328 m).

Charakteristik:
Einfache, stille und eindrucksvolle Almwanderung, Bergkreuzkapelle auf historischem Boden.

Orientierung:
Gute Orientierung, zahlreiche Hinweistafeln.

Gehzeit:
Zur Bergkreuzkapelle 45 Min., zum Englitztal 1 Std.
350 Hm (zur Alm).

Anfahrt:
Ennstal-Bundesstraße B 146 – Öblarn – Walchentalstraße – Parkplatz Berghaus (985 m).

Einkehr:
Englitztal, private Almhütten, Gasthof zum Bergkreuz.

Gipfelmöglichkeiten:
Hangofen (2056 m), Kühofenspitze (2145 m), Gumpeneck (2226 m), Pleschnitzzinken (2095 m), Lämmertörl (1920 m), Kämmertörlkopf (2046 m).

Varianten:
Weitere Zugänge von der Mörsbachalm und von Mössna.

Vieles kann man heute über den Bergbau um Schladming sehen und auch nachlesen, weniger bekannt ist aber, daß südlich von Öblarn noch um die Jahrhundertwende Kupfererz abgebaut wurde. Genau läßt sich nicht mehr feststellen, wann mit diesem Bergbau begonnen wurde, das Berghaus von Öblarn stammt jedenfalls aus dieser Zeit. Die Anfänge müssen aber mehr als 800 Jahre zurückliegen, da Öblarn 1135 das erste Mal urkundlich erwähnt wurde. Sogar Gold und Silber, aber auch andere Erze wurden in der Vergangenheit in dieser Gegend abgebaut. Die Bergkreuzkapelle erinnert noch heute an die

Das Englitztal mit seinen malerischen Almhütten

Frömmigkeit der Knappen, sie steht an einem besonders ruhigen Platz. Der Weg zum Englitztal, einer malerischen Alm mit einigen Almhütten und einer Hütte des Alpenvereins (Selbstversorgerhütte), gehört ebenfalls zu den ruhigen und beschaulichen Wanderungen ohne besondere Höhepunkte: einfach die Ruhe und die Natur erleben gilt hier als Motto.

WEGBESCHREIBUNG

Vom Parkplatz beim Berghaus geht es über einen breiten Weg Richtung Englitztal, vorbei an der imposanten Weißen Wand, einem ehemaligen Steinbruch, wo noch vor wenigen Jahren Marmor abgebaut wurde (Achtung: Betreten verboten).

Bald erreicht man das Englitztal, der Weiterweg führt über Almwiesen entweder durch das Englitztal Richtung Hangofen oder links (Weg 913) zur Ramertalalm (1394 m). Man kann dann wieder über das Lämmertörl zur Mörsbachalm bei Donnersbachwald absteigen.

52 Mörsbachhütte – Großes Bärneck

Einzigartiges Wandergebiet, grünes Paradies

TOUR AUF EINEN BLICK

Wegverlauf:
Donnersbachwald (976 m) – Weg 902 – Mörsbachhütte (1303 m) – Weg 902 bis knapp vor Hintere Mörsbachalm, dann Weg 919 – Hintere Mörsbachalm (1482 m) – Großes Bärneck (2071 m).

Charakteristik:
Schöne Wanderung, anfangs leicht, im Gipfelbereich Bergwanderung, um die Mörsbachhütte laden Gipfel und Scharten zu weiteren Touren ein.

Orientierung:
Gute Markierung und Orientierung.

Gehzeit:
Zur Mörsbachhütte ca. 30 Min., von der Hütte auf das Bärneck 2 bis 2,5 Std.
1100 Hm.

Anfahrt:
Ennstal-Bundesstraße B 146 – Irdning – Donnersbachwald (Parkplatz im Zentrum).

Einkehr:
Mörsbachhütte (1303 m).

Gipfelmöglichkeiten:
Lämmertörlkopf (2046 m), Sonntagskarspitze (1999 m), Finsterkarspitz (2022 m), Riesnerkrischpn (1922 m).

Varianten:
Von Mörsbachhütte über Schusterboden – Mössnascharte – Sonntagskarspitze,
von Mörsbachhütte über Gstemmerscharte,
von Donnersbachwald über Finsterkaralm, Finsterkarsee,
von Mössna über Gstemmerscharte.

Nur wenige Berghütten sind sowohl im Sommer als auch im Winter bewirtschaftet. Die Mörsbachhütte zählt dazu und ist deswegen auch entsprechend frequentiert. Sie ist der Ausgangspunkt für viele Wanderungen westlich von Donnersbachwald, einem idyllischen Bergdorf am Talschluß des Donnersbachtals. Der grüne Bergkamm mit dem beherrschenden Gipfel des Großen Bärneck lädt zu Überschreitungen, Kammwanderungen oder nur zu Auf- und Abstiegen ein. Mit einer guten Wanderkarte läßt sich eine individuelle Wanderung zusammenstellen. Varianten gibt es genug, die man je nach Kondition, Bergerfahrung und entsprechendem Wetter unternehmen kann. Die Besteigung des

Mörsbachhütte – Großes Bärneck

Großen Bärneck ist aber ein Muß für den Bergwanderer. Der Anstieg ist unschwierig, einzig das eine oder andere Stück über das Törl ist relativ schmal und steil. Da diese Steige wenig begangen sind, ist ihr Zustand nicht immer der beste. Auf alle Fälle wird ein Bergtag um die Mörsbachhütte mit der Besteigung des Großen Bärneck zu einem echten Erlebnis.

WEGBESCHREIBUNG

In einer guten halben Stunde erreicht man von Donnersbachwald auf einem breiten Weg die Mörsbachhütte (1303 m). Recht bald zweigt rechts der Steig zum Lämmertörl bzw. zur Mössnascharte ab (schmal und wenig begangen).

Von der Mörsbachhütte auf das Große Bärneck – ein echtes Wandererlebnis

Über eine Abkürzung (Forststraße) gelangt man zur Hinteren Mörsbachalm (1482 m). Der Blick zum Gipfelkreuz zeigt, daß der Weg noch relativ lang ist, dafür aber problemlos und unschwierig. Die wenigen steileren Stellen im unteren Gipfelbereich sind bald überwunden, ein Graskamm führt zum Gipfel des Großen Bärneck. Die Aussicht ist wie überall in den Tauern grandios. Abstieg wie Aufstieg – die Einkehr in der Mörsbachhütte ist auf alle Fälle zu empfehlen. Für Bergwanderer mit sehr guter Kondition ist der Weg über Schusterboden – Sonntagskarspitze – Großes Bärneck eine lohnende Variante.

53 Karlspitze – Schoberspitze

Die westliche Genußwanderung des Plannerkessels

TOUR AUF EINEN BLICK

Wegverlauf:
Planneralm (1588 m) – Weg 902 – Kothüttensee – Goldbachscharte – Karlspitze (2097 m) – Weg 925 – Karlscharte – Schoberspitze (2126 m).

Charakteristik:
Unschwierige Bergwanderung mit zwei Gipfeln.

Orientierung:
Gute Markierung (auf der Planneralm ein wenig unübersichtlich).

Gehzeit:
2,5 Std. im Aufstieg, 2 Std. im Abstieg.
Ca. 700 Hm (Abstieg Karlscharte).

Anfahrt:
Ennstal-Bundesstraße B 146 – Irdning – Donnersbach – links zur Planneralm (1588 m).

Einkehr:
Zahlreiche Gasthöfe – von der einfachen Hütte bis zum Hotel – auf der Planneralm.

Gipfelmöglichkeit:
Schreinl (2154 m).

Variante:
Aufstieg von Donnersbachwald über Plotscheralm und Michelingalm.

Wer kennt sie nicht, die Planneralm, eines der bekanntesten Schigebiete der Steiermark in den westlichen Wölzer Tauern. Die Planneralm ist aber auch Ausgangspunkt für Wanderungen in dieser wunderbaren Bergwelt von Graten und Gipfeln. Schon die Römer weilten hier in dieser Gegend um Donnersbach, dem Talort der Planneralm; um das Jahr 1000 waren es dann die Baiern. Die erste urkundliche Nennung nach dem namengebenden donnernden Bach stammt aus dem Jahr 1190. Wie an vielen anderen Plätzen der Niederen Tauern wurde auch hier nach Gold gegraben, Bergwerke wie in Schladming gab es allerdings nicht. Das Donnersbachtal erscheint auf den ersten Blick ein wenig abgeschieden, und die Menschen gelten als besonders fleißig und tüchtig. Vor allem das Leben der Bergbauern ist hier überaus schwer, denn es gibt kaum ebene Wiesen und Anbau-

Die Planneralm ist Ausgangspunkt für zahlreiche Wanderungen

flächen. Die reizvolle Landschaft ist für den Bergwanderer ein wahres Paradies – allein der fast runde Plannerkessel ist ein ideales Wandergebiet mit zahlreichen Besonderheiten, wie zum Beispiel der Schoberspitze.

Auf dem Gipfel der Schoberspitze (2126 m)

WEGBESCHREIBUNG

Die Schoberspitze ist das alpine Wahrzeichen der Planneralm und des Donnersbachtals. Der Weg 902 führt unschwierig, teilweise feucht und rutschig hinauf zur Goldbachscharte und weiter zur Karlspitze (2097 m). Von hier leitet nun der Weg 925 ein gutes Stück wieder talwärts, bevor es relativ steil, aber problemlos hinaufgeht zur Schoberspitze (2126 m). Durch die exponierte Lage des Gipfels ist der Rundblick nicht nur ins gesamte Ennstal, sondern bis Pürgg und ins Steirische Salzkammergut grandios. Rückweg wie Anstieg; im Moorgebiet unterhalb der Goldbachscharte sollte man sich Zeit nehmen, die ungewöhnlich schöne Flora zu bewundern.

54 Plannerknot – Plannereck

Abwechslungsreiche Überschreitung des Plannerkessels Nord-Ost-Süd

TOUR AUF EINEN BLICK

Wegverlauf:
Planneralm (1588 m) – Weg 940 – Plannersee – Plannerknot (1996 m) – Plannereck (2003 m) – Großer Rotbühel (2019 m) – Abstieg über Schiabfahrt.

Charakteristik:
Abwechslungsreiche Bergwanderung, bei Überschreitung bis Plannereck und Rotbühel Trittsicherheit und Schwindelfreiheit notwendig, teilweise ausgesetzt. Von Rotbühel einfacher Abstieg zur Alm.

Orientierung:
Gute Markierung.

Gehzeit:
4 bis 5 Std.
Theoretisch ca. 450 Hm, durch ständiges Auf und Ab wesentlich mehr.

Anfahrt:
Ennstal-Bundesstraße B 146 – Irdning – Donnersbach – Planneralmstraße – Planneralm (1588 m).

Einkehr:
Zahlreiche Gasthöfe – von der einfachen Hütte bis zum Hotel auf der Planneralm

Gipfelmöglichkeiten:
Plannerseekarspitze (2072 m), Gstemmerspitze (2104 m), Hochrettelstein (2220 m), große Überschreitung zum Glattjoch.

Variante:
Aufstieg aus Donnersbachwald über Lärchenkaralm.

Ein Besuch auf der Planneralm lohnt sich nicht nur im Winter, auch alle anderen Jahreszeiten laden ein, diese herrliche Landschaft zu erkunden und zu erwandern, sei es nur bis zum Plannersee oder weiter zum Plannerknot, einem schönen Aussichtsberg. Für Bergwanderer gibt es einige Möglichkeiten, einen großen Teil des Bergkamms um den Plannerkessel zu „bezwingen.“ Bezwingen? Von der Alm aus scheinen diese Wege recht einfach zu sein, in einigen Teilstücken ist aber

*Plannerknot –
Plannereck*

Trittsicherheit und Schwindelfreiheit notwendig. Große Steinblöcke, wie von Menschenhand geschaffen, liegen verstreut in der Landschaft, und manchmal tut sich sogar ein Abgrund vor einem auf.
Auf der Scharte Plannerknot kann man sich für den Weg auf die Plannerseekarspitze (2072 m) entscheiden und über einen steilen Steig wieder zur Planneralm absteigen, man kann aber auch den Weg zum Hochrettelstein (2220 m) wählen.

WEGBESCHREIBUNG

Ausgangspunkt ist wieder die Planneralm, von dort erreicht man recht bald den Plannersee und den Plannerknot. Von hier führt nun eine abwechslungsreiche Wanderung auf das Plannereck (2203 m), einen nur schwer erkennbaren Gipfel. Berauschend im wahrsten Sinn des Wortes ist der wunderbare Duft der Latschen, der einen ständig begleitet. Weiter geht es nun zu den beiden Rotbüheln, dem Kleinen und Großen (2019 m) – eine eindrucksvolle Bergwanderung mit schönem Rund- und Tiefblick. Man kann nun über die Lifttrasse absteigen, z. B. über Jochspitze und Goldbachscharte. Für konditionsstarke Wanderer kann der Weg bis zur Schoberspitze ausgedehnt werden, mindestens sieben bis acht Stunden müssen dafür einkalkuliert werden.

Die Planneralm ist nicht nur ein herrliches Wandergebiet, sondern vor allem auch ein Eldorado für den Wintersportler

Folgende Doppelseite: Der Plannersee mit Schoberspitze

55 Mölbegg

Ein großartiger Aussichtsberg

TOUR AUF EINEN BLICK

Wegverlauf:
Donnersbach – etwa 5,5 km Auffahrt auf der Planneralmstraße – etwa 2 km Auffahrt zum Gehöft Hochbär, kleine Parkmöglichkeit (1256 m) – Weg 931 bzw. 936 – Mölbegg (2080 m).

Charakteristik:
Einfache, aber lohnende Bergwanderung in wunderschöner Landschaft mit einzigartiger Rundsicht.

Orientierung:
Wegweiser auf der Planneralmstraße kann leicht übersehen werden. Gute Markierung.

Gehzeit:
2 bis 2,5 Std.
850 Hm.

Anfahrt:
Ennstal-Bundesstraße B 146 – Irdning – Donnersbach – Planneralmstraße – Abzweigung zum Gehöft Hochbär (1256 m).

Einkehr:
Gasthöfe in Donnersbach.

Gipfelmöglichkeiten:
Edelweißspitze (1990 m), Hochstein (2183 m), für Bergsteiger Gstemmerspitze (2036 m).

Varianten:
Aufstieg von Aigen im Ennstal, mehrere Anstiege aus Donnersbach über Plotschenkreuz und Schattleitkoppe.

Ein erfahrener Bergsteiger und Bergwanderer, der durch puren Zufall auf das Mölbegg kam, meinte, daß er nicht gewußt habe, daß man von so einem Hügel eine so schöne Aussicht haben kann. Nein, es ist kein Hügel, sondern eine schöne und unschwierige Bergwanderung mit einem großartigen Panorama.
Der Weg führt zu einem Drittel durch Wald und den anderen Teil über Gras- und Almflächen.

Mölbegg

Besonders eindrucksvoll ist der Blick zum Grimming. Die Vielfalt des Ennstals zeigt sich von hier oben auf eine Art und Weise, die unten im Tal nicht so deutlich erkennbar ist: die Kulturlandschaft, die durch Schloß Trautenfels und Pürgg zum Ausdruck kommt, die Tallandschaft mit ihren Wiesen und Äckern und gleich in der Nachbarschaft die einzigartige Berglandschaft mit dem Dachstein und dem Toten Gebirge.

WEGBESCHREIBUNG

Bereits die Anfahrt ist ein Erlebnis, von Donnersbach auf der Planneralmstraße etwa 5,5 Kilometer bis zum Wegweiser Mölbegg.
Hier links weiter über eine schmale Straße zum höchstgelegenen Bauern vlg. Hochbär auf 1256 Meter Höhe (kleine Parkmöglichkeit). Von hier geht es auf relativ steilem Steig durch den Wald bis zur Waldgrenze, wo sich eine herrliche Landschaft öffnet, ein Paradies für Beerensammler (Preiselbeeren und Schwarzbeeren). Es geht nun teilweise steiler, aber unschwierig über einige felsige Stufen auf den Gipfel. Wer noch Lust hat, sollte den Übergang zum Hochstein (2183 m) anhängen (ca. eine Stunde). Man überschreitet dabei die Edelweißspitze (1990 m). Eine wunderschöne Aussicht zum Hochtalsee entlohnt für diese zusätzliche Mühe.

Auf dem Weg zum Mölbegg, einem Aussichtsberg mit großartigem Panorama

56 Einsame Bergwanderung zum Glattjoch

Auf den Spuren der Vergangenheit

TOUR AUF EINEN BLICK

Wegverlauf:
Parkplatz ca. 5 km nach Donnersbachwald nahe dem Wildpark (1066 m) – Weg 936 – Riedleralm – Bereutalm (1302 m) – Untere und Obere Glattalm (1501 m) – Glattjoch (1988 m) – Rückweg wie Aufstieg.

Charakteristik:
Wenig begangener Weg, lange Forststraßen-Wanderung. Geschichtsträchtiger ehemaliger Saumpfad mit reizvollen Ausblicken in die Bergwelt der Umgebung. Eine Besonderheit ist die wiedererrichtete Kapelle am Glattjoch.

Orientierung:
Gute Markierung, problemlos.

Gehzeit:
Zum Glattjoch 3,5 Std., Eiskarspitz und Hohenwart weitere 1,5 Std. 950 Hm.

Anfahrt:
Ennstal-Bundesstraße B 146 – Kreuzung Trautenfels Richtung Irdning — Donnersbach – Donnersbachwald – Parkplatz am Beginn der Forststraße (1066 m) nahe Wildpark.

Einkehr:
Gasthöfe in Donnersbachwald.

Gipfelmöglichkeiten:
Eiskarspitz (2350 m), Hohenwart (2363 m), Hochweberspitze (2375 m, nur für Bergsteiger), Überschreitung Schönfeldspitz (2202 m).

Varianten:
Überschreitung Schönfeldspitz, Zustieg aus dem Murtal (Oberwölz).

Über das Glattjoch führte ein alter Saum- und Handelsweg

Auf dem Glattjoch, in rund 2000 Meter Höhe, fand man Reste einer Kapelle, die selbst erfahrenen Archäologen Rätsel aufgeben. Zuerst wurden nur Tonscherben gefunden, später konnte jedoch der Grundriß einer Kapelle freigelegt werden. In mühsamer Arbeit wurde der Bau wieder so errichtet, wie er seinerzeit ausgesehen haben mag. Das Bethaus dürfte einst Zufluchtsort für Menschen gewesen sein, die vom Murtal ins Ennstal gelangen wollten. Der alte Saumweg läßt darauf schließen, daß neben den bekannten Übergängen zwischen Radstädter und Triebener Tauern auch dieser Weg eine besondere Bedeutung hatte, ein gemeißelter Buchstabe X weist darauf hin. Da die einzelnen Funde ein unterschiedliches Alter aufweisen, ist eine genaue Datierung der Kapelle nicht möglich. Fest steht aber, daß über das Glattjoch nicht nur Bauern und Almleute zogen, sondern daß auch ein Handelsweg darüber führte, der von Pferden und Maultieren benutzt wurde.
Heute ist das Glattjoch ein wenig begangener Übergang Richtung Oberwölz, die Gipfel der Umgebung sind imposant wie die Hochweber-

Auffahrt zum Sölkpaß mit Blick zum Hochstubofen

spitze oder der Anstieg zum Eiskarspitz und zum Hohenwart. Alte Wege, hohe Gipfel, Ruhe und Einsamkeit zeichnen diese Wanderung auf das Glattjoch aus.

WEGBESCHREIBUNG

Vorerst wandert man rund eineinhalb Stunden auf einem Forstweg entlang des Donnersbaches dahin. Unterwegs weist eine Tafel rechts zum Schwarzboden und zur Idlereckscharte. Mehrere Almen liegen am Weg wie die Riedleralm, die Bereutalm (verschiedene Schreibweisen); die Untere und Obere Glattalm beenden dann den langen Marsch über den Forstweg. Der Weg 936 führt nun abwechslungsreich weiter, und nach gut drei Stunden erreicht man problemlos das Glattjoch. Hier sollte man sich für eine längere Rast Zeit nehmen und den geschichtsträchtigen Ort mit seiner Kapelle genießen. Es gibt in den Niederen Tauern kaum einen vergleichbaren Übergang. Nun kann man 400 Höhenmeter zum Eiskarspitz aufsteigen (Weg 10, ca. 1 Std.). Von dort sind es nur mehr ein paar Schritte bis zum Gipfelkreuz auf dem Hohenwart (ca. 20 Min.).

St. Nikolai im Sölktal

Mittleres Ennstal

Von Pürgg bis zum Tamischbachturm, vom Grimming bis zu den nördlichen Ennstaler Alpen

Wenn man dem Flußlauf der Enns vom Salzburgischen aus folgt, dann liegt links, im Norden, unübersehbar das Dachsteinmassiv, jener grandiose Gebirgszug, der den Wanderer lange Zeit begleitet. Rechts befinden sich die Niederen Tauern (größtenteils die Schladminger Tauern), die ins Mittlere Ennstal überleiten. Der Grimming bewacht den Eingang ins Salzkammergut, die Niederen Tauern gehen sanft und fließend über das Dürrenschöberl zu den Gesäusebergen über. Aber wie bezeichnet man das Gebiet von Pürgg bis hinunter zur Biegung der Enns bei Hieflau? Ist es das südöstliche Tote Gebirge, die Warscheneckgruppe, sind es die nördlichen Ennstaler Alpen oder auch die Haller Mauern? Zu Unrecht wird diese Landschaft in der Literatur vernachlässigt, obwohl sie abwechslungsreiche Wege, kurze Tagesausflüge und auch anstrengende Bergtouren bietet. Mit wenigen Ausnahmen gibt es zahlreiche einsame und damit ruhige Wege, wo man selbst an schönen Sommer- oder Frühherbsttagen nur wenigen Menschen begegnet. Umso herzlicher wird man auf den Hütten begrüßt oder während einer Rast am Wegrand. Bekannte Namen wie Grimming, Bosruck, Großer Pyhrgas wechseln ab mit weniger bekannten wie Schneehitzalm, Brunnalm – oder wer kann wirklich auf Anhieb sagen, wo die Bärenfeuchtenalm genau zu finden ist? Die zahlreichen Almwege sind in gutem Zustand. Man kann durch die Fülle der Wege ein maßgeschneidertes Tagesprogramm für alle erstellen.
Welche Naturgewalten es auch immer waren, die dieses Gebiet vor urdenklichen Zeiten so geformt haben, es ist hier eine beeindruckende Fels- und Almenwelt entstanden, die vieles zu bieten hat. Für den Wanderer im Tal ist der Weg von Schloß Trautenfels oder der Pfarrkirche von Pürgg Richtung Osten äußerst abwechslungsreich. Für jene, die die Kultur über alles schätzen, zeigt sich das Mittlere Ennstal von seiner besten Seite. Viele

Schloß Trautenfels im Herzen des Ennstals

Vorhergehende Doppelseite:
Bei Aigen im Ennstal

Die Johannes-Kapelle
mit ihren berühmten gotischen Fresken

Mythen und Sagen begleiten diese Wege – ob es die schaurigen Geschichten von der Ruine Wolkenstein sind oder aber die eindrucksvolle Geschichte des Stiftes Admont, die heute noch die Historiker beschäftigt. Vieles ist erforscht, vieles gibt es noch zu erforschen, eines ist aber sicher, daß der Blick über die Wallfahrtskirche Frauenberg Richtung Gesäuseberge einer der beeindruckendsten ist: einerseits die mächtigen Türme der Kirche, von Menschenhand geschaffen, und andererseits die mächtigen Berggipfel des Gesäuses, von Gottes Hand geschaffen.

KARTEN

für Mittleres Ennstal, Unteres Ennstal und Gesäuse, Ennstaler Alpen
freytag & berndt:
082 Totes Gebirge, Windischgarsten, Tauplitz, Liezen
062 Gesäuse, Ennstaler Alpen, Schoberpaß
Kompass
68 Ausseerland, Ennstal
69 Gesäuse, Pyhrn, Eisenerz
Österreichischer Alpenverein:
16 Ennstaler Alpen, Gesäuse
15/3 Totes Gebirge-Ost
Bundesamt für Eich- und Vermessungswesen: 98 Liezen, 99 Rottenmann, 100 Hieflau

Wanderkarten, Regionskarten und Sonderausgaben der Tourismusbüros und -verbände der jeweiligen Ausgangsorte sowie neue Auflagen der namhaften Kartenverlage.

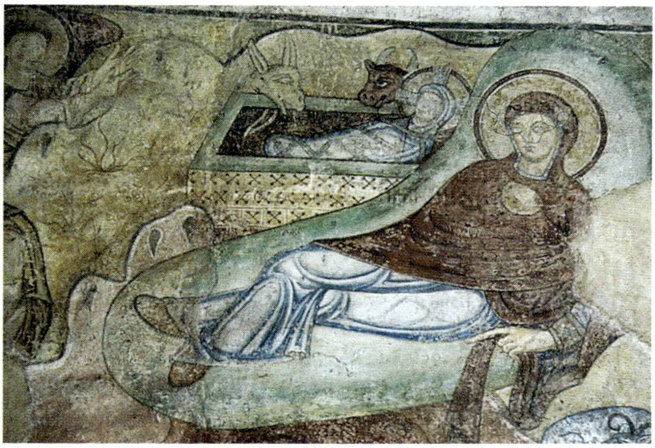

Fresko in der Johannes-Kapelle

Tamberg
Windischgarsten
Kl. Priel
G. Priel
Vorderstoder
Mitterstoder
Hinterstoder
Roßleithen
Schweizersberg
Seebach
Gleinkerau
Spital a. Pyhrn
Warscheneck
Hochmölbing
Bosruck
Pyhrnpaß
Pyhrn
Ardning
LIEZEN (664)
Weißenbach b. Liezen
Wörschach (650)
Stainach
Selzthal (636)
Neulassing
Strechau
ROTTENMANN (681)
Lassing (782)
Aigen i. Ennstal
Hohe Trett
Enns
Ennstal

Bodenwies
Schüttbauer A.
Hochbrand
Frenz
Mooshöhe
Hochkogel
1279
Wasserklotz
1505
Unterlaussa
Hocheck
1072
Bichl
Altenmarkt bei St.Gallen
Holzgraben
Dörfl
Brandstn.
Weißenbach-a.d.Enns
Haidach
Rochushöhle
Hengstpaß
Schwarzkogel
1554
Berger-viertel
St.Gallen
R. Gallenstein
Krippau
Oberlaussa
G.Maiereck
1764
Reiflingviertel
Großreifling
Rauchschober
1479
Zinödlberg
1294
Sittlingerkg.
Hochturm
G.Leckerkogel
1742
Schl.Kassegg
Kirchenlandl
Hexenturm
Admonter H.
Grabneralmh.
Kl.Buchstein
Tieflimauer
Almmauer
Ennstaler Htt.
Tamischbachturm
G.Buchstein
Hörant A.
Kletzenbg.
Buchsteinh.
Hall
Weng b.Admont
Schwaighof
Gstatterboden
Schröckendf.
Grabnerhof
Oberhall
Admont
Gesäuse-eingang
Planspitze
Krumau
Aigen
Oberhofsdlg.
Hochzinödl
Röthelstein
Haindlkarhtt.
Hochtor
Sulzkar A.
Heßhütte
Kematen
Paradies
Reichenstein
G.Odstein
Kalbling
Stadelfeldschneid
Oberst-Klinke-Htt.
Johnsbach
Schl.Kaiserau
Lahngangkogel
Mödlinger Htt.
Neuburgsttl.
Spielkogel
Bärndorf
Rotkogel
Gscheideggkg.
Dietmannsdf.

57 Pürgg – Kleinod der Steiermark

TOUR AUF EINEN BLICK

Wegverlauf:
Auto vor dem Ort abstellen. Ein Ortsrundgang, vorbei an wunderschönen Bauernhäusern.
Besuch der Pfarrkirche und der Johannes-Kapelle.
Pürgg (790 m) – Jungfrausturz – Gindlhorn (1259 m) – GH Dachsteinblick (1049 m) – Weg 278 – Pürgg.

Charakteristik:
Schöner Spaziergang durch Pürgg, anschließend Wanderung zum Gindlhorn – einfache Bergwanderung, kürzere Wegstellen mit Vorsicht zu begehen.

Orientierung:
Gut markiert.

Gehzeit:
Die beiden Wanderungen sollten genossen, nicht gemessen werden. In aller Ruhe dürfte die Gehzeit um die 4 Std. liegen. 400 Hm.

Anfahrt:
Ennstal-Bundesstraße B 146 – Kreuzung Trautenfels rechts Richtung Bad Aussee (wenn man von Graz kommt, Einmündung Salzkammergut-Bundesstraße B 145 – nach dem Tunnel rechts nach Pürgg abzweigen – Parkplatz vor dem Ort.

Einkehr:
Gasthöfe in Pürgg, Gasthof Dachsteinblick.

Variante:
Über Wörschachwald zum Gasthof Dachsteinblick und Wanderung in entgegengesetzter Richtung.

Allein die Wanderung durch den wunderschönen, idyllischen Ort ist ein Erlebnis für sich – ein kurzer Spaziergang, den man in dieser Art selten findet. Die kleine verschlungene Gasse zur Kirche, vorbei an blumengeschmückten alten Häusern, immer mit Blick auf den Grimming – unsere Vorfahren haben gewußt, wo die schönsten Plätze zu finden sind. Über Jahrhunderte hat sich die Besonderheit dieses Ortes erhalten. Hier liegt ein wichtiger Schnittpunkt des Ennstals: einerseits Schloß Trautenfels als wahre Trutzburg, andererseits Pürgg als Hinweis, als Zeigefinger dafür, daß es hier ins Salzkammergut geht. Pürgg selbst ist einer der wenigen verkehrsfreien Orte (einige Autofahrer versuchen es aber immer wieder) Österreichs. Der Spaziergang führt durch den Ort, zur Kirche des

Das „Kripperl" der Steiermark

hl. Georg und zum Friedhof, einige wenige Schritte geht es dann hinauf zur Johannes-Kapelle, ein herrlicher Ausblick über das Ennstal öffnet sich. Man befindet sich hier auf geschichtsträchtigem Boden, auf dem ursprünglich eine heidnische Anlage errichtet worden war. Um die Jahrtausendwende wurde schließlich die Kapelle erbaut, die wunderbaren Fresken sind noch größtenteils erhalten.

Pürgg ist auch für seinen Blumenschmuck bekannt...

WEGBESCHREIBUNG

Für den Wanderer gibt es natürlich mehrere Möglichkeiten zur Erkundung der Gegend, wie z. B. den Weg über die Himmelsleiter zum Gindlhorn (auch Gindlhörndl).
Nördlich von Pürgg beginnt der Weg Richtung Jungfrausturz (kein Ortsspaziergang, Wanderausrüstung notwenig). Der Gipfel bildet eine Art Doppelgipfel und bietet eine herrliche Aussicht über das breite Hinterberger Tal zum Grimming und zur gewaltigen Schiflugschanze am Kulm. Eine Einkehr im Gasthof Dachsteinblick (nomen est omen) ist auf jeden Fall empfehlenswert. Der Rückweg kann über den Weg 278 angetreten werden. Dieser führt unterhalb des Gindlhorns wieder zurück zum Ausgangspunkt Pürgg, dem „steirischen Kripperl", wie es Peter Rosegger, der große steirische Heimatdichter, genannt hat.

... und gehört zu den idyllischesten Orten der Steiermark

58 Durch die Wörschachklamm zum Spechtensee

Schäumende Wasserkaskaden – stiller Steppensee

TOUR AUF EINEN BLICK

Wegverlauf:
Wörschach (650 m) – Weg 209 durch die Wörschachklamm – Spechtenseehütte (1045 m).

Charakteristik:
Eindrucksvoller Weg durch die Wörschachklamm, gut abgesichert, im wesentlichen keine Schwierigkeiten, ebenso der Weiterweg zum Spechtensee.

Orientierung:
Gut markiert.

Gehzeit:
Je nach Rückweg 3,5 bis 5 Std. 400 Hm.

Anfahrt:
Ennstal-Bundesstraße B 146 – Wörschach (Auto bitte im Ortsgebiet Wörschach abstellen) – ca. 15 Min. bis zum Klammeingang.

Einkehr:
Spechtenseehütte (1045 m).

Gipfelmöglichkeit:
Hechlstein (1814 m).

Varianten:
Rückweg über Weg 279/209 oder über die Leistenalm nach Niederhofen.

Gut 90 Jahre ist es her, daß die Holzstege, Steige und Wege so errichtet wurden, daß man diesen wildromantischen Felseinschnitt zumeist trockenen Fußes durchwandern kann. Es war eine großartige Leistung, die die Pioniere der Wörschachklamm vollbracht haben. Unter der Anleitung des Sägewerksbesitzers Gabriel Schally faßte man den Plan, die Klamm begehbar zu machen.
Schon in grauer Vorzeit bahnte sich hier das Wasser seinen Weg nach unten. In der Geschichte Wörschachs kann man nachlesen, daß zu Beginn des 19. Jahrhunderts diese Wasser- und Felsschlucht sogar noch befahrbar war – ein für heutige Begriffe unvorstellbares Unterfangen, Transporte von Holz und Waren verschiedenster Art durch diese Klamm durchzuführen. Eine Reihe von schweren Unfällen hatte schließlich dazu geführt, die Transporte einzustellen. Immer zur Zeit der Schneeschmelze hatte das Wasser eine besondere Kraft entwickelt, die Bevölkerung in Angst und Schrecken versetzt und Verwüstungen angerichtet.

Der Spechtensee – eine Art Steppensee in einer einzigartigen Landschaft

Heute ist die Wanderung durch die Klamm beschaulich und erlebnisreich. Jedes Jahr bedarf es aber großer Anstrengungen, die Schäden des letzten Winters zu beheben, um ohne Risiko durch die Klamm wandern zu können. Der Weiterweg zum Spechtensee vom oberen Teil der Klamm dauert etwa eine bis eineinhalb Stunden. Dieser See stellt eine Besonderheit dar: Er ist eine Art Steppensee und damit einzigartig in dieser Landschaft. Seine Umrundung ist ein Muß, obwohl die Füße dabei naß werden können (eventuell Gummistiefel mitnehmen). Seerosen verleihen dem See zu gewissen Zeiten einen besonderen Reiz. Ein äußerst markanter Berg in dieser Gegend ist der Hochtausing, der das Panorama um den Spechtensee prägt.

Auf Holzstegen durch die wildromantische Klamm

WEGBESCHREIBUNG

Das Auto am besten in Wörschach abstellen. Der Weg zum Klammeingang, wo man einen kleinen Beitrag zur Klammerhaltung bezahlen muß, ist nicht weit. Der Aufstieg über Holzstiegen, Steige und Brücken ist ungefährlich, da gute Sicherungen Halt bieten (bei Nässe Rutschgefahr). Der Weiterweg zum Spechtensee ist gut markiert. Der Rückweg kann auch nach Stainach gewählt werden.

59 Auf den Spuren derer von Wolkenstein

Wanderung in die Vergangenheit

In der Hektik unserer Tage sollte eine Wanderung für viele Menschen nicht allzu lang sein (um sich nicht zu „überanstrengen"), möglichst erlebnisreich sein, und auch Kultur und Geschichte sollten nicht vernachlässigt werden: Die Wanderung zur Ruine Wolkenstein bei Wörschach eignet sich bestens dafür.
Die Burg Wolkenstein dürfte Anfang des 12. Jahrhunderts errichtet worden sein, denn um 1125 wird ein Reinolt in einer Urkunde erwähnt, wobei Wolkenstein damals „de Valchensteine" hieß. Fast 200 Meter war dieses Bollwerk über dem Ennstal lang und mehr oder minder unbezwingbar, da die Felswände nach drei Seiten senkrecht abfallen.
Durch die Jahrhunderte hat die Burg wechselvolle Zeiten erlebt. Ob es die Türken waren, die das Ennstal bedrohten, oder auch die Bauernaufstände, die das Tal in Aufruhr versetzten, immer war die Burg Zufluchtsstätte für die Bevölkerung des Ennstals, wo sie vor Bedrohung und Niedergang geschützt waren.

Es gab sogar unterschiedliche Feuerzeichen und Glockenklänge, um die Bevölkerung zu warnen und um entsprechende Vorsorge zu treffen.
Zahlreiche Sagen ranken sich um Burg Wolkenstein. So ist zu lesen, daß die Feste schon um 1100 belagert wurde, obwohl sie erst – wie schon erwähnt – 1125 urkundlich erwähnt wird. Nicht immer waren die Burgherren der Bevölkerung freundlich gesinnt. Zur Zeit der Kreuzzüge schloß sich auch der damalige Burgherr dem Kreuzfahrerheer an. Er setzte einen Vogt als Verwalter ein, der jedoch den Auftrag seines Herrn völlig ignorierte. Kurz vor Weihnachten sollte ein Bauer um sein letztes Stück Vieh gebracht werden. Auch mit einem kranken Kind

Zahlreiche Sagen ranken sich um die Burg Wolkenstein

Bereits 1125 wird die Burg Wolkenstein das erste Mal urkundlich erwähnt

hatte der Vogt kein Einsehen, er verweigerte dem Kleinen sogar einen Schluck Milch. Die gesamte Dienerschaft bat um Gnade, doch der unmenschliche Vogt erhob die Peitsche – und brach tot zusammen. In stürmischen Nächten kann man diesen Unmenschen heute noch als Geist sehen, gejagt von den Mächten – der Vogt findet keine Ruhe von seinen Untaten.

WEGBESCHREIBUNG

Vom kleinen Parkplatz in Wörschach erreicht man nach kurzer Zeit die Ruine. Der Blick durch teilweise noch vorhandene Zinnen ins Ennstal hat einen eigenen Reiz. (Eine angenehme Halbtagestour läßt sich mit der Durchquerung der Wörschachklamm verbinden: Aufstieg durch die Klamm, bei der Abzweigung oberhalb der Klamm rechts Markierung Wolkenstein – den Ruinensteig – aufwärts immer Richtung Wörschach.)

TOUR AUF EINEN BLICK

Wegverlauf:
Zentrum Wörschach – Wanderweg zur Burg Wolkenstein.

Charakteristik:
Spaziergang, bei Nässe teilweise rutschig. Geschichtsträchtiger Weg mit herrlicher Aussicht ins Ennstal.

Orientierung:
Gut beschildert.

Gehzeit:
ca. 30 Min.
100 Hm.

Anfahrt:
Ennstal-Bundesstraße B 146 – Abfahrt Wörschach.

Einkehr:
Gasthöfe in Wörschach. Empfehlenswert ist der Rundwanderweg von der Ruine Wolkenstein und abwärts die Wörschachklamm (auch umgekehrt zu empfehlen).

60 Stoiring – Bärenfeuchtenalm – Schneehitzalm

Ungewohnte Namen – malerische Almen

Noch als Geheimtip ist diese schöne Almwanderung zu betrachten. Nur wenige Wanderer sind hier unterwegs. In erster Linie sind es Einheimische, die einen schönen Tag nützen, um auf die Almen aufzusteigen. So vor allem am 26. Juli, am Anna-Tag, oder auch einen Tag vorher, am 25., dem Namenstag des hl. Jakob. Es ist dies die Zeit zwischen den zwei Heuernten, die es erlaubt, sich ein wenig zu erholen und auch zu feiern. Hier werden noch die alten Bräuche gepflegt, es wird gesungen und gespielt. In den Hütten wird das Herdfeuer angefacht und eine kräftige Jause angerichtet. Der Selbstgebrannte darf ebenfalls nicht fehlen, dazu werden Geschichten aus der Vergangenheit erzählt (auch viel Jägerlatein). Zur Not kann man in einer der Hütten unter gewissen Einschränkungen die Nacht verbringen, Komfort darf aber nicht erwartet werden. Die drei angeführten Almen liegen malerisch auf der Sonnenseite des Toten Gebirges, mehrere Wege führen dorthin. Jede Alm ist ein Erlebnis für sich und hat ihren eigenen Charakter. Besonders von der Bärenfeuchtenalm ist der Blick ins Ennstal eindrucksvoll.

WEGBESCHREIBUNG

Von Wörschachwald (GH Wörschachwalderhof, ca. 1100 m) führt der Weg 279 Richtung Stoiringalm (1432 m) eher gemächlich dahin. Ein kürzerer Anstieg ist in der Nähe von Greimel möglich. Von der Stoiringalm geht es weiter über einen Almweg (Weg 278) Richtung Bärenfeuchten (1474 m), wobei die Forststraßen ein wenig verwirrend sein können. Ruhiger wird es über den schmalen Steig zur Schneehitz, eine herrliche Naturlandschaft mit Blick zum Hochtausing, der sich hier von seiner schmalen Seite zeigt. Bäume, von Wind und Wetter zerzaust, säumen den Weg, es geht stetig bergauf bis zur Schneehitzalm auf 1611 Metern.

Unterwegs über die Schneehitzalm, ein Geheimtip unter den einheimischen Wanderern

Lohnende Einkehr auf der Bärenfeuchtenalm

Hier besteht nun die Möglichkeit, den sehr langen Weg durch die Gnanitz nach Tauplitz zu wählen, den Hochmölbing zu bezwingen (ein noch längerer Weg) oder nach Wörschach hinunterzuwandern (Autofahrer werden wieder den Weg zurück nach Wörschachwald wählen).

TOUR AUF EINEN BLICK

Wegverlauf:
Mehrere Varianten sind hier möglich – die beschriebene Tour: Wörschachwald (1017 m) – Wörschachwalderhof (ca. 1100 m) Parkmöglichkeit – Weg 279 – Stoiringalm (1432 m) – Weg 278 – Bärenfeuchtenalm (1474 m) – Weg 209/278 – Schneehitzalm (1611 m) und gleicher Weg zurück.

Charakteristik:
Einfache, stille, aber eindrucksvolle Wanderung zu verhältnismäßig entlegenen Almen, vom Massentourismus noch verschont. Guter Einblick in die Almwelt im Süden des Toten Gebirges.

Orientierung:
Insgesamt gute Markierung.

Gehzeit:
3 bis 5 Std., je nach Rastpausen. Wörschachwalderhof – Schneehitzalm 500 Hm.

Anfahrt:
Bundesstraße 145/Salzkammergut-Bundesstraße, von der Enns-tal-Bundesstraße bei der Kreuzung in Trautenfels Richtung Bad Aussee abbiegen, bei Klachau/Tauplitz Richtung Wörschachwald fahren. Enge, aber gut ausgebaute Straße bis Wörschachwald.

Einkehr:
Wörschachwalderhof, Einkehrmöglichkeiten auf den Almen, jedoch touristisch nicht erschlossen.

Gipfelmöglichkeiten:
Hechlstein (1814 m), vom Wörschachwalderhof insgesamt etwa 3 Std.
Gwöhnlingstein (1645 m), vom Bauernhof Gewessler (1114 m) ca. 2 Std.

Varianten:
Von Wörschach durch die Klamm, von Wörschach über Weg 281 zur Langpaltenalm,
von Wörschach zur Langpaltenalm, von Tauplitz durch die Gnanitz, Überschreitung der Tauplitzalm über Grimmingboden zur Hochmölbing-Hütte.

61 Hochmölbing – einsamer Gipfel zwischen Enns- und Stodertal

Lange Wanderung über Almmatten und Karst

Ein guter Tip für eine Bergwanderung, die Abwechslung bringt, die einen ganzen Tag dauert und ein schönes Bergerlebnis erwarten läßt, ist der Weg zum Hochmölbing. Obwohl der Name bei den Bergwanderern einen guten Ruf genießt, kann sich doch nicht jedermann ins Gipfelbuch eintragen, da der Weg dorthin eine gute Kondition verlangt. Jene, die im Winter als Tourengeher unterwegs sind, haben den Vorteil, dieses Gebiet auch in aller Ruhe als Schneeparadies kennenzulernen. Der Hochmölbing ist einer der schönsten Schiberge des Mittleren Ennstals – für den geübten Schifahrer, der sich außerhalb der gewalzten Pisten bewegt, ist es ein besonderes Erlebnis, den Gipfel im Winter zu erreichen. Die ausgedehnte Wanderung läßt keine Wünsche offen, der Anmarsch ist zwar lang, die Hochmölbing-Hütte steht aber strategisch so gut, daß der durstige und hungrige Wanderer rechtzeitig gelabt werden kann. Der Weg führt über Grasmatten stetig aufwärts, und über den Kamm zum Gipfel erfährt man das einzigartige Erlebnis des Toten Gebirges, dieser Karstlandschaft mit ihrer Eigenartigkeit. Der Weg zurück sollte über den Speikboden angetreten werden: entweder zur Brunnalm oder über einen kaum markierten Weg entlang des Goldbachls zur Liezener Hütte. Auf dem Weg kommt man an kleinen Seen/Lacken vorbei, die nach ergiebigen Niederschlägen entstehen und nach einer gewissen Zeit zum Teil wieder verschwinden. Wenn auch viele Wanderer zur Hochmölbing-Hütte unterwegs sind, ist der Weg zum Gipfel nicht überlaufen. Wer also die Natur und die Stille sucht, ist hier – von der Hütte aufwärts – recht gut aufgehoben.

WEGBESCHREIBUNG

Es gibt von Wörschach und Weißenbach verschiedene Anstiege Richtung Hochmölbing, mit dem Auto kann man unter gewissen Voraussetzungen bis zur Langpaltenalm fahren. Der wahrscheinlich angenehmste Anfahrtsweg (ohne Privilegien) ist der von Wörschach zum Parkplatz Nähe Schönmoos, von dort führt der Weg mit wunderbarem Blick zur schroffen Wand des Hochtausing Richtung Langpaltenalm. Von hier geht es dann rechts über einen guten Steig bis zu einer kleinen An-

höhe, von wo man die Hochmölbing-Hütte bereits sehen kann. Vorher sollte man aber noch den Hinweis beachten, der an einem Baum befestigt ist: Machen Sie einfach das Türl auf. Von der Hütte führt vorerst ein relativ breiter Steig, der aber immer schmäler wird, Richtung Hochmölbing. Der Anstieg über das Windloch zum Kleinmölbing erfordert gute Kondition und Trittsicherheit. Nun geht es vom ersten Gipfel rund 200 Höhenmeter über einen wunderschönen Grat zum eigentlichen Gipfel, dem Hochmölbing (2336 m). Besonders zu empfehlen ist dann der Weg Richtung Liezener Hütte: entweder auf markiertem Steig über die Brunnalm oder ein wenig direkter ohne besondere Markierung entlang des Goldbachls, wobei dieser Weg stärker frequentiert sein kann. Die Liezener Hütte ist eine sehr schön ausgebaute Selbstversorgerhütte (einmal im Jahr findet auf der Wiese vor der Hütte eine Turnveranstaltung statt). Von hier ist es dann nicht mehr weit zur Hochmölbing-Hütte, wobei man auf der Niederhüttenalm in eine der außergewöhnlichen Almhütten „einkehren" kann.

Abstieg vom Hochmölbing – eine abwechslungsreiche und lange Bergwanderung

TOUR AUF EINEN BLICK

Wegverlauf:
Verschiedene Möglichkeiten – vom Ennstal aus empfehlenswert: -Parkplatz Schönmoos (ca. 1150 m) – Weg 281 – Langpaltenalm (1516 m) – Anhöhe beim „Gott sei Dank Bankerl" (1721 m) – Hochmölbing- Hütte (1684 m) – Weg 281 über Windloch – Kleinmölbing (2160 m) – Mittermölbing (2318 m) – Hochmölbing (2336 m) – eventuell Kreuzspitz (2327 m) – Weg 219 – Speikboden – Goldbachl (oder über Brunnalm, 1783 m) – Liezener Hütte (1762 m) – Hochmölbing-Hütte und zurück.

Charakteristik:
Sehr abwechslungsreiche, aber lange Bergwanderung ohne besondere Schwierigkeiten, jedoch Zeitreserven berücksichtigen. Herrliche Aussicht und besonderer Erlebnischarakter.

Orientierung:
Durchwegs gute Markierung (der beschriebene Abstieg ohne Markierung, jedoch gute Orientierung zu den beiden Hütten).

Gehzeit:
Die Gesamtgehzeit richtet sich nach der Aufstiegsvariante, Rundweg über zwei Möglichkeiten und Einkehr: mindestens 7 Std. und länger. 1200 Hm – jedoch auch längere Wege berücksichtigen.

Anfahrt:
Ennstal-Bundesstraße B 146 – Wörschach – Wörschachberg – Parkplatz Nähe Schönmoos.

Einkehr:
Hochmölbing-Hütte (1684 m), Liezener Hütte (1762 m, Selbstversorgerhütte).

Varianten:
Übergang zum Warscheneck (2388 m).
Anstiege: Wörschach, Weißenbach/Liezen, Hinterstoder über Hutterer Höß, Tauplitzalm – Grimmingboden – Sumperalm, Wörschachwald – Schneehitzalm, Wurzeralm – Brunnalm.

62 Hochtausing – grandiose Felsen inmitten einer Almlandschaft

Über ausgesetzte Stellen auf den Gipfel

Der „normale“ Bergwanderer muß zur Kenntnis nehmen, daß der Hochtausing ein Berg ist, der den Bergsteigern vorbehalten ist. In den Alpenvereinsführern wird er mit Schwierigkeitsgrad II angegeben, was angesichts der steilen, fast senkrechten Felswände sicherlich auch zutrifft. Die Gipfelbesteigung ist sehr schwierig, auf den Wegen um den Hochtausing kommt man aber zweifellos auf den Gedanken, den Gipfel doch zu versuchen – sei es auf einer Wanderung entlang der steilen Wand Richtung Langpaltenalm oder von der Bärenfeuchtenalm. Die Süd- und Nordwand zeigen ihre Schroffheit, der Hochtausing ist eine einzigartige Felsgestalt, die ihresgleichen in der näheren und weiteren Umgebung sucht.

Der Hochtausing von Wörschachwald

Die schroffen Felswände des Hochtausings

TOUR AUF EINEN BLICK

Wegverlauf:
Parkplatz Nähe Schönmoos (ca. 1150 m) – Weg 281 – auf der Nordseite des Hochtausings Abzweigung zum Weg 282 über den Ostgrat zum Gipfel (1823 m).

Charakteristik:
Schwierige Bergwanderung, nur mit alpiner Erfahrung zu empfehlen. Schwierigkeitsgrad II, steile Felswege mit schwierigen Passagen.

Orientierung:
Insgesamt gute Markierung.

Gehzeit:
Je nach Können und Erfahrung 3 bis 5 Std.
700 Hm.

Anfahrt:
Ennstal-Bundesstraße B 146 – Wörschach – Wörschachberg – Parkplatz Nähe Schönmoos.

Einkehr: Keine.

Varianten:
Zugang auch über Weißenbach/Liezen oder Hochmölbing-Hütte und weitere Wege.

WEGBESCHREIBUNG

Für die Bezwingung des Gipfels ist bergsteigerische Erfahrung unbedingt nötig. Der noch am ehesten zu empfehlende Weg ist eine Art Klettersteig, der über den Ostgrat führt (Schwierigkeitsgrad II). Hier muß auch vermerkt werden, daß es immer wieder Unstimmigkeiten zwischen Grundbesitzern, Jagdpächtern und Bergwanderern gegeben hat und auch noch gibt – daher bitte die Hinweis- und Warntafeln beachten.
Ein extrem steiler Anstieg im schroffen Felsen über den Ostgrat mit zwei besonders exponierten Stellen führt zum Gipfel. Der obere Bereich ist etwas leichter, trotzdem ist Vorsicht geboten.

63 Brunnalm – romantische Alm im Schatten des Mölbinggebiets

Ein Blumenmeer, wie man es nur selten findet

Auf dem Weg zur Brunnalm

Auf den Wegen durch die Berglandschaft des Ennstals, sei es im Dachsteingebiet oder in den Niederen Tauern, ist es immer ein außergewöhnliches Erlebnis, die Vielfalt der Blumen zu bewundern und zu genießen. Der Weg zur Brunnalm ist für Blumenfreunde ein „Muß“, besonders im Bereich des Steinfelder Schwarzkoppen findet man zu den richtigen Zeiten ein Blumenmeer vor, wie es selbst erfahrene Ennstal-Wanderer selten anderswo gesehen haben: Nicht nur die bekannten Alpenblumen wie Almrausch und Enzian dominieren, es sind die zahllosen kleinen und unbedeutend erscheinenden Blumen, die den Reiz dieser Wanderung ausmachen.

Die Brunnalm ist überhaupt ein besonderes Erlebnis: Sie liegt eingebettet zwischen den Aufstiegen ins Mölbinggebiet und dem Nazogl, dem Liezener Hausberg. Besonders auffällig

Die Brunnalm liegt auf einer Hochfläche und ist auch Ausgangspunkt für Bergwanderungen im östlichen Toten Gebirge

sind die vielen wunderschönen Bäume, vor allem die Zirben. Ein Geheimtip für Wanderer, die eher auf ruhigen Pfaden unterwegs sein wollen.

WEGBESCHREIBUNG

Ausgangspunkt ist Schönmoos Richtung Langpaltenalm, jedoch muß man den etwas versteckten Hinweis zur Liezener Hütte bzw. zum Hochtor beachten. Der Weg führt rechts anfangs durch den Wald und weiter in ruhigen Kehren aufwärts. Das Bankerl beim Hochtor ist ein willkommener Rastplatz. Der Weiterweg geht unschwierig bis zur Brunnalm, wobei man sich aber die Zeit nehmen sollte, die herrliche Landschaft und die Ruhe zu genießen (dieser Weg gehört nicht zu den „Modezielen“). Die Alm selbst liegt auf einer idyllischen Hochfläche, eingesäumt von den Bergen der Umgebung. Sie ist auch Ausgangspunkt für Bergwanderungen im östlichen Toten Gebirge. An dieser Stelle muß aber ebenfalls angemerkt werden, daß es hier kaum eine bewirtschaftete Hütte gibt und man sich selbst versorgen muß.
Für den Rückweg eignet sich die Rundwanderung über die Hochmölbing-Hütte bestens.

TOUR AUF EINEN BLICK

Wegverlauf:
Parkplatz Schönmoos (ca. 1150 Meter) – Weg 281 – Abzweigung nach rechts Weg 219 – Hochtor (nicht zu verwechseln mit dem höchsten Gipfel des Gesäuses) – Steinfelder Schwarzkoppen (ca. 1700 m) – Weg 218 – Brunnalm (1783 m).
Rückweg über Liezener Hütte (1762 m) – Weg 218 – Hochmölbing-Hütte (1684 m) – Weg 281 – Langpaltenalm (1516 m) – Schönmoos.

Charakteristik:
Abwechslungsreiche, unschwierige Berg- und Almwanderung, besonders für Blumenfreunde zu empfehlen. Schöner Steig zum Hochtor. Eine ideale Wanderung für alle, die intakte Natur und Ruhe suchen.

Orientierung: Gute Markierung.

Gehzeit:
5 bis 6 Std.
650 Hm.

Anfahrt:
Ennstal-Bundesstraße B 146 – Wörschach – Wörschachberg – Parkplatz Bereich Schönmoos.

Einkehr:
Liezener Hütte (1762 m, Selbstversorgerhütte), Hochmölbing-Hütte (1684 m).

Gipfelmöglichkeiten:
Hochmölbing (2336 m), Angerkogel (2114 m), Warscheneck (2388 m).

Varianten:
Anstiege auch von Weißenbach/Liezen,
Schneehitzalm, Tauplitz-Sumperalm,
Hutterer Höß – Hinterstoder
Liezen – Hintereggeralm – Nazogl.
Insgesamt einige Möglichkeiten für den Auf- und Abstieg.

64 Hintereggeralm – die Alm der Liezener

Ein vergnüglicher Almausflug

TOUR AUF EINEN BLICK

Wegverlauf:
Sensenschmied (701 m) – Forststraße und Weg 286 – Hintereggeralm (1214 m) – eventuell Nazogl-Gipfel (2057 m) über Schlund (2057 m) und Angerkogel (2114 m) – Weg 217 – Rückweg von Hintereggeralm über Weg 217 Rote Wand und Liezener Eck nach Liezen oder gleicher Weg wie Aufstieg.

Charakteristik:
Schöne Almwanderung ohne Schwierigkeiten. Malerische Hochalm mit schönen Ausblicken. Der Aufstieg zum Nazogl ist eine echte Bergwanderung mit einigen Steilstufen.

Orientierung:
Allgemein gute Markierung.

Gehzeit:
1,5 bis 2 Stunden,
Aufstieg zum Nazogl von Hintereggeralm 2,5 Stunden.
Sensenschmied – Hintereggeralm 500 Hm, Hintereggeralm – Angerkogel 900 Hm.

Anfahrt:
Ennstal Bundesstraße B 146 – Weißenbach/Liezen – Sensenschmied (701).

Einkehr:
Almhütteneinkehr, recht gemütlich, jedoch keine gewerbliche oder vereinsmäßige Hütte.

Gipfelmöglichkeiten:
Nazogl (2057 m), Angerkogel (2114 m), Lärchkogel (1788 m)
Zustiege: Liezen – Weg 217 – Liezener Eck.

Varianten:
Pyhrnpaß – Kalkofen,
Wurzeralm – Luckerhütte.

Geschäftig sind sie, die Liezener: Während der Woche sind sie fleißig und umtriebig, Umsatzzahlen bestimmen das tägliche Leben, das Einkaufszentrum muß florieren, und die Geschäftsleute in den umliegenden Orten raufen sich die Haare. Was haben eigentlich die Liezener, was wir nicht haben? Als Bezirks- und Einkaufsstadt ist Liezen zweifellos eine der ersten Adressen in der Obersteiermark.
Aber es muß auch einmal gerastet werden, deshalb treffen sich viele Liezener zur Erholung auf der Hintereggeralm. Einige Hütten laden zur Rast ein, obwohl eine touristische Bewirtung mit allen Segnungen des modernen Fremdenverkehrs noch nicht erkennbar ist. Die Alm ist ursprünglich und einheimisch geblieben. Ein idealer Ort, sich zu erholen. Unter der Woche, wenn nur wenige Wanderer unterwegs sind, kann es schon passieren, daß man von einem Hüttenbesitzer zum Verweilen eingeladen wird. Am Wochenende ist die Alm ein bevorzugtes Erholungsgebiet und Ausflugsort der Liezener Bevölkerung.
Im 19. Jahrhundert wurde hier viel Holz geschlägert, um daraus Holzkohle zu erzeugen, die für die Verarbeitung von Eisenerz notwendig war. Etwa ab 1870 änderten sich die Bedingungen, die Steinkohle löste die Holzkohle ab, und die gerodeten Flächen erforderten eine andere Nutzung. Viel ist geschehen auf dieser Alm – bis zum heutigen Tag. Auch einige kuriose Ereignisse werden noch immer erzählt. Ein kleines Beispiel von vielen: Während des Ersten Weltkriegs wurde die Bevölkerung von der Militärverwaltung aufgefordert, zur Erringung des Sieges ebenfalls einen Beitrag zu leisten: Am Isonzo wurde heftig gekämpft, und daher waren dringend Hilfsmittel notwendig. Sofort wurde der Beschluß gefaßt, für die Soldaten unentgeltlich 30 Haselstecken zur Verfügung zu stellen – ein wahrlich großzügiger Beitrag. Dies sind nämlich jene noch heute von den Einheimischen verwendeten stabilen Stecken aus Hasel-

nußholz, die als Berg- und Wanderstecken dienen. Und es ist gar nicht so lange her, daß auch die Schistöcke aus diesem Holz gefertigt wurden.

Vor allem die Liezener besuchen am Wochenende gerne die Hintereggeralm

WEGBESCHREIBUNG

Die Wege zur Hintereggeralm sind alle recht einfach, die Aufstiege teilweise aber nicht unschwierig und auch steil. Die Steige befinden sich in gutem Zustand (mancher aber soll beim Abstieg eine andere Meinung vertreten haben, nämlich daß „sich der Weg ein wenig verändert hat"). Man kann aber auch mit dem Auto auf die Hintereggeralm fahren, die Straße ist mautfrei, knapp unterhalb der Alm liegt ein Parkplatz (Ausgangspunkt beim Kino in Liezen, dann über die Liezener Höhenstraße; viele Liezener gehen aber auch von der Pyhrnpaßhöhe durch den Lexgraben auf die Hintereggeralm). Von Weißenbach kann man mit dem Auto bis zum Sensenschmied fahren, von dort führt ein breiter Weg Richtung Hinteregg, vorerst auf einer Forststraße und dann auf einem Steig bis zur Alm – eine teilweise schöne Waldwanderung bis zum Ziel. Auf alle Fälle sollte man die Alm aber auch erkunden, man hat von hier einen herrlichen Blick zum Bosruck. Wenn die Zeit reicht und das Wetter entsprechend ist, sollte man sich die Besteigung des Nazogl nicht entgehen lassen. Etwa zweieinhalb Stunden dauert der recht steile Aufstieg auf diesen schönen Aussichtsberg, von dem man noch weiter bis zum Angerkogel wandern kann.
Wenn jemand den Weg von Liezen nach Weißenbach nicht scheut, ist der Rückweg von der Alm über das Gebiet Rote Wand und Liezener Eck zu empfehlen.

Eine der zahlreichen Almhütten

65 Warscheneck – ein besonderes Bergerlebnis

Zünftige Bergwanderung im Osten des Toten Gebirges

Dieser Gipfel ist von mehreren Seiten aus erreichbar. Die beste Lösung dürfte aber der Ausgangspunkt Wurzeralm sein, da man sich durch die Auffahrt mit der Standseilbahn viele Höhenmeter erspart. Der gewaltige Gebirgsstock des Warscheneck liegt ganz im Osten des Toten Gebirges als Abschluß dieser wunderbaren Karstwelt und stellt eine Herausforderung für den Bergwanderer dar. Die geschichtlich interessierten Wanderer finden in unmittelbarer Nähe der Wurzeralm alte Felszeichnungen, wie sie auch im Dachsteingebiet zu finden sind. Räder, Rauten und andere bekannte Felsritzmotive sind in der Höll zu sehen; auf Karten scheint auch die Bezeichnung Höllental für dieses Gebiet unterhalb des Stubwieswipfels auf. Der Name Warscheneck leitet sich aus dem Althochdeutschen ab und heißt soviel wie „scharf"; in weiterem Sinne trifft diese Bezeichnung auch zu, da der Anstieg über den Südostgrat ein Klettersteig ist, der dem Bergsteiger viel Erfahrung und Vorsicht abnötigt. Andere Anstiege sind aber weit nicht so schwierig. Im unteren Bereich dieses Gebirgsstockes findet man kleine Seen, und vor allem fasziniert die wunderbare Blumenvielfalt. Alles in allem ist die Wanderung auf das Warscheneck kein Spaziergang, es geht immerhin auf 2387 Meter hinauf, höher als der Gipfel des Grimmings.

WEGBESCHREIBUNG

Vom Ennstal aus ist die Fahrt über den Pyhrnpaß und dann kurz hinunter zum Parkplatz Wurzeralm-Standseilbahn die einfachste Anreise. Von dort geht es hinauf zum Linzerhaus auf der Wurzeralm, wo man sich entscheiden muß: Entweder wählt man den Klettersteig oder den relativ langen Weg über den Brunnsteiner See und den Toten Mann zum Gipfel. Weitere Variante: Aufstieg über den Klettersteig und Abstieg auf dem längeren Weg.

Der Normalanstieg zum Warscheneck (2387 m)

Der idyllisch gelegene Brunnsteiner See

Der Aufstieg über den Brunnsteiner See ist großartig, der kleine See liegt einzigartig zwischen den steil aufragenden Wänden und Felsen des Warscheneck, der Blick zum markanten Gipfel der Roten Wand begleitet den Wanderer auf dem gut ausgebauten Steig, der von einer Vielzahl von Blumen in allen erdenklichen Farben begleitet wird. Für längere Zeit geht man nicht Richtung Gipfel, sondern in die entgegengesetzte Richtung, bis man den Sattel erreicht, von wo es rechts zur Dümler Hütte weitergeht. Der Weg zum Warscheneckgipfel führt jedoch links weiter zu einer relativ steilen Felswand, die nun überwunden werden muß, sozusagen eine Schlüsselstelle auf dem Weg zum Ziel, das nach einer Felsstufe in einiger Entfernung auftaucht. Was immer der makabre Name Toter Mann bedeutet, so schlimm ist es aber nicht. Trotzdem sollte man diese Stelle nicht unterschätzen.
Vom Gipfel hat man eine großartige Sicht in alle Richtungen, bis zum Dachstein oder bis zu den Gesäusebergen. Ein imposantes Panorama baut sich auf, und selbst der Blick in die nähere Umgebung, in die Kare und Böden, läßt die Bergwelt des Toten Gebirges auf den Wanderer einwirken. Die Attraktivität des Warschenecks wird auch dadurch bestätigt, daß auf den diversen Karten mindestens sieben Anstiegsrouten verzeichnet sind. Den Aufstieg über den Südostgrat kann man sich durch die Benützung des Frauenkarlifts erleichtern (400 Hm).

TOUR AUF EINEN BLICK

Wegverlauf:
Parkplatz/Talstation Wurzeralm (807 m) – Standseilbahn zur Wurzeralm (1371 m) – Weg 201 – Brunnsteiner See (1422 m) – Sattel nahe Rote Wand (ca. 1800 m) – Speikwiese/Toter Mann (2137 m) – Warscheneck (2387 m),
oder Wurzeralm – Frauenkarlift – Bergstation (1863 m) – Klettersteig Südostgrat – Warscheneck (2387 m).

Charakteristik:
Bergwanderung mit notwendiger Ausdauer und Trittsicherheit (bei Begehung des Klettersteigs entsprechende Erfahrung). Abwechslungsreicher Weg vom Brunnsteiner See über Toten Mann. Insgesamt eine zünftige und abwechslungsreiche Bergwanderung mit herrlichem Panoramablick vom Gipfel.

Orientierung:
Gute Markierung – bei Schlechtwetter oder Nebel unbedingt abzuraten.

Gehzeit:
Weg über Brunnsteiner See und Toten Mann 3 bis 4 Std., Rückweg 2,5 bis 3 Std. Klettersteig zeitlich kürzer (vor allem bei Benützung des Lifts). Klettersteig je nach Erfahrung (500 m).
Wurzeralm/Linzerhaus – Warscheneck – knapp mehr als 1000 Hm.

Anfahrt:
Ennstal-Bundesstraße B 146 – Pyhrnpaß – Parkplatz Standseilbahn Wurzeralm.

Einkehr:
Linzerhaus und weitere Gasthöfe bzw. Hütten auf der Wurzeralm. Während des Weges kein Stützpunkt.

Gipfelmöglichkeiten:
Schrocken (2281 m), Hochmölbing (2336 m), Ramesch (2219 m), Rote Wand (1872 m).

Varianten:
Anstiege von Liezen über Nazogl, von Liezen über Kühfeld, über Brunnalm und Wetterlucken, über Brunnalm und Luckerhütte, aus Oberösterreich über Dümler Hütte oder Zeller Hütte.

66 Ardningalm – Rohrauerhaus – Bosruckhütte

Einfache Hüttenwanderung unterhalb des Großen Pyhrgas

TOUR AUF EINEN BLICK

Wegverlauf:
Ardningalm (1037 m) – vorerst Weg 613, dann vor Aufstieg Arlingsattel rechts abzweigen Weg 630 – unterhalb Karleck und Bachermauern zur Bacheralm – Pyhrgasgatterl (ca. 1350 m) – Rohrauerhaus (1308 m) – Weg 601 – Bosruckhütte (1043 Meter) – eventuell Vogelgesangklamm – Weg 613/612 – Arlingsattel (1425 m) – Ardningalm (1037 m), auch umgekehrt möglich.

Charakteristik:
Einfache Hüttenwanderung mit zwei schönen Aussichtspunkten und zwei guten Einkehrmöglichkeiten. Ausflug in die Vogelgesangklamm sehr empfehlenswert.

Orientierung: Gute Markierung.

Gehzeit:
4 Std., Klammwanderung 1 bis 1,5 Std. im Ab- und Aufstieg.
700 Hm mit Pyhrgasgatterl und Arlingsattel.

Anfahrt:
Ennstal-Bundesstraße B 146
Liezen – Admont – Abzweigung Ardning – Auffahrt zur Ardningalm möglich, Parkplatz in unmittelbarer Nähe des Hotels.

Einkehr:
Sporthotel Ardningalm, Rohrauerhaus (1308 m), Bosruckhütte (1043 m).

Gipfelmöglichkeiten:
Großer Pyhrgas (2244 m), Scheiblingstein (2197 m),

Varianten:
Anfahrt und Anstieg über Spital am Pyhrn (mit Auto 10 Min. unterhalb Bosruckhütte) oder Vogelgesangklamm.
Einige Anstiege aus Ardning und Hall/Admont.

Im Frühsommer beginnt für den Bergwanderer die „Eingehzeit“. Man startet mit einfachen Wanderungen, um sich wieder die Kondition für größere Touren zu holen.
Eine dieser Möglichkeiten, das Bergjahr ein wenig schonend zu beginnen, ist die Hüttentour um den Arlingsattel und Pyhrgas. Die beiden Stützpunkte Bosruckhütte und Rohrauerhaus haben – je nach Schneelage – bereits nach Ostern geöffnet, damit ist auch für das leibliche Wohl gesorgt. Ein besonderes Naturschauspiel und Erlebnis ist der Weg durch die Vogelgesangklamm, vor allem im Frühjahr, wenn das Schmelzwasser durch die Klamm stürzt und sich seinen Weg nach unten bahnt.

Vorhergehende Doppelseite: Am Gipfel des Warschenecks

Die Bosrückhütte auf 1043 m ist ein idealer Stützpunkt für zahlreiche Touren

Die Aussicht vom Arlingsattel vor allem zum Großen Pyhrgas ist grandios

WEGBESCHREIBUNG

Von Liezen bis Admont wird es auf der Ennstal-Bundesstraße B 146 ein wenig ruhiger, der Verkehr Richtung Graz zweigt rechts nach Liezen ab, das Ennstal öffnet sich in malerischer Art und Weise, besonders im Bereich um Ardning mit dem Blick zur Wallfahrtskirche Frauenberg und dem phantastischen Panorama der Gesäuseberge, die sich schroff, unwirtlich, senkrecht und unbezwingbar dem Betrachter zeigen. Von Ardning kann man mit dem Auto zur Ardningalm fahren und von dort die Wanderung Richtung Bacheralm beginnen.
Ein anfangs breiter Weg führt leicht ansteigend in Richtung Pyhrgasgatterl. Die Haller Mauern sind fast zum Greifen nahe. Kurz ist dann der Weg zum Rohrauerhaus, dem Ausgangspunkt zur Besteigung des Großen Pyhrgas über die Südseite auf dem Hofersteig. Auf einem Forstweg und dann auf einem breiten Steig geht es abwärts Richtung Bosruckhütte. Auf keinen Fall sollte man den Abstecher in die gut ausgebaute Vogelgesangklamm versäumen – ein eindrucksvolles Naturschauspiel.

Auf dem Weg zurück zur Bosruckhütte genießt man den Blick zum Gipfel des Bosruck. Die steil abfallenden, fast drohenden Wände zeigen, daß direkt von der Hütte kein Zustieg zum Gipfel möglich ist.
Es geht dann hinauf zum Arlingsattel, wo man verweilen sollte, denn die Aussicht vor allem zum Großen Pyhrgas ist grandios.
Der Abstieg zur Ardningalm führt über leichte Serpentinen hinunter.

67 Bosruck – Einzelgänger zwischen Warscheneck und Haller Mauern

Hochalpine Bergwanderung auf einen „Außenseiter“

TOUR AUF EINEN BLICK

Wegverlauf:
Knapp unter Pyhrnpaßhöhe (954 m) kleiner Autoabstellplatz – Weg 610 (von der Bushaltestelle über Weg 611 auch kurzer Zugang) – Fuchsalm (1051 m) – Weg 610 – Lahnerkogel (ca. 1880 m) – Kitzstein (1925 m) – Bosruck (1992 m).

Charakteristik:
Schöne Bergwanderung auf gutem Steig, nach der Waldgrenze stetig steiler. Gratwanderung ab Lahnerkogel, Trittsicherheit erforderlich, zum Gipfel schwierige Bergwanderung mit Seilsicherung (Trittsicherheit und Schwindelfreiheit unbedingt erforderlich). Herrlicher Rundblick von Kitzstein und Bosruck.

Orientierung:
Gute Markierung.

Gehzeit:
Zum Kitzstein 2,5 bis 3 Std., von dort zum Bosruck 1 Std. 1000 Hm.

Anfahrt:
Ennstal-Bundesstraße B 146 – Pyhrnpaß – Paßhöhe – Autoabstellplatz unterhalb (auf der Ennstaler Seite 954 m).

Einkehr:
Fuchsalm (1051 m) Almhütte, Einkehr möglich und zu empfehlen.

Variante:
Aufstieg von der Ardningalm (wenig begangen, eher nur für geübte Bergwanderer).

Der Bosruck wird von Namensforschern mit „böser Rücken“ umschrieben, was immer auch damit gemeint ist. Er ist mehr oder weniger ein Einzelgänger, der nicht mehr zur Warscheneckgruppe gehört, aber auch noch nicht zu den Haller Mauern. Vor einigen Jahren wollte man am Bosruck ein Atommüllager errichten, was aber von der umweltbewußten Bevölkerung verhindert werden konnte. Der Berg wird jedoch von zwei Röhren durchbohrt, die Eisenbahn sucht sich hier ihren Weg, und der Autoverkehr findet ebenfalls Entlastung durch den Bosruck-Tunnel. Der Gipfel ist erfahrenen Bergwanderern vorbehalten, denn Trittsicherheit und Schwindelfreiheit sind Voraussetzungen für seine Besteigung.

Großartiges Gipfelpanorama: In der Mitte der Bosruck, links der Große Pyhrgas

Der Bosruck von Süden gesehen

WEGBESCHREIBUNG

Der von uns gewählte Aufstieg führt vom Pyhrnpaß (kleine Abstellmöglichkeit fürs Auto unterhalb der Paßhöhe) über die Fuchsalm zum Lahnerkogel und dem Kitzstein und weiter zum Gipfel auf 1992 Metern. Ein weiterer Weg zieht sich von der Ardningalm ebenfalls zum Kitzstein (Weg 710), ist aber nur auf wenigen Karten eingezeichnet und auch nicht so gut angelegt wie der Weg 610 über die Fuchsalm. Der Anstieg geht vorerst durch den Wald, bis man bald die Fuchsalm erreicht. Von hier steigt man in Serpentinen stetig bergauf, links befindet sich eine gewaltige Schuttrinne, die von einem Lawinenabgang herstammt. Man überquert nun eine freie Fläche – bei heißem Wetter ist es durchaus möglich, einer Kreuzotter zu begegnen –, und bald ist der Lahnerkogel erreicht. Der Weg Richtung Kitzstein führt über einen Grat, Trittsicherheit ist notwendig. Vom Kitzstein hat man einen grandiosen Rundblick auf die gesamte Bergwelt des Ennstals – vom Gesäuse bis zu den Bergen des Oberen Ennstals und hinaus ins Oberösterreichische. Der Steig auf den Bosruckgipfel erfordert größte Vorsicht, Seilsicherungen erleichtern den Aufstieg (Schwierigkeitsgrad I). Nach ca. einer Stunde in stetigem Auf und Ab ist der Gipfel erreicht. Rückweg wieder über den Kitzstein.

68 Großer Pyhrgas – der höchste Gipfel in den Haller Mauern

Ein Bergerlebnis der besonderen Art

TOUR AUF EINEN BLICK

Wegverlauf:
Parkplatz unterhalb Bosruckhütte (1043 m) – Weg 4/601 – Rohrauerhaus (1308 m) – Pyhrgasgatterl – Weg 615 / Hofersteig – Großer Pyhrgas (2244 m).
Abstieg über Westseite – Weg 614 – Sattel Nähe Hofalm – kurz Weg 618, dann rechts Richtung Bosruckhütte.

Charakteristik:
Schwierige und erlebnisreiche Bergwanderung, herrliche Rundsicht, nur für den geübten Bergwanderer, teilweise steil, Steighilfen (Ketten), Trittsicherheit und Schwindelfreiheit notwendig.

Orientierung:
Gute Markierung.

Gehzeit:
Bosruckhütte – Rohrauerhaus 1 Std., Rohrauerhaus – Gipfel 3 Std., Abstieg über Westseite 2,5 Std. bis zur Bosruckhütte. 1200 Hm.

Anfahrt:
Ennstal-Bundesstraße B 146 – Pyhrnpaß – Spital am Pyhrn – Auffahrt zur Bosruckhütte (Richtung Vogelgesangklamm).

Einkehr:
Bosruckhütte (1043 m), Rohrauerhaus (1308 m), Gowilalmhütte (1375 m), Hofalm (1305 m).

Gipfelmöglichkeiten:
Kleiner Pyhrgas (2023 m), Scheiblingstein (2197 m) (mit Großem Pyhrgas Übernachtung empfehlenswert).

Varianten:
Anstiege zum Großen Pyhrgas: Westanstieg und Abstieg über Hofersteig, Bad Haller Steig, Klettersteig-Bergtour (schwierig).

Der Große Pyhrgas ist im wahrsten Sinn des Wortes ein „großer Berg“, ein Traumberg, der für den geübten Bergwanderer keine Wünsche offenläßt. Abwechslungs- und erlebnisreich ist der Weg zum Gipfel, die Mühe wird mit einem herrlichen Rundblick belohnt. Von unten betrachtet, entweder vom Arlingsattel auf der Südseite oder von der Nordseite unterhalb der Gowilalm, zeigt sich die Gipfelpyramide besonders eindrucksvoll. Im Süden, im Westen und Norden gibt es einige schöne Wanderungen auch für jene, die die Anstiege auf den Gipfel nicht unbedingt als Ziel betrachten wollen. Für Speis und Trank ist ebenfalls bestens gesorgt – die Speisekarte auf der Gowilalm ist fast vergleichbar mit der eines Restaurants im Tal.
Der Bergwanderer konzentriert sich aber auf seinen Weg nach oben. Es gibt drei Wege: den Hofersteig vom Rohrauerhaus/Pyhrgasgatterl,

Der Große Phyrgas – ein Traumberg für viele Bergwanderer

den Weg über die Hiasalm (Nähe Hoferalm) als Westanstieg und von Norden den Bad Haller Steig. Alle drei haben es in sich, wobei der Bad Haller Steig sicherlich der schwierigste ist. Empfehlenswert ist der Aufstieg über den Hofersteig und der Abstieg über die Westseite – eine Rundwanderung der besonderen Art.

WEGBESCHREIBUNG

Unterhalb der Bosruckhütte führt der Weg Richtung Rohrauerhaus zum Pyhrgasgatterl. Man kann auch von Mühlau bei Admont aufsteigen (die längere Variante). Vorerst geht man durch den Wald mit Blick Richtung Admont. Einige schöne Rastplätze laden zum Verweilen ein, denn der Pfad wird immer steiler, besonders an heißen Tagen kommt man ins Schwitzen (kein Schatten). Es gibt aber immer wieder Sicherungen mit Eisenketten, wenn es besonders steil wird. Der Ausstieg zum Hochplateau ist eine senkrechte, etwa zimmerhohe Stelle, mit Ketten gesichert, danach führt der Bergrücken zum Gipfelkreuz. Die müden Beine sind schnell vergessen, denn der großartige Rundblick entlohnt für alle Strapazen.
Beim Abstieg auf der „leichteren Route“ muß man vor allem bei Nässe aufpassen, um nicht ins Rutschen zu kommen. Irgendwann erreicht man aber den kleinen Grasrücken, wo es rechts zur Hoferalm geht und links Richtung Bosruckhütte. Einer gepflegten Einkehr steht nichts mehr im Weg.

Romantische Morgenstimmung beim Aufstieg

69 Scheiblingstein – stiller Nachbar des Großen Pyhrgas

Einsame Bergwanderung in den Haller Mauern

Recht wenig kann man in der alpinen Literatur über diesen markanten Berg lesen. Von der Südseite, der Ennstaler Seite, betrachtet, ist er einer von mehreren Spitzen in den Haller Mauern, die in ihrer Gesamtheit ein majestätisches Bild nördlich von Admont, Weng und Hall bieten. Von der oberösterreichischen Seite führt der Sepp-Wallner-Steig zum Gipfel – eine im oberen Bereich recht anspruchsvolle Bergwanderung, die einem Bergsteiger gewidmet ist, der vom Schicksal hart getroffen wurde und in seiner frühen Jugend durch einen Unfall ein Bein verloren hatte. Die Liebe zu den Bergen und ein unbändiger Wille, seine Behinderung zu überwinden, haben ihn zu einem der bekanntesten Bergsteiger seiner Zeit gemacht. Für Schitourengeher zählt der Scheiblingstein zu den Favoriten – der Aufstieg ist zwar nicht leicht, die Abfahrt bei entsprechendem Wetter und guter Schneelage aber ein Hochgenuß.

WEGBESCHREIBUNG

Auf der Südseite gibt es drei wesentliche Anstiege Richtung Scheiblingstein: von der Admonter Mühlau oder über die Ardningalm und Bacheralm. Der kürzeste Weg führt über die Bosruckhütte. Die Bergwanderer treffen sich unterhalb vom Rohraurerhaus, von wo es durch die Lange Gasse Richtung Gipfel geht (die Markierung ist anfangs etwas verwirrend). Vorbei an der Pyhrgashütte, einer Jagdhütte auf 1352 Metern, geht es ständig bergauf, nie ausgesetzt oder mit besonderen Schwierigkeiten, sondern einfach dem Gelände angepaßt. Auf den weiten Gras-

Der Scheiblingstein gehört nicht zu den Modebergen in den Haller Mauern

flächen liegen Abertausende Steine systematisch verstreut. Durch Erosion oder Temperaturschwankungen lösen sich vom Gipfelaufbau immer wieder Gesteinsbrocken und „verzieren" so die Landschaft. Der Weg ist abwechslungsreich, aber mental vielleicht ein wenig ermüdend, da man immer wieder von der Ferne das Gipfelkreuz erblicken kann. Nach dem Sattel geht es über eine steile Rasenfläche weiter bergauf, hier im Gipfelbereich folgt zuerst eine eindrucksvolle Kammwanderung, und dann erreicht man nach Fels und Geröll eher unschwierig den Gipfel (2197 m).
Variante: Durch die Lange Gasse kann man den Weg abkürzen, der aber steiler und daher anstrengender ist.
Der Rückweg erfolgt auf gleichem Weg wie der Aufstieg. Wer schwindelfrei und trittsicher ist, kann den Abstieg über den Sepp-Wallner-Steig in Angriff nehmen.

TOUR AUF EINEN BLICK

Wegverlauf:
Drei Anstiege:
Spital am Pyhrn – Rohrauerhaus,
Admonter Mühlau,
Ardningalm – Bacheralm.
Treffpunkt bei Abzweigung Lange Gasse zum Scheiblingstein – Jagdhütte Pyhrgashütte (1352 m) – Lange Gasse – Weg 629 – Scheiblingstein (2197 m).

Charakteristik:
Unschwierige, aber trotzdem anspruchsvolle Bergwanderung, teilweise recht steiler Anstieg, abwechslungsreiche Landschaft, schöner Rundblick, lange Anmarschzeit.

Orientierung:
Gute Markierung, im Bereich des Treffpunkts zu den Anstiegen ein wenig verwirrend.

Gehzeit:
Vom Rohrauerhaus 3 Std.,
Anstieg von der Bosruckhütte zum Rohrauerhaus 1 Std., die anderen Anstiege etwas länger (insgesamt 5 bis 6 Std.).
Bosruckhütte – Scheiblingstein 900 Hm,
Admonter Mühlau – Scheiblingstein 1350 Hm.

Anfahrt:
Spital am Pyhrn (Ennstal-Bundesstraße B 146 – Pyhrnpaß), Parkplatz unterhalb der Bosruckhütte.
Varianten über Ardningalm:
Ennstal-Bundesstraße B 146 – Ardning – Ardningalm,
über Admonter Mühlau:
Ennstal-Bundesstraße B 146 – Hall.

Einkehr:
Rohraurerhaus (1308 m).

Varianten:
Übergänge in den Haller Mauern nur für geübte Bergsteiger,
Anstieg über Sepp-Wallner-Steig von Rosenau.

70 Pleschberg – Aussichtsberg des Admonter Tals

Ruhige, einfache Bergwanderung im Nordwesten von Admont

Es kann schon vorkommen, daß ein eher unauffälliger Bergrücken – erstens vom Höhenunterschied und zweitens von der Attraktivität her – unterschätzt wird. Beides trifft auf den Pleschberg zu, wenn man mit Bergwanderern spricht, die nicht aus der Admonter Gegend kommen. Mehr als 1000 Höhenmeter sind zu überwinden, wenn man sich ins Gipfelbuch eintragen will.

Die Anfahrt gestaltet sich ein wenig schwierig, es sind keine Parkplätze für „Touristen" angelegt, der Andrang ist jedoch nicht allzu groß, es kann sogar vorkommen, daß man allein unterwegs ist.

Stille begleitet den Weg nach oben, der sehr abwechslungsreich ist. Zuerst führt er über Waldwege, dann wieder über freies Gelände. Aufpassen sollte man auf die Markierungen, denn öfters muß man Forstwege queren und auch benutzen – somit ist eine Fülle von „Rot-Weiß" gegeben, auch vermißt man an wichtigen Stellen manchmal die richtigen Hinweise. Der Rundblick in die Bergwelt des Ennstals ist grandios, und das imposante Frauenberg erscheint von hier oben beinahe als „Spielzeug". Einmal im Jahr findet eine Wallfahrt auf den Pleschberg statt.

Der Sage nach soll es auf dem Pleschberg eine herrliche Alm gegeben haben, die Tiere fanden hier ein Übermaß an Futter, gediehen entsprechend, und die Hirten genossen den Wohlstand. Die ehemals fruchtbare Alm wurde aber verflucht:

Man erzählt, daß auf der Höhe der Plösch eine der herrlichsten, blühendsten Alpendriften gewesen sei. Das Hirtenvolk, welches daselbst hauste, sei durch den reichen Segen der Alpe übermütig geworden und habe mit Milch, Käse und Butter ausgelassenen, tollen Mutwillen getrieben. Freundliche, schöne Waldfrauen, die, mit Blumen bekränzt, sich oft auf den Alpenwiesen und in der Nähe der Sennerhütten sehen ließen, warnten die Menschen oft liebreich, aber ein boshafter Hirtenjunge habe einst einer dieser Frauen einen Ringstock an den Kopf geworfen und sie schwer verwundet. Da hörte man klägli-

Bildstock auf dem Gipfel des Pleschbergs

ches Ächzen in den Lüften und Jammern im nahen Wald: Gewitterwolken umzogen den Himmel. Furchtbarer Donner rollte, daß der Berg erbebte, und die verwundete Waldfrau erschien in einem Kreis von Feuer und sprach den Fluch aus über den Berg und seine Alpentrift. Seitdem sind die Matten verdorrt, die klaren, frischen Bächlein ausgetrocknet, die Brunnen versiegt, die Höhe des Berges eine traurige Öde.
Die Waldfrauen aber seien in die Johnsbacher Felsengebirge geflohen, wo man sie öfter am Wolfbauern-Wasserfall gesehen haben will. (Nach Kollmann, Weimar 1859.)

WEGBESCHREIBUNG

Anfahrt mit dem Auto über Hall zum Ortsteil Zirnitz. Von dort geht es relativ rasch durch den Wald aufwärts, der Weg 631 wird öfters angegeben, obwohl es mit Markierungen, wie bereits angeführt, an gewissen Stellen Probleme gibt. Bezeichnungen sind immer mit Plesch angeführt, jedoch ist damit grundsätzlich der Weg zum Pleschberg gemeint. Das letzte Drittel des Weges ist steiler. Im oberen Bereich kommt man in ein Latschengebiet (ebenfalls relativ steil). Nach rund drei Stunden erblickt man das eher ungewöhnliche Gipfelkreuz. Der Pleschberg ist noch ein Geheimtip für Bergwanderer, die fernab von den überlaufenen Gipfeln die Einsamkeit und die Ruhe genießen möchten.

Vom Pleschberg hat man einen großartigen Blick auf die Haller Mauern

TOUR AUF EINEN BLICK

Wegverlauf:
Hall bei Admont – Zirnitz (694 m) – Weg 631 – Pleschberg (1720 m).

Charakteristik:
Einfache Bergwanderung, wenig begangen, größtenteils Waldwanderung.

Orientierung:
Markierung nicht immer ausreichend.

Gehzeit:
3 Std. im Aufstieg.
1000 Hm.

Anfahrt:
Ennstal-Bundesstraße B 146 – Hall bei Admont – Ortsteil Zirnitz.

Einkehr:
Gasthöfe in Hall und Admont.

71 Admonter Haus – Natterriegel – der klassische Weg in die Haller Mauern

Erlebnisreiche Wanderung in eine wunderbare Bergwelt

Das Grabneralmhaus

Einer der Hausberge der Admonter ist der Natterriegel im östlichen Bereich der Haller Mauern – ein Berg, um den sich viele Geschichten ranken. Der recht seltsame Name dieses Riegels (früher auch Riedel) wird auf die Nattern (Bezeichnung auch für Kreuzottern) zurückgeführt. Einer weiteren Namensdeutung liegt die grandiose Welt der Felstürme zugrunde, wobei aber eher der Weg Richtung Westen gemeint ist, der sich vom Natterriegel her immer unwirtlicher zeigt und nur bis zur Bärenkarmauer halbwegs zugänglich ist. Die Bärenkarmauer wird zwar in den Karten immer so angeführt, aber im Volksmund heißt sie der Hexenturm.

Folgende Doppelseite: Beim Admonter Haus: Blick auf den Admonter Kalbling und Reichenstein

Diese Bezeichnung dürfte von den seinerzeitigen Erschließern stammen (frühes 19. Jahrhundert). Die Geschichte der Haller Mauern lehrt uns, daß die ersten Menschen in diesem Gebiet nicht die bekannten Erschließer Sartori und Gefährten waren, sondern Bauern aus dem Tal, die schon im 16. Jahrhundert die Almen und Hochweiden für ihr Vieh nutzten.
Untrennbar mit dem Natterriegel ist auch das Admonter Haus verbunden, das anläßlich des 65. Geburtstags von Kaiser Franz Joseph am 18. August 1895 eröffnet wurde. Seine wirklich einzigartige Lage lockt naturgemäß zahlreiche Wanderer und Bergfreunde an. Blumenliebhaber haben vor allem auf der Grabneralm Gelegenheit, sich an der Alpenblumenpracht des Ennstals zu erfreuen.

Blick ins Gesäuse in der Nähe der Grabneralm

WEGBESCHREIBUNG

Vom Buchauer Sattel geht es vorerst durch den Wald hinauf auf die Grabneralm. Dieser Weg ist vor allem am frühen Morgen und bei Nebel ein besonderes Erlebnis. Vom Grabnerstein hat man einen herrlichen Blick in die Bergwelt des Gesäuses. Der Weg zum Admonter Haus wird von einer außergewöhnlichen Blumenpracht begleitet. Die Hütte steht in einer wunderschönen Umgebung am Grabnertörl auf 1723 Meter Höhe. Bis hierher ist der Weg relativ leicht, nach der Hütte wird es zunehmend steiler, manche Passagen sind mit Seilsicherungen versehen. Der Gipfel selbst wirkt unscheinbar, der Ausblick zum Hexenturm, nach Süden über das Kreuz des Mittagskogels und zum Admonter Haus bis zum Gesäuse und nach Westen zu den Haller Mauern ist grandios. Der „normale" Bergwanderer ist am Ziel, wenn man jedoch noch nicht zu müde, trittsicher und schwindelfrei ist, ist der Anstieg zum Hexenturm ein Erlebnis der besonderen Art. Zuerst muß man rund 200 Meter absteigen und dann nochmals 300 Meter, teilweise mit Seilsicherungen, zum Gipfel aufsteigen (nur für Geübte). Eine abwechslungsreiche und schöne Bergwanderung auf geschichtsträchtigem Weg.

TOUR AUF EINEN BLICK

Wegverlauf:
Buchauer Sattel (861 m) – Weg 636 – Grabneralm (1391 m) – Weg 636 – Grabnertörl – Admonter Haus (1723 m) – Weg 634 – Mittagskogel (2041 m) – Natterriegel (2065 m) – eventuell weiter zur Bärenkarmauer (Hexenturm) (2172 m), Achtung: Ab- und Aufstieg einrechnen.

Charakteristik:
Eindrucksvolle, schöne Bergwanderung, bis zum Admonter Haus völlig unschwierig, der Weg zum Gipfel steiler, kurze Seilversicherungen, teilweise rutschig. Prachtvolle Gipfelsicht ins Gesäuse und zu den Haller Mauern. Der Weg zur Bärenkarmauer (Hexenturm) im Ab- und Aufstieg sehr schwierig – hochalpiner Weg mit Sicherungen.

Orientierung:
Gute Markierung.

Gehzeit:
Bis zum Admonter Haus 2 bis 2,5 Std., weiter zum Gipfel 1 bis 1,5 Std.

Gesamtgehzeit:
3 bis 4 Std., zur Bärenkarmauer 1 Std.
1200 Hm.

Anfahrt:
Ennstal-Bundesstraße B 146 – Gemeinde Weng – Buchauer Sattel (861 m) Parkmöglichkeit.

Einkehr:
Grabneralmhaus (1391 m), Admonter Haus (1723 m).

Gipfelmöglichkeiten:
Grabnerstein (1847 m), Admonter Warte (Aussichtspunkt bei Admonter Hütte), Bärenkarmauer (Hexenturm) (2172 m).

Varianten:
Von Hall bei Admont über Johannesbründl,
Weng bei Admont über Haranger, über Oberlaussa oder Admonter Höhe (St. Gallen).

72 Burg Gallenstein – ein kleiner kultureller Abstecher nördlich des Buchsteins

Ein wenig abseits des Laufes der Enns kommt man über den Buchauer Sattel ins St. Gallener Tal, von hier geht es weiter in die Voralpen, man befindet sich bereits mitten im Naturpark Eisenwurzen. In dieser ruhigen und beschaulichen Landschaft dominiert die Burg Gallenstein als markantes Wahrzeichen.

Hoch über dem Tal, drohend und beherrschend, ist diese Feste ein Anziehungspunkt nicht nur für die Bewohner des Tals, kulturinteressierte St. Gallener beleben durch eine Fülle von Veranstaltungen das alte Gemäuer.

Die Anfänge der Burg reichen zurück ins Jahr 1278, als der Habsburgerkönig Rudolf I. Abt Heinrich von Admont erlaubte, auf dem stiftseigenen Grundstück zu bauen.

Wie wichtig dieser Entschluß war, zeigt die weitere Geschichte. Die Mönche des Stiftes Admont fanden auf Gallenstein Unterschlupf, als die einstürmenden salzburgisch-bayerischen Kriegsherren das Admonter Tal bedrohten. Abt Heinrich wurde im Sommer 1297 durch einen Armbrustschuß ermordet, der Mörder fand seine gerechte Strafe. Darauf folgte eine wechselvolle Geschichte (Bauernaufstände etc.). Immer wieder wurde die Anlage aus-

Die Burg Gallenstein

Eine kurze Wanderung in die Vergangenheit

bzw. umgebaut. 1831 verlegte der letzte Verwalter seinen Sitz nach St. Gallen, bedingt auch durch die schlechte Zufahrt. Damit begann der Verfall der einst so mächtigen und geschichtsträchtigen Burg, die sich heute wieder im Besitz des Stiftes Admont befindet.

WEGBESCHREIBUNG

Der Aufstieg zur Burg ist ein kurzer Spaziergang, der sich lohnt. Man fühlt sich in vergangene Zeiten versetzt, wenn man durch die alten Gemäuer blickt. Der Wanderer wird aber auch den Ausblick zum Großen und Kleinen Buchstein genießen, zur Tieflimauer und zum entfernten Tamischbachturm.
Alles in allem ein eindrucksvoller und geschichtsträchtiger Ausflug, etwas abseits des Verkehrs im Ennstal. Weitere Attraktionen sind eine Fahrt über die Eisenstraße und ein Besuch von Großreifling und Altenmarkt, die liebliche Landschaft nördlich der „Buchsteine“ lernt man zusätzlich kennen.

TOUR AUF EINEN BLICK

Wegverlauf:
St. Gallen – Wanderweg auf die Burg Gallenstein.

Charakteristik:
Spaziergang auf geschichtsträchtigem Weg.

Gehzeit:
Je nach Ausgangspunkt etwa 30 Min.

Anfahrt:
Ennstal-Bundesstraße B 146 – Buchauer Sattel B 117 – St. Gallen.

Einkehr:
In den Gasthöfen der umliegenden Orte.

Gipfelmöglichkeiten:
Zinödl (1294 m),
Großes Maiereck (1764 m).

Ausblick von der Burg Gallenstein: Links der Tamischbachturm

73 Großes Maiereck

Ruhiger Wandergipfel nördlich der Haller Mauern

TOUR AUF EINEN BLICK

Wegverlauf:
St. Gallen (Ortsteil Pölzenbach/Pölzau, ca. 550 m) – Auffahrt bis Schranken Forststraße (ca. 750 m) – Weg 637 – Seisenalm – Admonter Höhe (1272 m) – Großes Maiereck (1764 m).
Rückweg wie Aufstieg oder Richtung St. Gallen auf der Nordseite durch die Spitzenbachklamm.

Charakteristik:
Zuerst einfacher Steig (einst ein Almweg) größtenteils durch den Wald, nach der Seisenalm steiler und teilweise rutschig (nach Regen), danach recht direkt zum Gipfel (im oberen Bereich immer steiler).

Orientierung: Sehr gute Markierung.

Gehzeit:
Parkplatz Forststraße – Seisenalm 1,5 Std.,
Seisenalm – Großes Maiereck 1,5 Std.
1000 Hm
(von St. Gallen 1200 Hm).

Anfahrt:
Hall/Admont – B 117 Buchauer Sattel – vor St. Gallen Pölzenbach/Pölzau links abbiegen – kleiner Parkplatz bei Schranken/Forststraße.

Einkehr:
Keine bewirtschaftete Hütte.

Varianten:
Drei Auf- bzw. Abstiege: Ortschaft Pölzenbach,
St. Gallen – Spitzenbachklamm,
Oberlaussa.

Am Gipfel des Großen Maierecks, Ausblick zum Kleinen und Großen Buchstein

Ein eher unscheinbarer Berg, den viele Ennstaler Bergwanderer nur vom Hörensagen kennen, ist das Große Maiereck mit seinen 1764 Metern Höhe. Trotzdem muß man rund 1200 Höhenmeter überwinden, wenn man auf dem Gipfel stehen will: Der Blick fällt auf die Haller Mauern, die sich von der Nordseite ganz anders zeigen, als man es von der Admonter Seite her gewohnt ist. Im Nordosten sieht man die trutzige Burg Gallenstein bei St. Gallen, die das ebene Tal beherrscht. Von hier kann man die strategische Bedeutung dieser Burg ermessen, die eine wechselvolle Geschichte zu verzeichnen hat. Nach Süden beherrscht der Große Buchstein das Panorama, das über den Kleinen Buchstein bis zum Tamischbachturm reicht. Insgesamt eine ungewöhnliche Aussicht, die durch die schöne Lage des Bergs als kleines Bollwerk zwischen den Haller Mauern und dem Gebiet der Eisenwurzen ermöglicht wird. Das Große Maiereck ist einer der nördlichsten Gipfel

des steirischen Ennstals, mit drei schönen Anstiegen von St. Gallen und Oberlaussa. Knapp nach Altenmarkt verläßt die Enns die Steiermark und setzt ihren Weg durch Oberösterreich fort.

WEGBESCHREIBUNG

Der beste Anstieg aus dem Ennstal ist jener von Pölzenbach bei St. Gallen. Am nördlichen Endpunkt des Buchauer Sattels befindet sich links an der Straße ein kleiner Hinweis, und man kann von

Auf dem Weg zum Gipfel

dort noch rund 2,5 Kilometer fahren, bis man das Auto auf einem kleinen Parkplatz abstellen kann. Der teilweise steilere Aufstieg führt meist durch den Wald, bis man die Seisenalm bzw. die Admonter Höhe auf 1272 Metern erreicht. Leider gibt es während des gesamten Wegs keine bewirtschaftete Hütte. Von der Alm führt der Weg in steilen Serpentinen anfangs noch durch Wald, dann weiter Richtung Nord-Nordost. Der relativ große Höhenunterschied erfordert eine gewisse Kondition, der Weg selbst ist an und für sich nicht schwierig. Nach Regentagen ist allerdings Rutschgefahr gegeben. Der Hausberg der St. Gallener zählt noch als Geheimtip unter den Bergwanderern. Der Abstieg führt über den gleichen Weg zurück, man kann jedoch eine Rundweg-Variante wählen, wenn man für eine Abholmöglichkeit gesorgt hat. Der Abstieg nach St. Gallen Richtung Nord-Nordost durch die Spitzenbachklamm ist abwechslungsreich und romantisch.

74 Buchsteinhaus

Eine schöne Hüttenwanderung mit grandioser Aussicht

TOUR AUF EINEN BLICK

Wegverlauf:
Ennsbrücke Gstatterboden (590 m) – Rauchboden – Weg 641 – Bruck-Sattel (1117 m) – Buchsteinhaus (1546 m) – Weg 641 und 642, eventuell Großer Buchstein (2224 m).

Charakteristik:
Bis zum Buchsteinhaus angenehme Wanderung, meist durch den Wald, gut angelegter Steig, keine besonderen Schwierigkeiten. Weiterweg zum Gipfel steil, teilweise rutschig, im Felsaufbau und Gipfelbereich Bergtour. Trittsicherheit, Schwindelfreiheit und Felserfahrung notwendig, Seilsicherungen.

Orientierung:
Gute Markierung.

Gehzeit:
Gstatterboden – Buchsteinhaus 2,5 Std.,
Buchsteinhaus – Großer Buchstein 2,5 bis 3 Std.
Gstatterboden – Buchsteinhaus 1000 Hm,
Buchsteinhaus – Großer Buchstein 700 Hm.

Anfahrt:
Ennstal-Bundesstraße B 146 – Gstatterboden.

Einkehr:
Buchsteinhaus (1546 m).

Gipfelmöglichkeiten:
In der näheren Umgebung Kleiner Buchstein u. a. – reine Kletterberge.

Einsam steht das Buchsteinhaus im Bereich der Waldgrenze unterhalb des Gipfels des Großen Buchsteins – eines mächtigen Bergklotzes, der markant und eindrucksvoll die Landschaft bestimmt. Es ist eine imposante Bergwelt – unten die schäumende Enns, die von Raftern bezwungen wird, nördlich das Buchsteinmassiv und im Süden die bizarre Felswelt der Gesäuseberge. Naturgewalten haben vor urdenklichen Zeiten diese Bergwelt geschaffen. Die Gipfel sind zumeist den Bergsteigern vorbehalten. Eine Wanderung zum Buchsteinhaus eröffnet diese grandiose Bergwelt. Man sollte den Aufenthalt im Buchsteinhaus genießen, besonders die Lage des „Örtchens“ ist bemerkenswert, das wie ein Adlernest angelegt wurde und den Benützer nur hoffen läßt, daß die Halterungen noch recht lange halten. Wenn man aber kein Berg-

steiger ist, der den Gipfel bezwingen will, so sollte man auf alle Fälle Richtung Einstieg wandern, um die Landschaft um den Buchstein kennenzulernen.

Das Buchsteinhaus in einer grandiosen felsigen Umgebung

WEGBESCHREIBUNG

Von Gstatterboden, gleich nach der Überquerung der Enns in der Nähe des Bahnhofs, geht es vorerst durch den Wald, bald beginnt aber der Aufstieg, der Weg wird immer steiler und schmäler. Es geht vorbei an Felshöhlen, einige Male sind Forstwege zu queren. Nun folgt eine Besonderheit: In 21 Serpentinen, die von den Naturfreunden angelegt wurden, führt der Weg aufwärts. Insgesamt eine angenehme und unschwierige Wanderung.Der Weg zum Gipfel ist beschwerlicher, steil und teilweise rutschig. Die Bezwingung des Gipfels sollte nur der geübte Bergwanderer und Bergsteiger wagen.

Der Gipfel des Großen Buchsteins ist nur Bergsteigern vorbehalten

75 Ennstaler Hütte – Tamischbachturm

Eindrucksvolle Hütten- und Bergwanderung an der Biegung der Enns

TOUR AUF EINEN BLICK

Wegverlauf:
Gstatterboden (590 m) – Weg 608/646 – Niederscheibenalm (934 m) – Butterbründl – Ennstaler Hütte (1544 m) – Weg 648 – Tamischbachturm (2035 m).

Charakteristik:
Abwechslungsreiche Hütten- und Bergwanderung mit großem Höhenunterschied. Grundsätzlich unschwierig, aber gute Kondition ist notwendig. Herrliche Gipfelrundsicht.

Orientierung:
Sehr gute Markierung.

Gehzeit:
Gstatterboden – Ennstaler Hütte 2,5 bis 3 Std.,
Ennstaler Hütte – Tamischbachturm 1,5 bis 2 Std.
1450 Hm.

Anfahrt:
Ennstal-Bundesstraße B 146 – Gstatterboden-Ortszentrum/Kapelle.

Einkehr:
Ennstaler Hütte (1544 m).

Gipfelmöglichkeiten:
Tieflimauer (1820 m), Kleiner Buchstein (1990 m), jedoch nur für Bergsteiger.

Varianten:
Anstieg von Hieflau über Kühbodenalm und Hochkar,
über Großreifling – Bärensattel,
über Großreifling und Almmauer.

Die Bezeichnung Tamischbachturm gibt heute noch immer Rätsel auf. „Tamisch“ ist ein obersteirischer Dialektausdruck, der verrückt, wirr, aber auch lustig bedeutet – ein Sammelbegriff für ungewöhnliches Verhalten. War es wirklich so lustig auf der Alm, oder versetzte die Besteigung des Gipfels die damaligen Menschen in eine Art Rauschzustand? Es soll aber auch einen Bauern gegeben haben, der schlicht und einfach Tamisch hieß und der diesem Gebiet den Namen gab. Die Wanderung zur Ennstaler Hütte ist unschwierig, auch der Aufstieg zum Gipfel. Die rund 1000 Meter hohe Nordwand bleibt den Bergsteigern vorbehalten, der Bergwanderer wählt aber den Weg von Gstatterboden aus. Der Tamischbachturm ist ein imposanter Aussichtsberg, er begrenzt im nordöst-

Impressionen beim Aufstieg zum Tamischbachturm

lichen Teil die Wege durch das Ennstal, denn auf der anderen Seite – Richtung Osten – beginnt bereits die Bergwelt um den Hochschwab und weiter die um das Hochkar.

WEGBESCHREIBUNG

Der Ausgangspunkt für diese Wanderung ist die kleine Kapelle in Gstatterboden. Vorerst geht es über schmale Wege und durch ein Bachbett, dann eine gute Stunde über Forstwege bzw. Forststraßen. Nun folgt ein schöner Waldweg, immer wieder wandert man im unteren Bereich über Almböden, dann wird es steiler, und der Weg führt nun auch unschwierig über angelegte Steige.

Der Weg ist abwechslungsreich mit Ausblicken zu den Gesäusebergen. Vom Butterbründl ist es nicht mehr weit bis zur Ennstaler Hütte, die 1885 errichtet wurde und auch heute noch von vielen Wanderern und Bergsteigern besucht wird. Auf der Nordseite beginnt ein fast senkrechter Abhang.

Die Aussicht zum Lugauer, zu den „Buchsteinen", zur Frauenmauer und zur Tieflimauer ist grandios. Der Weg auf den Gipfel des Tamischbachturms führt nun recht steil, aber unschwierig Richtung Osten. Zahlreiche Latschen säumen den Weg.

Das Bemerkenswerte an dieser Wanderung ist der Höhenunterschied – fast 1500 Meter und damit liegt er in der Größenordnung einer Grimmingbesteigung. Insgesamt eine kleine Herausforderung für den Bergwanderer.

Die Ennstaler Hütte wurde bereits 1885 errichtet und ist ein beliebter Treffpunkt für Wanderer und Bergsteiger

Gesäuse

Vorhergehende Doppelseite: Frauenberg bei Admont, eine der schönsten Aussichten des Unteren Ennstals

Das Gesäuse mit den bekannten Gipfeln

Ein klingender Name für alle Bergsteiger, Wassersportler, für Naturliebhaber und Fotografen, für Tier- und Blumenfreunde, für Wanderer auf steilen Pfaden: einfach für alle, die gerne hinaus und hinauf wollen. Es gibt kaum eine andere derartig vielfältige Landschaft in den Ostalpen. Man kann das Gesäuse mit Superlativen wie majestätisch, erlebnisreich, abenteuerlich, gigantisch, einzigartig, aber auch mit ruhig, idyllisch und sogar geheimnisvoll umschreiben. Eigentlich wird der Talboden als das Gesäuse be-

Detail von der Wallfahrtskirche Frauenberg

zeichnet, dort wo die Enns tobend und rauschend sich ihren Weg bahnt. Steil aufragend zeigen sich die Gesäuseberge mit einem Höhenunterschied zwischen Gischt und Gipfel von bis zu 1800 Metern. Imposant und unnahbar steigen die Nordwände auf: Ob Dachl, Roßkuppe, Festkogel, Ödstein, Planspitze oder Hochtor – aus dem Tal der Enns hochzusteigen ist dem normalen Bergwanderer einfach verwehrt. Ganz Mutige wagen noch den Peternpfad, den Ennstaler Schritt, aber hier von einem Pfad zu reden, ist müßig, es ist eine äußerst schwierige Route, die nicht nur Gewandtheit im Fels, Trittsicherheit und Schwindelfreiheit erfordert, sondern auch entsprechende Ausdauer. Selbst beste Bergsteiger fühlen sich wiederholt auf diesen senkrechten und teilweise überhängenden Wänden überfordert. Mehrere Führen gehen über den VI. Schwierigkeitsgrad hinaus. Diese Berge üben seit über 100 Jahren eine große Anziehung auf viele junge Bergsteiger aus, die hier oftmals an die Grenze ihres Könnens und ihrer Leistungsfähigkeit stoßen. Im Bergkirchlein von Johnsbach wird diese fürchterliche Bilanz akribisch aufgezeichnet, und man kann auch sehen, wie viele Menschen ihren Drang nach Freiheit oder die Liebe zu den Bergen mit dem Leben bezahlen mußten. Seit 1880 wurden weit über 400 Namen vermerkt – weit über 400 Schicksale stehen hinter diesen Namen. Trotzdem ist die Anziehungskraft dieser Türme, Wände und Spitzen ungebrochen.
Für den Bergwanderer bietet sich die Südseite des Gesäuses für Aufstiege an. Das Gelände ist hier freundlicher, und es gibt einige leichter begehbare Wege auf Gipfel, oder man kann zu den Hütten des Gesäuses aufsteigen.

Blick von der Haindlkarhütte

Die Römer kamen vermutlich um 300. n. Chr. über das Murtal in das Gebiet um Admont. Später wurde die Besiedlung durch die Slawen fortgesetzt. Bereits für das Jahr 859 gibt es die erste urkundliche Erwähnung: König Ludwig der Deutsche machte eine Schenkung an den Grafen Witgowa im Admonttal. 1074 wurde das Stift gegründet und durch Erzbischof Gebhard ausgestattet. Zu Ehren der Gottesmutter Maria und des hl. Bischofs und Märtyrers Blasius gründete er dieses Kloster, das am 29. September 1074 eingeweiht wurde, im zweiten Jahr des Pontifikats von Papst Gregor VII. und im siebzehnten Jahr der Herrschaft Kaiser Heinrichs IV. (so in der Ortschronik von Admont). Durch die Klostergründung wurde das Tal immer dichter besiedelt. Besonders Land- und Forstwirtschaft prägten das damalige Leben. Die Erschließung dieses

Am Eingang zum Gesäuse

Tals und auch das mühsame Anlegen von Pfaden waren immer mit großen Opfern verbunden. Mit dem Bau der Eisenbahn war dann im 19. Jahrhundert der Anschluß an die „große, weite“ Welt gegeben. Heutzutage fährt man mit dem Auto über eine gut ausgebaute Straße entlang der Enns Richtung Hieflau. Eine Fülle klangvoller Namen findet sich in der Erschließungs- und Besteigungsgeschichte dieser schroffen Bergwelt. Bereits um 1850 erklomm ein Johnsbacher Jäger den Gipfel des Ödsteins. 1873 wurde der Admonter Reichenstein zum ersten Mal bestiegen. Nun taucht auch erstmals ein berühmter Name auf: Heinrich Heß aus Wien stand 1877 zusammen mit einem einheimischen Forstmeister auf dem Gipfel des Kleinen Buchsteins. In der Folge kamen vor allem Wiener Bergsteiger ins Gesäuse. Namen wie Emil und Otto Zsigmondy, Eduard Pichl und Eugen Guido Lammer, der Bergphilosoph, prägten die weitere Geschichte, aber auch Thomas Maischberger, der nahezu unbemerkt alpinistische Großtaten vollbrachte.
Die Zeit zwischen den Weltkriegen war gekennzeichnet von Arbeitslosigkeit und wirtschaftli-

Unterwegs in der bizarren Felswelt des Gesäuses zur Haindlkarhütte

cher Armut. Aber es war zugleich die Zeit großer Bergsteiger: Fritz Kasparek, Hubert Peterka, Willi End, Kurt Maix, um nur einige zu nennen. Bereits 1884 wurde von Heinrich Heß der erste Führer durch die Gesäuseberge herausgegeben. Und bis heute ist das Gesäuse mit seinen hohen Gipfeln und der einzigartigen Schönheit des Tals ein Anziehungspunkt für viele Menschen geblieben, um hier ein außergewöhnliches Naturerlebnis zu erfahren.

KARTEN

freytag & berndt Nr. 062 Gesäuse – Ennstaler Alpen – Schoberpaß
Kompass Nr. 69 Gesäuse – Pyhrn – Eisenerz
Österreichischer Alpenverein 1 Nr. 6 Ennstaler Alpen – Gesäuse
Bundesamt für Eich- und Vermessungswesen Nr. 99 Rottenmann, 100 Hieflau.
Wanderkarten, Regionskarten und Sonderausgaben der Tourismusbüros der jeweiligen Ausgangsorte sowie Neuauflagen der namhaften Kartenhersteller und Verlage.

Das Kloster in Admont wurde bereits 1074 gegründet und beherbergt heute eine der berühmtesten Bibliotheken

Tamberg
1516
Hinter-
tambergau
Vorder-
Vorderstoder
Mitterstoder
Hinterstoder
Angelmauer
2102
2136
Kl. Priel
1669
Schnablwipfel
G. Priel
Priel-
schutzh.
1342
Öttlberg
584
1450
Ostrawitz
1823
Hinterberg
Weißenbach
Dietlgut
646
Huttererböden
1853
Ob. Buchebnerreith
Schafferreith
Warscheneck
Zellerhtt.
1575
Lagelsberg
2008
2388
Schafferteich
×1191
Roßleithen
Pießling
Schweizers-
berg
Seebach
817
Pichl
Windischgarsten
(602)
901
Rading
Hahnbaum
1453
1287
Dambа
Edlbach
Gleinkerau
Gleinkersee
Mitter-
meng
Ober-
1574
Seespitz
Dümlerhtt.
640
Spital
a. Pyhrn
Stubwieswipfel
1786
Linzer H.
Wurzeralm
Hasenb
Bosru
A 9
E 57
138
e
b
i
r
g
e
2336
Hochmölbing
Türkenkarscharte
1741
1733
Salzsteigjoch
Sumpereck
1913
1762
Liezener Htt.
Hochmölbinghtt.
Angerkogel
2114
Schlager-
bauerhtt.
1478
Pyhrnpaß
Bosruck
1992
954
Pyhrn
Harting
1539
Ardning
(696)
Pürgschachen
1823
Hochtausing
Weißenbach
b. Liezen
LIEZEN (664)
146
E
n
n
s
t
a
l
Enns
113
Selzthal
(636)
Dürrenso
1737
1814
Wörschachwald
Spechtensee
Nojer
1492
Maitschern
Wörschach
(650)
1508
Niederhofen
Stainach
Pürgg
Ketten
Gulling
Döllach
Fuchsluke
1046
Mitterbg.
Neulassing
Altlassing
Moos
Villmannsdf.
Aich
Unterburg
Hohenbg.
Aigen i. Ennstal
Putterer-
see
Hohe Trett
1681
Lassing
(782)
Strechau
Klamm
ROTTENMAN
(681)
Sallabg.
Schlattham
Vorberg
645
E 651
75

Bodenwies
1540
Schüttbauer A.
1242 Hochbrand
Frenz
Mooshöhe
Hochkogel
1279
Wasserklotz
1505
Holzgraben
Unterlaussa
Dörfl
Hocheck
1072
Bichl
Altenmarkt bei St.Gallen
(467)
Weißenbach-a.d.Enns
1096
Haidach
Rochushöhle
1198
Brandstn.
Hengstpaß
985
Schwarzkogel
1554
Berger-viertel
515
St.Gallen
R. Gallenstein
Krippau
Oberlaussa
691
G.Maiereck
1764
Oberreith
Reiflingviertel
Großreifling
Rauchschober
1479
Zinödlberg
1294
1110
Sittlingerkg.
Hochturm
G.Leckerkogel
1742
Schl. Kassegg
Erb
546
Kirchenlandl
1956
2172
Hexenturm
Admonter H.
Grabneralmh.
Buchau
Kl.Buchstein
1990
1620
Tieflimauer
Almmauer
1764
Ennstaler Htt.
Tamischbachturm
2035
G.Buchstein
2224
Buchsteinh.
Hörant A.
Kletzenbg.
Hall
Weng b. Admont
Schwaighof
Gstatterboden
Schröckendf.
Grabnerhof
Oberhall
Gesäuse-eingang
Planspitze
Wssf.
Admont
640
Kruman
590
2117
Hochzinödl
2191
1640
Aigen
Oberhofsdlg.
Haindlkarhtt.
2369
Sulzkar A.
Röthelstein
Hochtor
Kemalen
Heßhütte
Paradies
Reichenstein
2335
G.Ödstein
2217
1565
Kalbling
2196
2251
2092
Stadelfeldschneid
Oberst-Klinke-Htt.
Johnsbach
Schl. Kaiserau
1778
Lahngangkogel
Mödlinger Htt.
1439
Neuburgstl.
Schl.
Radm
Greifenber
Spielkogel
1731
Bärndorf
Rotkogel
1782
1788
Gscheideggkg.
A 9
Dietmannsdf.
117
115
146
Gesäuse Alpen
Ennstaler Alpen
Haller Mauern

76 Über die Heßhütte auf das Hochzinödl

Schöne Hüttenwanderung mit grandiosem Gipfelblick

Der einfachste Weg zum Stützpunkt am Fuß des Hochtors, der Heßhütte, führt von Johnsbach aus mitten in die grandiose Berg- und Felswelt des Gesäuses. Die Hütte wurde bereits 1893 erbaut, später durch einen Zubau erweitert, um für den Ansturm der Bergsteiger gerüstet zu sein. Durch ihre zentrale Lage ist sie ein idealer Ausgangspunkt für Bergtouren. Man sollte unbedingt am Vorabend aufsteigen, um für die Tour am nächsten Tag gerüstet zu sein. Heinrich Heß, dessen Namen die Hütte trägt, war einer der großen Erschließer der Gesäuseberge, und er war der Autor des ersten Führers durch diese Bergwelt.
Das Hochzinödl (auch Zinödl genannt) ist ein unschwierig zu ersteigender Aussichtsberg. Der Blick vom Gipfel ist frei nach allen Richtungen (eine Hinweistafel auf dem Gipfel erleichtert die Orientierung).

WEGBESCHREIBUNG

Der Anstieg beginnt beim Kölblwirt in Johnsbach und führt anfangs über Wiesen, wird aber bald steiler und weiter geht es durch den Wald. Etwa auf halber Strecke hat man einen großartigen Ausblick auf die Wände im Bereich des Schneelochs. Der Weiterweg ist relativ steil, bis man den Gamsbrunn erreicht, von wo man die Hütte bereits sieht, die, in ein kleines Hochtal eingebettet, zwischen Zinödl und Hochtor steht. Eine kleine Kritik am Rande: Für viele Bergwanderer sind Stöcke eine Erleichterung, es ist aber nicht notwendig, daß unzählige Einstiche auf fast ebenem Almboden zu erkennen sind.

Unterwegs zur Heßhütte, die bereits 1893 erbaut wurde

Folgende Doppelseite: Wunderschöne Abendstimmung am Hochzinödl

Der Aufstieg auf das Zinödl beginnt direkt bei der Hütte, anfangs steil und unwegsam (Latschen und Geröll). Vergeblich sucht man den Gipfel, bis man endlich nach der Querung eines Rückens, vorbei an einer kleinen Felswand, das Kreuz erblickt. Die letzten Meter ziehen steil aufwärts. Der Rundblick entschädigt aber für den Aufstieg. Eine Eintragung ins Tourenbuch könnte ungefähr so lauten: Unvergeßliche, abwechslungsreiche Bergwanderung mit großem Erlebnischarakter.
Der Rückweg zur Heßhütte sollte, wenn möglich, über die Gass geplant werden, was zwar eine halbe Stunde länger dauert, aber man kann die herrliche Landschaft auf dieser Route viel besser genießen. Beim Abstieg von der Heßhütte nach Johnsbach sollte man einen kleinen Abstecher Richtung Sulzkarhund machen:
Das schöne Wegkreuz in der großartigen Felslandschaft ist ein würdiger Abschluß dieser Bergwanderung.

TOUR AUF EINEN BLICK

Wegverlauf:
Johnsbach/Gasthof Kölblwirt (ca. 900 m) – Weg 601 – Untere Koderalm – Stadlalm – Gamsbrunn – Heßhütte (1699 m) – Weg 662 – Zinödl-Gipfel (2191 m).
Rückweg auf dem Panoramaweg über Gass (1949 m).

Charakteristik:
Anmarsch zur Hütte teilweise steil, dazwischen aber immer wieder flache Almwege. Abwechslungsreich mit Ausblicken in die Felswelt der Gesäuseberge. Aufstieg zum Zinödl fallweise rutschig, steil und daher ein wenig mühsam, aber unschwierig. Ausdauer und Kondition notwendig.

Orientierung:
Grundsätzlich gut markiert. Beim Beginn des Aufstiegs ab der Heßhütte könnte der Einstieg besser gekennzeichnet sein.

Gehzeit:
Johnsbach – Heßhütte 2,5 bis 3 Std., Heßhütte – Hochzinödl 1,5 Std., Panoramaweg von Heßhütte zum Gipfel 1,5 bis 2 Std.
1300 Hm, zur Heßhütte 800 Hm.

Anfahrt:
Ennstal-Bundesstraße B 146 – bei Bachbrücke Richtung Johnsbach abbiegen – Kölblwirt etwas außerhalb des Ortszentrums.

Einkehr:
Heßhütte (1699 m).

Gipfelmöglichkeiten:
Hochtor (2369 m), Planspitze (2117 m).

Varianten:
Aufstieg von Kummerbrücke über Wasserfallweg (Achtung: Klettersteig),
von Hartelsgraben direkt zum Gipfel.
Sulzkar – Sulzkarhund,
vom Haindlkar über Peternpfad (Achtung: sehr schwierig).

77 Planspitze – der Berg mit den zwei Gesichtern

Bergwanderung im Schwierigkeitsgrad I

TOUR AUF EINEN BLICK

Wegverlauf:
Heßhütte (1699 m) – Weg 663 – unterhalb Peternscharte Richtung Gipfel Planspitze (2117 m).
Zustieg vom Tal – Johnsbach/Kölblwirt (ca. 900 m) – Weg 601 – Heßhütte (1699 m).

Charakteristik:
Schwierige Bergwanderung, besonders unterhalb des Gipfels leichte Kletterstellen, für den durchschnittlichen Bergwanderer eine kleine Herausforderung (Schwierigkeitsgrad I im Gipfelbereich).

Orientierung:
Gute Markierung, bei drohendem Schlechtwetter ist aber von dieser Tour dringend abzuraten.

Gehzeit:
Heßhütte – Planspitze 2 bis 3 Std., Johnsbach – Heßhütte 2,5 bis 3 Std.
Heßhütte – Planspitze 450 Hm, Johnsbach – Heßhütte 800 Hm.

Anfahrt:
Ennstal-Bundesstraße B 146 – Bachbrücke Richtung Johnsbach – Kölblwirt – Aufstieg zur Heßhütte.

Einkehr:
Heßhütte (1699 m).

Gipfelmöglichkeiten:
Hochzinödl (2191 m), Hochtor (2369 m).

Varianten:
Aufstieg von Kummerbrücke über Wasserfallweg (Achtung: Klettersteig), vom Haindlkar und Haindlkarhütte über Peternpfad (Achtung: sehr schwierig).

Wenn man durch das Gesäuse fährt, fällt einem dieser Gipfel, der sich schroff und abweisend zeigt, sofort auf. Die Nordwand der Planspitze ist nur geübten und erfahrenen Bergsteigern vorbehalten. Aber auch der Bergwanderer hat die Möglichkeit, den Gipfel zu erreichen: nicht durch die senkrechte Nordwand, sondern von der Heßhütte über einen einfacheren Zugang bis zur Peternscharte und dann steil weiter bis zum Ziel. Vor allem unterhalb des Gipfels sind kurze Kletterstellen zu überwinden, so daß man diese Wanderung mit schwierig bewerten muß.

Planspitze

Heinrich Heß erreichte 1877 mit seinen Gefährten erstmals den Gipfel der Planspitze. Allerdings muß man davon ausgehen, daß bereits früher Jäger auf diesem Berg standen, darüber gibt es aber keine schriftlichen Aufzeichnungen.

WEGBESCHREIBUNG

Von der Heßhütte führt der Weg Richtung Peternscharte, bereits hier benötigt man manchmal die Hände zur Unterstützung (für geübte Bergwanderer und Bergsteiger aber noch immer unschwierig). Zahlreiche Gemsen sind im Fels zu beobachten. Vom Ausstieg des Peternpfads führt ein steiler Steig zum Gipfel, Vorsicht ist geboten. Dazu kommt noch eine Herausforderung: Leichte Kletterstellen im Schwierigkeitsgrad I erfordern Gewandtheit, Trittsicherheit und Schwindelfreiheit zusätzlich zur Ausdauer.

Die Planspitze ist einer der markantesten Gipfel des Gesäuses

78 Hochtor – das „Höchste" in den Gesäusebergen

Der Josefinensteig ist der „einfachste" Steig

TOUR AUF EINEN BLICK

Wegverlauf:
Heßhütte (1699 m) – (Anstiege über Peternpfad, Wasserfallweg oder – der einfachste – Johnsbach/Kölblwirt) – Weg 664/Josefinensteig – Gugelgrat – Hochtor (2369 m).

Charakteristik:
Schwere Bergwanderung, gute Kondition (vor allem beim Auf- und Abstieg aus dem Tal) notwendig, Trittsicherheit und beste Ausrüstung, nur bei Schönwetter. Bergwanderung in einem Gebiet, in dem eigentlich die Bergsteiger „zu Hause" sind.

Orientierung: Gute Markierung.

Gehzeit:
Aufstieg von Johnsbach/Kölblwirt (851 m) – Heßhütte 3 Std., Heßhütte – Hochtor 2,5 bis 3 Std., Abstieg über den gleichen Weg, insgesamt ca. 10 Std. Abstieg über das Schneeloch Gesamtgehzeit ca. 9 Std. Es empfiehlt sich eine Übernachtung auf der Heßhütte.
Über 1500 Hm, längeren Anmarsch (über Johnsbach) einrechnen, von Heßhütte 700 Hm.

Anfahrt:
Ennstal-Bundesstraße B 146 – Bachbrücke Richtung Johnsbach – Kölblwirt – Aufstieg zur Heßhütte.

Einkehr:
Heßhütte (1699 m).

Gipfelmöglichkeiten:
Hochzinödl (Zinödl) (2191 m), Planspitze (2117 m).

Varianten:
Aufstieg von Kummerbrücke über Wasserfallweg (Klettersteig), vom Haindlkar über Peternpfad (sehr schwierig).

Der Bergwanderer, der es gewohnt ist, über Almen zu gehen und dabei gelegentlich einen Gipfel zu besteigen, wird mit einem gewissen Respekt an den Aufstieg zum höchsten Gipfel des Gesäuses herangehen. Ob von unten betrachtet oder aus der Umgebung des Hochzinödls und des Sulzkarhunds – der steile Aufstieg über den Josefinensteig stellt eine echte Herausforderung dar. Auf dem Weg zur Heßhütte leuchtet bei der Unteren Koderalm in der Morgensonne das Gipfelkreuz, und man blickt selbst heute noch mit einer gewissen Ehrfurcht auf die Felsabstürze des Schneelochs. Schon um 1855 faßten beherzte Jäger aus Johnsbach den Entschluß, dieses „Hohe Tor" zu besteigen, jedoch nicht über den Josefinensteig, sondern über das Schneeloch

(auch Schneekar), jenen Zugang von Johnsbach aus, der auf direktestem Weg zum Hochtor führt. Wie schwierig es ist, die Geschichte der Erstbesteigung des Hochtors nachzuvollziehen, zeigt eine weitere verläßliche Quelle, die besagt, daß bereits im August 1836 der spätere Abt von Admont mit einigen Einheimischen den Gipfel erreicht haben soll. Später sind die Gesäusewände und vor allem das Hochtor von zahlreichen guten Bergsteigern durch- und bestiegen worden. Die erste touristische Besteigung des Hochtors erfolgte im August 1871, wobei einige Aufzeichnungen andere Daten nennen. Es hat wiederholt den Anschein, daß in den Gesäusebergen nur der „Bergsteiger" etwas zählt, es ist aber auch für den Bergwanderer mit guter Kondition, Trittsicherheit und Schwindelfreiheit ein absolutes Erlebnis, das Hochtor zu besteigen.

WEGBESCHREIBUNG

Von der Heßhütte: Vorerst geht es kurz durch ein Latschenfeld, recht bald aber steil bergauf, über

Bänder und Stufen, teilweise über Gras und dann wieder über Felsen und Geröll. Durch eine steile felsige Mulde und weiter über einen schmalen Grat zieht der Weg durch eine Rinne aufwärts (nur wenige Abschnitte mit Gras) – insgesamt eine dominante Kalkwelt. Nach einem weiteren Grat wird dann der Vorgipfel erreicht. Der Weg zum Hauptgipfel (2369 Meter) wird teilweise durch Sicherungen erleichtert: über Flanken (Gratwanderung), durch die Tellersackscharte auf der südlichen Seite bis zur Hochtorscharte und weiter bis zum Gipfel. Vom höchsten Berg des Gesäuses eröffnet sich ein phantastischer Rundblick. Man kann über den gleichen Weg zurückgehen, aber auch ein Abstieg über das Schneeloch ist möglich. Insgesamt ist diese Bergwanderung sogar auf dem vermeintlich einfacheren Weg ein echtes Abenteuer für jeden Bergwanderer.

Auf dem Weg auf das Hochtor – von der Heßhütte

79 Haindlkarhütte

Großartige Panoramawanderung in das Haindlkar

Die Wanderung vom Tal der Enns durch das Haindlkar zur Haindlkarhütte ist ein echtes Erlebnis, weil die Nordwände fast zum Greifen nahe sind und der Wanderer einen großartigen Einblick in die Felswelt des Gesäuses bekommt, ohne selbst einen der Gipfel erklimmen zu müssen. Mit großem Respekt nennen auch die besten Bergsteiger die Namen Dachl-Nordwand, Roßkuppenverschneidung, Festkogel-Südwestwand, „Letzte Ölung" und viele andere Traumtouren im teils überhängenden Fels. Der normale Bergwanderer empfindet Ehrfurcht vor den großartigen Leistungen der Kletterer und kann den Blick nicht losreißen von dieser wunderbaren Kulisse. Früh am Morgen kann man die Zurufe aus der Wand hören, wenn sich die Bergsteiger langsam und mühsam Seillänge um Seillänge erarbeiten. Es gibt kaum eine andere Landschaft in Österreich, wo man eine derart großartige und beeindruckende Bergwelt erleben kann wie beim Aufstieg ins Haindlkar. Der Wanderer sucht den Peternpfad, jenen Übergang, der dem geübten Bergwanderer vorbehalten ist, bewegt man sich doch schon im zweiten Schwierigkeitsgrad. Man fühlt sich in vergangene Zeiten zurückversetzt, als ein Wilderer immer wieder den Jägern entkam und nie gefaßt werden konnte. Der „Schwarze Peter", wie er genannt wurde, hat erst am Sterbebett verraten, wie und wo er seine Spuren hatte verschwinden lassen, so daß Heinrich Heß und der örtliche Forstmeister Rodlauer erst im Juni 1877 erstmals diesen Weg gehen konnten. Die Namensgebung ist irreführend, denn ein Pfad ist der Peternpfad auf keinen Fall. Die alte Haindlkarhütte ist in Bergsteigerkreisen, besonders bei den Älteren, in sehr guter Erinnerung. 1921 wurde mit dem Bau begonnen, und seitdem haben dort viele Bergsteiger Unterschlupf und Unterkunft bekommen. 1960 wurde die neue

Blick von der Haindlkarhütte zu den Gesäusewänden

Haindlkarhütte eröffnet, und sie wird seitdem aufgrund der besonderen Lage gerne besucht, die alte Hütte steht noch knapp unterhalb. Ein Tip für streßgeplagte Menschen: Der Blick von der Terrasse der Haindlkarhütte auf die imposanten Wände ist atemberaubend und großartig, und man sollte sich genügend Zeit dafür nehmen. Zu empfehlen sind der kurze Aufstieg zur Gsengscharte mit herrlichem Blick ins Johnsbachtal und zum Admonter Reichenstein und zu den Einstiegen der schweren Bergtouren.

WEGBESCHREIBUNG

Vom Parkplatz neben der Gesäuse-Bundesstraße geht es vorerst wenig einladend über einen Forstweg und eine Geröllhalde, der Weg wird aber bald schöner. Vorbei an kleineren Felsblöcken führt er in langen und leichten Serpentinen bis zur alten Haindlkarhütte und mit wenigen Schritten bis zur neuen Hütte. Eine Wanderung für jung und alt. Der Aufstieg zur Gsengscharte kann zeitweise ein wenig rutschig sein. Der Abstieg ins Johnsbachtal erfordert Trittsicherheit, eine Drahtseilsicherung erleichtert den Weg. Auf dem Sagenweg entlang der Johnsbachstraße kommt man zum Gasthof Bachbrücke und von dort in einer knappen halben Stunde wieder zum Parkplatz.

Die alte Haindlkarhütte wurde bereits 1921 errichtet

TOUR AUF EINEN BLICK

Wegverlauf:
Parkplatz Gesäusestraße (590 m) – Weg 658 – Haindlkarhütte (1121 m) – Gsengscharte (1219 m).

Charakteristik:
Leichte Hüttenwanderung in einer grandiosen Bergwelt, eine Erlebniswanderung für jung und alt.

Orientierung:
Gute Markierung.

Gehzeit:
1,5 Std. (von der Hütte bis zur Gsengscharte etwa 20. Min.).
550 Hm.

Anfahrt:
Ennstal-Bundesstraße B 146 (auch Gesäusestraße) – Hinweisschilder für Parkplatz Haindlkarhütte.

Einkehr:
Haindlkarhütte (1121 m).

Varianten:
Peternpfad (sehr schwierig), alle anderen Gipfel nur für Bergsteiger,
Aufstieg aus dem Johnsbachtal über Gseng.

80 Johnsbach

Eine besondere Wanderung durch ein Bergsteigerdorf

Entlang der Enns begegnet man vielen klingenden Namen – von Schladming über Trautenfels bis Admont. Aber ein kleiner Ort verdient es besonders, stellvertretend für alle Menschen, die die Berge lieben, genannt zu werden, nämlich Johnsbach. Nicht nur wegen des berühmten Bergsteigerfriedhofs, der Zeugnis davon gibt, daß es auch Schattenseiten und Unglück in den Bergen gibt, daß die Gefahren der Berge nicht unterschätzt werden dürfen, sondern vor allem, weil dieses scheinbar abgelegene Dorf ein Symbol für die Bescheidenheit und Zufriedenheit der Menschen in den Bergen ist. Bereits 1139 wurde Johnsbach erstmals urkundlich erwähnt. Man kann sich heute kaum vorstellen, daß im Mittelalter im Gebiet um Johnsbach mehrere Tausend Menschen gelebt haben, die vorwiegend im Bergbau, als Holzarbeiter und Köhler ihren Lebensunterhalt verdienten. Holz mußte zu Holzkohle verarbeitet werden, um das gewonnene Kupfer schmelzen zu können. Diese Zeiten sind längst vorbei, Beschaulichkeit ist wieder eingekehrt. Zahlreiche Sagen sind aus dieser Gegend überliefert, viele Felsgebilde wurden nach Figuren aus der Sagenwelt benannt. Davon erzählt auch der Sagenweg, der entlang der Straße nach

Im Bergkirchlein von Johnsbach werden seit 1880 alle Bergunfälle aufgezeichnet – mehr als 400 Namen und Schicksale

Der berühmte Bergsteigerfriedhof in Johnsbach

Johnsbach angelegt wurde. Beispiel einer Sage: Wie es im Leben passiert, so führte ein Amtmann ein eher liederliches Leben. So manches Glas zuviel und die Sucht des Kartenspiels brachten ihm einen Berg Schulden ein. Es blieb ihm daher nichts anderes übrig, als seine Seele dem Teufel zu verschreiben, damit dieser ihn aus seiner Not rette. So geschah es auch. Der Amtmann trieb es immer ärger und ging sogar so weit, daß er seine Amtsgeschäfte dem Teufel übertrug, damit er – der Amtmann – sein lasterhaftes Treiben ungestört fortsetzen konnte. Nach einem Jahr wollte der Teufel die dunkle Seele des Amtmanns heimholen. Durch listige Verzögerungen lief aber die vereinbarte Frist mit dem Teufel ab, dieser mußte unverrichteter Dinge in die Hölle zurück. Vorher rief er aber noch aus, daß die Seele des Amtmann selbst für die Hölle zu schlecht wäre. Diese Feststellung bekehrte den sündigen Amtmanns, und von dieser Stunde an wurde er ein anständiger Mensch. Von dieser Begebenheit zeugen die beiden Felsgebilde am Eingang ins Johnsbachtal – sie heißen Amtmanngalgen.

WEGE UM JOHNSBACH

Wie in den meisten Gemeinden des Ennstals gibt es auch rund um Johnsbach ein gut ausgebautes Wanderwegenetz. Man vermutet, daß Johnsbach vom Paltental aus besiedelt wurde. Heute erfolgt die Zufahrt auf einer gut ausgebauten Straße aus Richtung Admont. Die Wege über die Mödlingerhütte und das Leobnertörl sind daher geschichtsträchtige Wege, auch der Übergang über den Neuburgsattel wurde und wird viel begangen. Besonders bekannt sind der Aufstieg zur Heßhütte über die Untere Koderalm oder aber auch der schwierige Weg über das Schneeloch zum Hochtor. Erwähnt muß auch der Weg zum Kleinen Ödstein, einem der Hausberge von Johnsbach, werden. Dieses Zusammentreffen von Wanderwegen im südlichen Bereich zeichnet neben allen Vorzügen diesen malerischen Ort besonders aus.

81 Mödlingerhütte

Wanderung zu den Südwänden des westlichen Gesäuses

TOUR AUF EINEN BLICK

Wegverlauf:
Johnsbach (753 m) – Weg 601/608 – Mödlingerhütte (1523 m).

Charakteristik:
Einfache Hüttenwanderung in einer schönen Umgebung südlich des Admonter Reichensteins und des Sparafelds.

Orientierung:
Sehr gute Markierung.

Gehzeit:
2 bis 2,5 Std.
800 Hm.

Anfahrt:
Ennstal-Bundesstraße B 146 – bei Bachbrücke Richtung Johnsbach abzweigen – Parkplatz in Johnsbach.

Einkehr:
Mödlingerhütte (1523 m).

Gipfelmöglichkeiten:
Heldenkreuz (1630 m), Reichenstein (2251 m), nur für Bergsteiger, Admonter Kalbling (2196 m), Sparafeld (2247 m).

Varianten:
Aufstieg von Gaishorn, Übergang von Oberst-Klinke-Hütte.

Der Ausgangspunkt für diese Wanderung ist wiederum der bekannte Bergsteigerort Johnsbach. Fünf Kilometer südlich der Gesäusestraße liegt dieser idyllische Flecken, eingebettet zwischen bekannten Bergen wie dem Großen Ödstein und dem Admonter Reichenstein. Johnsbach hat traurige Berühmtheit erlangt, obwohl die Johnsbacher nichts dafür können, und zwar mit dem weithin bekannten Bergsteigerfriedhof, der letzten Ruhestätte für Bergsteiger, die in den Bergen ihr Leben verloren. Es sind nicht nur die drohenden und steilen Wände

Die Mödlingerhütte mit dem Admonter Reichenstein

wie z. B. des Dachls (Schwierigkeitsgrad VI und mehr), sondern auch „normale“ Touren, Wetterstürze und Blitzschläge, die dazu führten, daß Hunderte junge Menschen im Gesäuse ihr Leben lassen mußten.
Die Wanderung zur Mödlingerhütte, dem Ausgangspunkt für die schwierigen Südwände des Admonter Kalblings und des Sparafelds sowie für die Besteigung des Admonter Reichenstein, ist wahrscheinlich die leichteste Tour, auf der man die wunderbare Bergwelt des westlichen Gesäuses erleben kann.

WEGBESCHREIBUNG

Vom Zentrum in Johnsbach geht es auf einem schönen Weg stetig aufwärts. Der Weg ist breit, mit wenigen Ausnahmen, wo man regelrecht durch einen Sträucherwald wandert (man fühlt sich zeitweise wie in einem Hohlweg – Waldwanderung). Forststraßen müssen überquert werden, die sogenannte Bergzivilisation hat auch hier Einzug gehalten.
Über eine Lichtung gelangt man dann zur Mödlingerhütte, die 1914 erbaut wurde und ein wichtiger Stützpunkt auf 1523 Meter Seehöhe ist. Man blickt zu den Wänden des Admonter Kalblings und des Sparafelds, für geübte Bergwanderer lockt der Aufstieg zum Admonter Reichenstein. Für wenig Geübte lohnt sich der halbstündige Weg zum Heldenkreuz, das zu Ehren der Gefallenen beider Weltkriege errichtet wurde. Ein kleiner See am Wegesrand, der Treffnersee – eine Besonderheit im Gesäuse –, lädt zum Verweilen ein.
Der Rückweg führt über die gleiche Route, oder man wählt den Weg über die Flitzenalm (ca. 2 Std.) zur westlich gelegenen Oberst-Klinke-Hütte oder den Abstieg ins Paltental Richtung Gaishorn.

82 Admonter Kalbling – Sparafeld

Zünftige Bergwanderung unter dem Motto:
Zwei Gipfel an einem Tag

TOUR AUF EINEN BLICK

Wegverlauf:
Oberst-Klinke-Hütte/Parkplatz (1486 m) – Weg 601/605 – Kalbling-Gatterl (1542 m) – Weg 655 – Speikwiese – Kalbling-Gipfel (2196 m) – Weg 656 – Sparafeld-Gipfel (2247 m).

Charakteristik:
Eine landschaftlich wunderschöne Bergwanderung, vorbei an den Wänden des westlichen Gesäuses, herrliche Gipfelrundblicke. Eine der schönsten Bergwanderungen in den Ennstaler Bergen, Trittsicherheit und Ausdauer erforderlich.

Orientierung:
Gute Markierung.

Gehzeit:
Oberst-Klinke-Hütte – Admonter Kalbling und Sparafeld 2,5 bis 3 Std.
800 Hm (ein wenig mehr bei Abstieg und Aufstieg zwischen den beiden Gipfeln).

Anfahrt:
Ennstal-Bundesstraße B 146 – Ortsdurchfahrt Admont Richtung Kaiserau (Mautstraße) – Auffahrt bis zur Oberst-Klinke-Hütte.

Einkehr:
Oberst-Klinke-Hütte (1486 m).

Gipfelmöglichkeiten:
Riffel (2106 m), Kreuzkogel (2011 m).

Variante:
Von Johnsbach zur Mödlingerhütte über Flitzenalm zur Oberst-Klinke-Hütte.

Die Felspyramide des Admonter Kalblings zählt zu den schönsten Bergen im Gesäuse: Im Vordergrund liegt die Kaiserau mit ihrer wunderbaren grünen Almfläche – und dann steil aufsteigend dieser imposante Felsklotz. Die Süd- und Westwand sind eines der beliebtesten Kletterziele im Gesäuse – schwierig und nur für geübte Bergsteiger zu bewältigen. Aber es gibt auch einen Gipfelanstieg für den Bergwanderer: Er führt unterhalb der Westwand vorbei, auf einem schmalen und teilweise ausgesetzten Steig, bis man auf eine große Hochfläche kommt, von hier ist es nicht mehr weit zum Gipfel. Der Steig entlang der Westwand ist einzigartig, ganz knapp kommt man an die kühne Wand heran, man „schnuppert" die Luft der Bergsteiger. Einige Gedenktafeln erinnern an diejenigen Menschen, die bei der Durchquerung dieser Wand tödlich verunglückten.
Blickt man nach unten, breitet sich die Kaiserau vor einem aus. Wenn auch der Kaiser einmal hier zu Besuch war und einige Tage in dem schloßartigen Gebäude wohnte, so wird der Name Kaiserau doch von einer Käserei abgeleitet.

Unter der Westwand des Admonter Kalblings

Schon 1728 befand sich hier ein Jagdsitz, später wurde auch Viehzucht und Getreideanbau betrieben. Viele Gäste des Stiftes Admont fanden in dieser wunderbaren Umgebung Erholung.
Die ersten Gipfelstürmer waren sicherlich Hirten und Jäger, aber auch die Mönche des Stiftes Admont zog es auf diesen Berg. Sie interessierten sich zwar eher für die Blumenwelt, dennoch: Am 2. August 1814 – wenn man die Geschichtsbücher genau studiert – stand Pater Albert mit einigen Getreuen zum ersten Mal auf dem Gipfel des Kalblings. Der Gipfel des Sparafeld wurde erst einige Zeit später erstmals bestiegen.

WEGBESCHREIBUNG

Von der Oberst-Klinke-Hütte führt der Weg zum Kalbling-Gatterl und von dort über einen schmalen steilen Steig kurvenreich nach oben (trotz teilweiser rutschiger Stellen unproblematisch). Imposant ist aber der Weg nach Norden unterhalb der Westwand: rechts die senkrechte Wand, links steil abfallendes Gelände – Vorsicht ist geboten. Wenn man die Nordseite erreicht hat, öffnet sich der Blick auf eine große wiesenartige Hochfläche. Der Weg führt nun über diese Wiese zum Speikboden und zum Gipfel des Admonter Kalblings, von wo sich ein Panoramabild aufbaut, das seinesgleichen sucht. Nicht umsonst wird diese Bergwanderung als eine der schönsten in den Ostalpen bezeichnet. Nun kommt der zweite Gipfel an die Reihe, das Sparafeld. Von der Südseite nur durch eine senkrechte Wand erreichbar, ist der Gipfel von der Nordseite leichter zu bezwingen – Trittsicherheit ist trotzdem unbedingt notwendig. Selten gibt es in den Alpen Touren, bei denen man innerhalb einer halben Stunde zwei namhafte Gipfel erreichen kann. Geübte Bergwanderer können über den Riffel mit seinem luftigen Grat und dann über den Kreuzkogel nach Admont absteigen – eine lange und schwierige Tour.

Die Gipfelpyramide des Admonter Kalblings

83 Scheiblegger Hochalm

Beeindruckende Bergmesse in Gottes freier Natur

TOUR AUF EINEN BLICK

Wegverlauf:
Kaiserau Parkplatz (1094 m) – Schloß Kaiserau – Weg 608 – Sieglalm (1212 m) – links über Forststraße bis zu den Drei Mönchen – unmarkiert steil aufwärts bis zur Scheiblegger Hochalm (1660 m).

Variante:
Admont-Kematen – Weg 601 – Steinerner Wirt – unterhalb Hahnstein – Scheiblegger Hochalm (1660 m).

Charakteristik:
Bergwanderung auf eine recht ruhige, noch nicht überlaufene Alm. Wunderbare Landschaft, beliebtes Wanderziel der Einheimischen – steile Steige, aber ungefährlich.

Orientierung:
Weg von der Kaiserau größtenteils unmarkiert, von Admont aus gute Markierung.

Gehzeit:
Von Kaiserau, 2 bis 2,5 Std.
600 Hm
von Admont, 2,5 bis 3 Std.
1000 Hm

Anfahrt:
Ennstal-Bundesstraße B 146 – Admont-Zentrum Richtung Kaiserau-Admont-Kematen.

Einkehr:
Oberst-Klinke-Hütte (1486 m).

Gipfelmöglichkeiten:
Kreuzkogel (2011 m), Riffel (2106 m), Hahnstein (1697 m).

Varianten:
Übergang Riffelgrat und Kreuzkogel,
Jägersteig unterhalb der Oberst-Klinke-Hütte, sehr schwierig, da kaum begangen.

Einmal im Jahr findet auf der Scheiblegger Hochalm eine Bergmesse statt, die vor allem von den Admontern gern besucht wird. Aber nicht nur auf dieser Alm, sondern auch am Dürrenschöberl, auf dem Scheiblingstein und bei diversen Hütten werden Bergmessen abgehalten. Die Scheiblegger Hochalm gilt noch als Geheimtip fernab der großen Touristenströme: Einige Bergwanderer kommen über den Riffelgrat und den Kreuzkogel zur Hütte, der „normale" Anstieg führt aber von Admont über den Steinernen Wirt hinauf zur Alm. Über die Kaiserau und auf der Forststraße kann man am Tag der Messe bis

zu den Drei Mönchen mit dem Auto fahren. (Tip eines Einheimischen: Unterhalb der Oberst-Klinke-Hütte führt ein schmaler Steig Richtung Scheiblegger Hochalm – ein relativ schwieriger und anstrengender Jägersteig in steilem und schroffem Gelände.)
Die Bergmesse auf der Scheiblegger Hochalm ist ein eindrucksvolles Bergerlebnis: Eine Bläsergruppe umrahmt den Gottesdienst in freier Natur, die Rinder spazieren zwischen den Messebesuchern herum, und so bleibt dieser Tag für alle unvergeßlich, und gern kommt man im nächsten Jahr wieder.

Bergmesse uf der Hochalm

WEGBESCHREIBUNG

Am Tag der Bergmesse kann man mit dem Auto bis zu den Drei Mönchen auffahren (jedoch auf eigene Gefahr, nicht ganz ungefährlich). Vom Abstellplatz folgt man einem kleinen Hinweis Richtung Bergmesse. Der Weg ist steil und schweißtreibend, aber unschwierig, vorerst geht es durch den Wald, bis man über einen Rücken zur Hochalm gelangt.
Der normale Anstieg erfolgt von Admont-Kematen aus, vorbei an einem Gipsbruch, steil durch den Wald mit einigen Überquerungen der Forststraße. Die kleine Quelle – Steinerner Wirt – lädt zu einer Rast ein. Das letzte Stück führt relativ flach zur Hochalm.

Immer wieder beeindruckend: Die Blumenwelt auf der Scheiblegger Hochalm

84 Dürrenschöberl

Ein unscheinbarer Gipfel
mit großartigem Rundblick über das Ennstal

TOUR AUF EINEN BLICK

Wegverlauf:
Siedlung am Bahnhof Frauenberg (645 m) – Weg 652 – Jagdhütte in der Girn (1290 m) – Girnalm – Hölle – Dürrenschöberl (1737 m).

Charakteristik:
Unschwierige Bergwanderung, jedoch relativ großer Höhenunterschied, teilweise Forststraßen, im oberen Bereich recht abwechslungsreich, herrliche Gipfelrundsicht über das Ennstal.

Orientierung:
Zustieg im Tal ein wenig verwirrend, auch während der gesamten Strecke nicht immer gut markiert.

Gehzeit:
3 Std.
1100 Hm.

Anfahrt:
Ennstal-Bundesstraße B 146 – unterhalb Frauenberg Hinweis zum Bahnhof beachten. Zufahrt über eine große Holzbrücke (schmale Straße). Anfahrt auch von Selzthal oder Admont südlich der Enns möglich. Parkmöglichkeit in der Nähe der Siedlung.

Einkehr:
Gasthöfe im Tal.

Gipfelmöglichkeiten:
Bei der Überschreitung zum Schloß Röthelstein sieben Gipfel (oder Hügel), die bekannteren sind der Spießkogel (1675 m) und das Hubereck (1455 m).

Varianten:
Aufstiege von Selzthal über Hühnerkogel,
von Rottenmann über Mesneralm,
von Admont über Schloß Röthelstein 5 Std., Überquerung des gesamten Bergrückens.

Zwischen Selzthal und Admont baut sich ein kleines und stark bewaldetes Massiv auf, der Gipfel des Dürrenschöberls ist kaum zu erkennen. Man soll aber diesen Berg nicht unterschätzen – vom Ennstal aus ist ein Höhenunterschied von mehr als 1000 Metern zu bewältigen. Es gibt hier zwar keine bewirtschaftete Hütte, aber das Dürrenschöberl ist gesegnet mit Bächen und Quellen. Einheimische Namensforscher vermuten, daß sich der Name von Dirn, also Magd, ableitet. In alten Unterlagen findet man auch die Bezeichnung Girnschöberl. Das „Schöberl" dürfte von Schober, Heuschober, stammen.
Nicht ganz einfach ist die Zuordnung des Bergs zu einem der Gebirgszüge des Mittleren Ennstals. Das Dürrenschöberl erleidet in etwa das gleiche Schicksal wie der Grimming, der wohl zum Dachstein gezählt wird, aber ebenfalls recht einsam in der Landschaft steht. Auf den Gipfel führt eine recht einfache Wanderung: Belohnt wird man mit einer herrlichen Aussicht und Ausblicken auf Liezen und Selzthal bis ins Obere Ennstal. Es gibt vier Aufstiege, der hier beschriebene ist der am wenigsten frequentierte Weg vom Bahnhof Frauenberg aus, wobei der Anfang

Morgenstimmung am Weg zum Dürrenschöberl

nicht gut bezeichnet ist. Wichtig ist es, rechts vom Erlgraben aufzusteigen, da man sonst in ein Gewirr von Forststraßen gerät und leicht die Orientierung verlieren kann.

WEGBESCHREIBUNG

Von der Dörfler Siedlung in der Nähe des Bahnhofes Frauenberg geht es rechts entlang des Erlgrabens durch ein schönes Waldstück aufwärts. Nach einiger Zeit folgt man einer Forststraße, und lange Kehren führen bis zur Jagdhütte in der Girn. Immer wieder sollte man innehalten und den Ausblick auf die Wallfahrtskirche Frauenberg genießen, auch Bosruck und Pleschberg sind zum Greifen nahe. Der Weg führt dann von der Forststraße weg zur verfallenen Girnalm, dabei ist auch eine Art Hochmoor zu durchwandern, wo man darauf achten sollte, nicht naß zu werden. Nun folgt ein düsterer und verwilderter Wegabschnitt durch Erlen und Gestrüpp, der nicht zu Unrecht die „Hölle“ genannt wird. Über einen bewaldeten Grasrücken erreicht man anschließend den Gipfel, von wo man einen phantastischen Rundblick genießen kann. Zu empfehlen ist eine Art Rundwanderung – also ein Abstieg nach Selzthal oder Rottenmann, der

Gipfelblick über das Ennstal

Weg zum Röthelstein ist aber nur ausdauernden Bergwanderern zu empfehlen.

Einzigartige Blumenwelt am Weg zum Gipfel

Register

Adamekhütte 67, 72 f.
Admont 22, 24, 43, 46–50, 53, 175, 231, 235 f., 238, 244, 256, 267, 270 f., 275 f.
Admonter Haus 240 f.
Admonter Höhe 247
Admonter Kalbling 273 ff.
Admonter Reichenstein 256, 269, 272 f.
Admont-Kematen 277
Ahkarscharte 127
Ahornegg-Alm 80
Ahornsee 100 f.
Altenmarkt 245, 247
Am Stein (Stoan) 61 f., 86, 88 f., 100
Angerkogel 225
Ankogel 81
Ardning 53, 231
Ardningalm 230 f., 233, 236
Arlingsattel 230 f., 234
Auretskar 71
Ausseerland 24, 30
Austriahütte 82 f.
Austriaweg 79

Bacheralm 231, 236
Bachlalm 71, 81
Bad Aussee 26
Bad Haller Steig 235
Bad Heilbrunn 21, 102
Bad Ischl 22, 25
Bad Mitterndorf 21, 33, 107, 112, 183
Bärenfeuchtenalm 216 f., 220
Bärenkarmauer 240 f.
Bärfallspitze 159, 168
Bereutalm 203
Berillenalm 109
Bischofsmütze 78
Bodensee 162 f.
Bosruck 225, 231 ff., 279
Bosruckhütte 230 f., 235 f.
Bottinghaus 167
Brandalm 103
Brandriedel 82 f.
Bräualmbach 183
Breitlahnhütte 176
Brotrinnl 127
Brunnalm 218 f., 222 f.
Brünnerhütte 95, 100 f., 103 f., 107
Brunnsteiner See 226 f.
Buchauer Sattel 241, 244, 247
Buchstein, Großer 244 ff., 249, 251
Buchstein, Kleiner 245 f., 251, 256
Buchsteinhaus 248 f.
Butterbrünndl 251

Dachl 255, 268, 273
Dachstein 12, 18, 26 f., 38, 50, 58–115, 120, 124, 148, 152, 159, 172, 201, 222, 227, 278
Dachstein-Südwand 63, 66–71
Dachstein-Südwandhütte 67, 71
Dachsteinwartehütte 67 f.
Deneck 186 f.
Dirndln 68
Donnersbach 32, 47, 192, 194 f., 201, 203
Donnersbachwald 43, 191 ff.
Drei Mönche 277
Duisitzkar 134, 141
Duisitzsee 134 f., 140 f.,
Duisitzseehütte 140
Dümler Hütte 227
Dürrenschöberl 39, 276, 278 f.

Eckangerl 107, 109
Edelgrieß 90
Edelgrießhöhe 91
Edelweißspitze 201
Eisenwurzen 244, 246
Eiskarspitz 203
Eissee 85 f.
Englitztal 190 f.
Ennstaler Hütte 250 f.
Erlgraben 279
Eschachalm 134 f., 140 f., 143
Eselstein 92
Etrachböden 187

Falkenburg 47
Feisterscharte 88 f.
Felsensteig 96
Festkogel 255, 268
Filzmoos 72, 80 f.
Filzscharte 168
Fleiß 180 f., 189
Flitzenalm 273
Florasteig 104
Frauenberg bei Admont 43, 53, 231, 278 f.
Frauenmauer 251
Fuchsalm 233

Gaishorn 273
Gallenstein, Burg 48, 244 ff.
Galsterberg 120
Galsterbergalm 167
Galsterbergalmhütte 167
Gass 261
Gasselhöhe 124 f.
Gasselseen (Spiegelseen) 124 f.
Geierwand 183
Gesäuse 53, 85, 227, 231, 241, 248, 251–279
Gfölleralm 153, 155
Giglachsee, Unterer und Oberer 42 f., 62, 120, 127, 132–135, 137, 139, 142
Giglachseehütte 127
Gindlhorn (Gindlhörndl) 211
Girn 279
Girnalm 279
Gjaidalm 85 ff.
Gjaidstein, Hoher 84 f.
Gjaidsteine 68, 84 ff., 89
Glattalm, Untere und Obere 203
Glattjoch 20, 120, 202 f.
Gnanitz 217
Goldbachl 218 f.
Goldbachscharte 195, 197
Goldlacken 165, 170 f.
Gollinghütte 146–149, 152 ff.
Gollingscharte 145, 149
Gollingwinkel 147, 149
Göriachtal 144
Göriachwinkel 149
Gosaugletscher 66, 73
Gosaukamm 60, 63, 76, 78 f.
Gosausee, Vorderer 60, 67, 73, 79
Gowilalm 234
Grabneralm 240 f.
Grabnerstein 241
Grabnertörl 241
Gradenbachtal 100
Grafenbergalm 96, 101
Grafenbergsee 95, 100 f.
Graz 231
Greifenberg 147, 152 ff., 156
Greimel 216
Grimming 11, 21, 44, 68, 85, 96, 112–115, 164, 188, 201, 211, 226, 251, 278
Grimminghütte 115
Grimmingscharte 112, 114

Gröbming 19, 43, 52, 104, 108 f., 173, 188
Gröbming-Winkl 109
Großer Donnerkogel 76 f.
Großer Knallstein 181, 184
Großer Pyhrgas 230 f., 234 ff.
Großes Bärneck 192 f.
Großes Maiereck 246 f.
Großglockner 115
Großreifling 245
Großsölk 48, 179, 189
Großsölktal 180 f.
Gruberscharte 90 f.
Grundlsee 170
Gsengscharte 268
Gstatt, Schloß 47, 53
Gstatterboden 249 ff.
Gumpenalm 189
Gumpeneck 188 f.
Gumpenstein 47
Guschen 135, 138 f.
Guttenberghaus 88–93, 95 f., 100 f.

Haindlkar 268
Haindlkarhütte 268 f.
Hall 236, 239
Haller Mauern 43, 231–236, 240 f., 246 f.
Hallstatt 19, 61
Hallstätter Gletscher 60, 62, 67, 86
Hangofen 191
Hans-Wödl-Hütte 154, 159, 162 ff.
Haus im Ennstal 52, 96, 150, 159
Hauser Kaibling 120, 139, 158 f., 168
Heilbrunn s. Bad Heilbrunn
Heßhütte 260 f., 264–267, 271
Hexenturm s. Bärenkarmauer
Hiasalm 235
Hieflau 256
Himalaya 66
Himmelsleiter 211
Hinterberger Tal 47, 211
Hinteregg 225
Hintereggeralm 224 f.
Hirzberg 61, 89
Hochgolling 27, 118, 142, 147 ff., 159
Hochkar 251
Hochkesselkopf 73
Hochmölbing 39, 217 ff., 222
Hochmölbing-Hütte 218 f., 223
Hochrettelstein 197
Hochschwab 158, 251
Höchstein 158 f., 167 f.
Hochstein 201
Hochtalsee 201
Hochtausing 213, 218, 220
Hochtor 223
Hochtor (Gesäuse) 255, 260, 266 f., 271
Hochtorscharte 267
Hochweberspitze 202 f.
Hochwiesmahd 103
Hochwildstelle 26 f., 152, 155, 159, 163 ff., 167, 171
Hochwurzen 120, 135, 138 f.
Hochwurzenhütte 139
Hochzinödl 260 f., 266
Hoferalm 235
Höfersteig 164
Hofersteig 231, 234
Hofmanning 109
Hofpürglhütte 72, 79
Hohe Rams 90 ff.
Hohe Tauern 60, 81, 130
Hohenberg bei Aigen 21
Hohensee 182 f.
Hohenseealm 183
Hohenwart 203
Hohes Hochkesseleck 73
Höll (Höllental) 226
Hölltalsee (Seetalsee) 61, 89, 94 f.
Hopfriesen 134 f.
Hunerkogel 63, 66, 68, 84 f., 90 f.
Hunerscharte 71
Hüttecksattel 139
Hüttensee 162 f.

Idlereckscharte 203
Ignaz-Mattis-Hütte 132, 135, 139
Irdning 19, 23, 46, 52
Isonzo 224

Jochspitze 197
Johnsbach 18, 239, 255, 260 f., 267, 269–273
Josefinensteig 266 f.
Jungfrausturz 211

Kaiblingloch 168
Kaiblingscharte 159
Kailash 44
Kaiserau 274, 276
Kalbling-Gatterl 275
Kaltenbachalm 186 f.
Kaltenbachseen, Unterer und Oberer 186 f.
Kaltherbergalm 184
Kammalm 109
Kammspitze (Kamm) 108 f.
Kapuzinersee 156
Karlscharte 181
Karls-Eisfeld s. Hallstätter Gletscher
Karlspitze 159, 181, 194 f.
Keinprechthütte 135, 137, 140, 142–145
Kemetgebirge 102 f., 106
Kesslerkreuz 179
Kieseck 157, 176
Kitzstein 233
Klachau 114
Klafferkessel 147, 152 f., 156 f., 170
Klafterseen 184
Kleine Wildstelle 165
Kleines Stierkar 141
Kleinmölbing 219
Kochofen 172 f.
Kollerhütte 169
Koppenkarstein 91
Krahbergsattel 151
Krahbergzinken 150 f.
Krautgartscharte 145
Kreuzkogel 275 f.
Kreuzsteg 183
Krippenstein 85f., 88 f., 100
Krukeck 140
Krukeckscharte 140, 142
Krummholzhütte 158 f.
Krungl bei Bad Mitterndorf 21
Kufstein 96
Kulm bei Aigen 20
Kulm bei Ramsau 50

Lahnerkogel 233
Lämmerkar, Äußeres und Inneres 153, 157
Lämmertörl 193
Landawirseehütte 144 f., 149.
Landawirseen 144 f.
Landschitzscharte 176
Lange Gasse 236 f.
Langpaltenalm 218, 220, 223
Latterfußsattel (Leiterfußsattel) 139

Lengdorf 109
Leobnertörl 271
Lettmoaralm 171
Lexgraben 225
Lieglloch 18
Liezen 21, 53, 224 f., 231, 278
Liezener Eck 225
Liezener Hütte 218 f., 223
Lignitzhöhe 142
Linzerhaus 226
Linzerweg (Linzersteig) 72 f.
Loskögerl 173
Lugauer 251
Lungauer Kalkspitze 126 f., 130
Luseralm 94 f.
Luserriedel 95
Luserwand 94
Lutzer Riedel 80

Mandlkogelkante 78
Maralm 71, 81
Mausbendlloch 18, 109
Michaelerberg 173
Michaelerberghaus 173
Miesbodensee 107, 109
Mittagskogel 241
Mittereck 179
Mitterspitz 60, 70
Mittleres Ennstal 206–251
Moaralm 169
Moaralmsee 159, 168 f.
Mödlingerhütte 271 ff.
Mölbegg 200 f.
Mölbing s. Hochmölbing
Moosheim, Schloß 48
Mörsbachalm 191
Mörsbachalm, Hintere 193
Mörsbachhütte 192 f.
Mössnascharte 193
Mühlau 235 f.
Multereck 115
Murspitzen 135, 140 f.
Murtal 202, 256

Natterriegel 240 f.
Nazogl 222, 224 f.
Neualm 135, 140 f., 143
Neualmscharte 163 f.
Neuburgsattel 271
Neudeckalm 135, 139
Neuhaus s. Trautenfels, Schloß
Neustattalm 71

Niedere Tauern 11, 26 f., 81 f., 116–203, 222
Niederhofen 22
Niederhüttenalm 219
Niederstuttern 115
Notgasse 18, 43, 102 f.

Oberhaus 52
Oberhofalm 72
Oberhüttensee 127, 130 f.
Oberlaussa 247
Obersee 162 f.
Oberstainach, Burg 46
Oberst-Klinke-Hütte 273, 275, 277
Obertalbach 143
Obertauern 131
Obertraun 85
Oberwölz 202
Öblarn 47, 52, 190
Ochsenkarhöhe 167
Ochsenkogel 73
Ödstein, Großer 255 f., 272
Ödstein, Kleiner 271
Öfen 107

Paltental 271, 273
Paß Stein 21, 188
Pernerweg 71
Peternpfad 255, 265, 268
Peternscharte 264 f.
Pichl 125, 127
Pichlarn, Schloß 46
Pichl-Kainisch 80
Pietrach 144 f.
Planai 120, 150 f.
Planneralm 194, 196 f.
Plannereck 196 f.
Plannerkessel 196
Plannerknot 196 f.
Plannersee 196 f.
Plannerseekarspitze 197
Planspitze 255, 264 f.
Pleschberg 238 f., 279
Pleschnitzzinken 166 f.
Pleschnitzzinkenalm 167
Pleschnitzzinkenhütte 166 f.
Pölzenbach 247
Pötschenpaß 20
Prebertörl 176
Preintalerhütte 151–155, 157, 164

Preuneggsattel 127, 134
Preuneggtal 125, 127
Pruggern 167
Pürgg 22, 44, 46 f., 51, 195, 201, 210 f.
Puttererschloß 47
Putzentalalm 174 ff.
Pyhrgasgatterl 231, 234 f.
Pyhrgashütte 236
Pyhrnpaß 20, 225 f., 233

Radstädter Tauern 120, 130, 202
Rahnstube 106 f., 109
Rammertalalm 191
Ramsau 24, 50, 62, 67, 81 f., 88 ff., 95
Ramsauer Klettersteig 90 f.
Ramsau-Rössing 95 f.
Reißgangsattel 72
Reiteralm 120, 124 f.
Riedleralm 203
Riesachbach 153
Riesachfall 153, 155, 157
Riesachsee 152–155, 157
Riessthörl 173
Riffel 275
Riffelgrat 276
Rippeteck 124 f., 139
Ritzinger-Hütte 107
Rohrauerhaus 230 f., 234 ff.
Rohrmoos 127
Rom 19
Rossfeld 139
Rossfeldsattel 159
Roßkuppe 255, 268
Rotbühel, Kleiner und Großer 197
Rote Wand 225, 227
Rötelstein 80 f.,120
Röthelstein 279
Röthelstein, Schloß 47
Rotmandlspitze 135, 137, 140
Rottenmann 22 f., 279

Saghütten 141
Salzburg 22 f., 45 f., 175
Salzkammergut 33, 76, 86, 112, 115, 188, 195
Salzleck 189
Salzofenhöhle 18
Sarajevo 25
Sattental 164 f., 170 f.
Sattentalalm 171
Schafspitze 187
Schareck 155

Scharnock 145
Scharwandhütte 79
Scheibleck 167
Scheiblegger Hochalm 276 f.
Scheiblingstein 236 f., 276
Scheichenspitz(e) 90 f.
Schiedeck 135, 139
Schimpelscharte 183
Schladming 24, 33, 50, 53, 62, 150, 190, 194, 270
Schladminger Gletscher 67
Schladminger Höhenweg 135, 138
Schladminger Tauern 119, 130, 132, 136, 140, 146 f., 151 f., 154, 156, 164
Schladmingerhütte 151
Schneeberg 154, 158
Schneehitz 216
Schneehitzalm 216 f.
Schneeloch (Schneekar) 266 f., 271
Schober 124 f., 167
Schoberpaß 20
Schoberspitze 194 f., 197
Schönmoos 218, 223
Schönwetterberg 189
Schönwetterhütte 188 f.
Schusterboden 193
Schwarzboden 203
Schwarzensee 43, 174, 176
Seeberg 27
Seeboden 103, 106 f.
Seekarlscharte 179, 183
Seekarlsee 179
Seekarlspitze 179
Seekarscharte 131
Seethalerhütte s. Dachsteinwartehütte
Seisenalm 247
Selzthal 278 f.
Sepp-Wallner-Steig 236 f.
Silberkarhütte 95
Silberkarklamm 95
Simonyhütte 67, 85 ff.
Simonyscharte 73
Sinabell 92
Sölkpaß 20, 120, 182, 186
Sölktal 182, 184
Sonntagskarhöhe 130 f.
Sonntagskarsee, Oberer und Unterer 154 f.
Sonntagskarspitze 193
Sparafeld 273 ff.
Spateck 173
Spechtensee 212 f.
Speikboden 275
Spitzenbachklamm 247
St. Gallen 48, 63, 244, 246 f.
St. Nikolai 182 ff.,
Stainach 46 f., 52, 213
Starnalm 96
Steiglpaß 79
Steinerhaus 103
Steinerner Wirt 276 f.
Steinerscharte 67, 73
Steinfelder Schwarzkoppen 222
Steinriesenbach 146
Steirische Kalkspitze 120, 126 f., 130
Stierkarsee 170 f.
Stoderalm 106
Stodertal 218
Stoderzinken 96, 104, 108
Stoiring 216 f.
Stoiringalm 216
Strechau, Burg 23
Strickeralm 180 f.
Striegleralm 179
Stubwieswipfel 226
Stuhlalm 79
Südwandhütte s. Dachstein-Südwandhütte
Sulzenhals 71, 80 f.
Sulzkarhund 261, 266
Süßleiteck 183

Tamischbachturm 245 f., 250 f.
Tamsweg 148, 176
Taubenkogel 85
Tauplitz 112, 217
Tellersackscharte 267
Theodor-Körner-Hütte 79
Tiefkar 93
Tieflimauer 245, 251
Törleck 76 f., 79
Torstein 60, 70
Torsteineck 73
Toter Mann 226 f.
Totes Gebirge 18, 27, 60, 96, 201, 216, 218, 223, 226 f.
Trattenscharte 164, 171
Trautenfels, Schloß 18, 45 f., 115, 201, 210, 270
Treffnersee 273
Triebener Tauern 20, 120, 202
Triglav 158
Trockenbrotscharte 142, 144 f.
Tuchmoaralm 178 f.
Tuchmoarkar 179
Türlwandhütte 67, 71

Untere Koderalm 266, 271
Untere Steinwenderalm 146, 153
Unterstainach, Schloß 47
Ursprungalm 42, 126 f., 135, 139

Vetternkar 132, 135 ff.,
Viehbergalm 106 f., 109
Vögei-Alm 130 f.
Vogelgesangklamm 230 f.

Waldhorn 152, 154–157, 176
Waldhornalm 155
Waldhorntörl 157
Warscheneck 226 f., 232 f.
Wasserfallspitze 140
Weiße Wand 191
Weißenbach 218, 225
Weißenbach bei Haus im Ennstal 96
Weng 235
Wien 26, 154, 158, 256
Wienerwald 154
Wiesmahd 103
Wildalpen 33
Windlegergrat 70
Windlegerscharte 71 ff.
Winterstein 109
Wolkenstein, Burg 22, 47, 214 f.
Wölzer Tauern 194
Wörschach 19, 52, 212–215, 217 f.
Wörschachklamm 212 f., 215
Wörschachwald 216 f.
Wurzeralm 226

Zinken 189
Zinkwand 62, 120, 136, 142
Zinödl s. Hochzinödl
Zirmel 109
Zirnitz 239
Znachsattel 127
Zürsersee 158
Zwerfenbergsee 176
Zwieselalm 79
Zwiesling 159

ANDREA
VAN DE CAERIN
ERICH
UNTERBERGER
Oberst
Klinke
Hütte
A-8911 ADMONT
Krumau 2, Postfach 17
Tel. 03613/2601
ÖAV-Sektion Admont